图书馆特色资源建设与古籍开发研究

李 敏 著

群言出版社
QUNYAN PRESS
·北京·

图书在版编目（CIP）数据

图书馆特色资源建设与古籍开发研究 / 李敏著 . -- 北京 : 群言出版社 , 2022.11
ISBN 978-7-5193-0770-7

Ⅰ . ①图… Ⅱ . ①李… Ⅲ . ①图书馆—文献资源建设—研究②古籍—文献工作—研究 Ⅳ . ① G253 ② G255.1

中国版本图书馆 CIP 数据核字 (2022) 第 189107 号

责任编辑：侯　莹
封面设计：知更壹点

出版发行：群言出版社
地　　址：北京市东城区东厂胡同北巷 1 号（100006）
网　　址：www.qypublish.com（官网书城）
电子信箱：qunyancbs@126.com
联系电话：010-65267783　65263836
法律顾问：北京法政安邦律师事务所
经　　销：全国新华书店

印　　刷：三河市明华印务有限公司
版　　次：2022 年 11 月第 1 版
印　　次：2023 年 1 月第 1 次印刷
开　　本：710mm × 1000mm　1/16
印　　张：12.5
字　　数：250 千字
书　　号：ISBN 978-7-5193-0770-7
定　　价：72.00 元

【版权所有，侵权必究】

如有印装质量问题，请与本社发行部联系调换，电话：010-65263836

作者简介

李敏，女，1978年5月生人，籍贯山东曲阜，文学硕士，副研究馆员。2000年7月至2003年7月，于山东曲阜师范学校任中文教师；2006年7月至今，于海南师范大学图书馆工作，目前任图书馆古籍阅览室管理员。从事古籍保护工作十余年，在古籍文献的保护和开发利用方面积累了一定的经验技能和理论素养。

前　言

图书馆是信息汇集的知识殿堂，是人类文化传承的重要枢纽，而图书馆特色资源建设则是一项庞大的工程，无论是印刷型资源还是数字型资源都是图书馆特色资源的重要组成部分，具体选择哪种形式的特色资源，应以图书馆实际定位、地区经济发展与科研需求为依据。值得注意的是，图书馆中收藏的古籍文献作为传承历史、弘扬中华民族文化的重要载体，具有重要的文学价值、史料价值和研究价值，对其加强保护与开发有利于更好地传承中华民族文化，并最终被后代有效继承。基于此，本书围绕图书馆特色资源建设与古籍开发展开深入研究，为图书馆特色资源建设与古籍开发研究奠定基础。

全书共八章。第一章为绪论，主要阐述了图书馆特色资源的内涵、图书馆特色资源的特征、图书馆古籍的载体与形制、图书馆特色资源产生的背景、图书馆特色资源建设的必要性、图书馆古籍整理工作的必要性等内容；第二章为图书馆特色资源建设现状，主要阐述了图书馆数字型特色资源建设现状、图书馆印刷型特色资源建设现状、图书馆特色资源建设的相关案例分析等内容；第三章为图书馆数字型特色资源的建设，主要阐述了数字型馆藏的组织管理、图书馆数字型特色资源的建设模式、图书馆数字型特色资源的可持续发展等内容；第四章为图书馆印刷型特色资源的建设，主要阐述了印刷型馆藏的组织管理、图书馆印刷型特色资源的建设内容、图书馆印刷型特色资源的建设策略等内容；第五章为图书馆特色资源的保存与利用，主要阐述了图书馆数字型特色资源的保存与利用、图书馆印刷型特色资源的保存与利用等内容；第六章为图书馆古籍整理工作相关知识，主要阐述了语言文字知识、古典文献知识、历史文化知识、检索查询知识等内容；第七章为图书馆古籍保护的意义与途径，主要阐述了图书馆古籍保护的意义、图书馆古籍保护的现状、图书馆古籍保护的途径等内容；第八章为图书馆古籍开发的意义与途径，主要阐述了图书馆古籍开发的意义、图书馆古籍开发的现状、图书馆古籍开发的途径等内容。

在撰写本书过程中，笔者借鉴了国内外很多相关的研究成果与资料，在此对相关学者、专家表示诚挚的感谢。

由于笔者水平有限，书中的一些内容还有待进一步深入研究和论证，在此恳切地希望各位同行专家和读者朋友予以斧正。

目 录

第一章 绪 论 ... 1
第一节 图书馆特色资源的内涵 ... 1
第二节 图书馆特色资源的特征 ... 5
第三节 图书馆古籍的载体与形制 ... 8
第四节 图书馆特色资源产生的背景 ... 16
第五节 图书馆特色资源建设的必要性 ... 17
第六节 图书馆古籍整理工作的必要性 ... 20

第二章 图书馆特色资源建设现状 ... 23
第一节 图书馆数字型特色资源建设现状 ... 23
第二节 图书馆印刷型特色资源建设现状 ... 30
第三节 图书馆特色资源建设的相关案例分析 ... 35

第三章 图书馆数字型特色资源的建设 ... 49
第一节 数字型馆藏的组织管理 ... 49
第二节 图书馆数字型特色资源的建设模式 ... 52
第三节 图书馆数字型特色资源的可持续发展 ... 56

第四章 图书馆印刷型特色资源的建设 ... 74
第一节 印刷型馆藏的组织管理 ... 74
第二节 图书馆印刷型特色资源的建设内容 ... 76
第三节 图书馆印刷型特色资源的建设策略 ... 78

第五章 图书馆特色资源的保存与利用 ... 96
第一节 图书馆数字型特色资源的保存与利用 ... 96
第二节 图书馆印刷型特色资源的保存与利用 ... 109

第六章　图书馆古籍整理工作相关知识 120
第一节　语言文字知识 120
第二节　古典文献知识 124
第三节　历史文化知识 127
第四节　检索查询知识 130

第七章　图书馆古籍保护的意义与途径 139
第一节　图书馆古籍保护的意义 139
第二节　图书馆古籍保护的现状 140
第三节　图书馆古籍保护的途径 146

第八章　图书馆古籍开发的意义与途径 164
第一节　图书馆古籍开发的意义 164
第二节　图书馆古籍开发的现状 166
第三节　图书馆古籍开发的途径 169

参考文献 190

第一章 绪 论

特色资源是图书馆资源的重要组成部分,其不仅体现了图书馆的独特性,还对图书馆的发展和全民素质的提升具有十分重要的作用。因此,图书馆特色资源的建设是十分有必要的。本章分为图书馆特色资源的内涵、图书馆特色资源的特征、图书馆古籍的载体与形制、图书馆特色资源产生的背景、图书馆特色资源建设的必要性、图书馆古籍整理工作的必要性六部分。主要包括图书馆特色资源的概念及其特色、图书馆特色资源的主要形式等方面。

第一节 图书馆特色资源的内涵

一、图书馆特色资源的概念及其特色

目前学界对于图书馆特色资源的概念的理解众说纷纭,一部分学者从特色信息资源的角度理解,认为图书馆特色资源是指图书馆作为信息服务机构所收集和储存的信息资源,其有别于其他信息服务机构的独特风格;另一部分学者从特色馆藏资源角度出发,认为特色资源应该立足于图书馆自身的馆藏资源基础,是图书馆通过长期的文献资源积累,在特定学科或专题方面形成的文献资源优势。本书对于图书馆特色资源的理解是图书馆经过长期的信息资源和纸本文献的积累,在某一学科或某一领域形成的结构比较完整、内容比较全面的资源优势,能满足特定用户的个性化信息需求,通常表现为本馆具备而其他馆不具备的或者本馆丰富而其他馆匮乏的各类资源。

图书馆特色资源的特色包括三大方面:学科特色、图书馆自身的特色以及地方特色。在学科特色方面,不同院校的图书馆具有不同的特色,在建设特色馆藏时,要注重突出特色,构建丰富化、特色化的图书馆。在图书馆自身的特色方

面，各图书馆的建设特征和管理特征也各不相同，在漫长的发展过程中，各图书馆形成了具有自身特色的优秀文化，并将其融入未来的发展中。因此，图书馆要根据自身的特色，用文字的形式来记录图书馆的发展史，并收藏与自身文化特征相符的文献，从而展示自身的特色。在地方特色方面，地方性文件是对当地政治、经济、文化、教育、风俗习惯的一种记述，具有地域特征的文献记录可以很好地反映区域发展的历史进程。因此，在进行特色馆藏的建设时，要将地域特色与馆藏建设工作有机结合起来，使二者得到充分发展和传承。

二、图书馆特色资源的主要形式

图书馆特色资源有两个主要形式：实体特色馆藏资源和自建特色数据库。

（一）实体特色馆藏资源

实体特色馆藏资源指一切有形特色馆藏资源，包含纸质文献、实物藏品、音像制品与机读资料等。

1. 纸质文献

纸质文献指的是那些以纸本为载体，将信息内容经过刻写、手写、印刷等各种手段进行记录而形成的文献，如图书、期刊、论文、报纸、报告、名人手稿等。

2. 实物藏品

实物藏品指的是图书馆用于收藏、展示、研究的实物资料，如清华大学图书馆美术分馆收藏的中国陶瓷、明清古典家具、染织刺绣作品等具有艺术特色的实物藏品。它们不仅可以为读者提供教研服务，还能丰富人们的艺术思维，开阔视野。

3. 音像制品与机读资料

音像制品与机读资料包括各类以胶片、唱片、录像带、录音带、光盘、磁盘等为载体的文献，它可以超越时间和空间的限制，将图像、声音等信息进行记录，使读者任何时候都能直观地了解某一特色专题的实际情况。

（二）自建特色数据库

自建特色数据库则指图书馆依托馆藏特色资源数字化建设和丰富的网络信息资源构建的数字信息资源库，包括专题数据库、机构知识库和学科导航等。

第一章 绪 论

自建特色数据库是图书馆利用现代化信息技术，依据图书馆自身的特色馆藏基础以及学校学科建设任务，为重点学科提供信息资源保障，或者以地区政治、经济、文化的发展和建设为目的，以自行开发建立或与其他单位合作共建的方式建立的数字信息资源库。

由于现代社会信息技术发展非常迅速，数字化信息资源已经成为现在这个时代的主要信息资源，实体文献资源受时间和空间限制的缺点愈发显现出来，越来越多的图书馆将数字资源建设看作至关重要的发展方向。从20世纪90年代至今，我国很多图书馆已经逐渐完成对实体文献的数字化建设，依托自身已经具备的特色馆藏资源结合网络信息资源构建了各类特色数据库。特色数据库已经慢慢变成了各个图书馆为读者提供信息服务最重要的资源基础，同时特色数据库也可以看作网络时代下传统特色馆藏的另一种表现形式。特色数据库不仅超越时间和空间的限制，实现了信息资源共享，极大提高了信息利用效率，还能给不同用户提供全方位、个性化的信息服务，提高图书馆在信息社会中的竞争力。特色数据库在图书馆网页上一般以"特色资源""特色馆藏""特色数据库""自建数据库""专题数据库"等栏目标注。

三、图书馆特色资源的主题

无论实体特色馆藏还是特色数据库都是依照一定的内容主题进行建设的。图书馆特色资源的主题主要可分为五个类型，分别是学校特色资源、学科特色资源、馆藏特色资源、地域特色资源和其他特色资源。

（一）学校特色资源

学校特色资源是每个学校自己独特的资源，主要来源于高校师生的科研成果。学校特色资源的种类较多，包括高校教师和学生编撰的学术著作、已经公开发表的学术性文献、硕博士学位论文、各种会议记录及演讲手稿、学校出版的期刊、学报以及学校校志、年鉴等。学校特色资源的建设情况直观体现了一个学校的教研成果与发展状态，一般而言都具有比较高的学术价值，学校特色资源的建设对学校的教学和科研的发展起着至关重要的作用。很多高校都非常重视学校特色资源的建设。如清华大学图书馆的"清华大学校刊特色库"、华中师范大学图书馆的"桂子文库"、东南大学图书馆的"东南机构库"和武汉大学图书馆的"武汉大学名师库"都属于学校特色资源数据库。

（二）学科特色资源

学科特色资源是指高校图书馆根据自身的馆藏优势和发展任务，结合学校自身重点学科专业、科研和教学的特点，围绕某一学科范围进行有侧重点的文献和信息的收藏及建设，保证这一学科领域资源的结构性和完整性所建立的各类资源。学科特色资源包括各项学科专题特色数据库、学科导航库等。特色学科的发展对高校的发展起着决定性作用，同时展现了高校自身的办学特色和学科优势，所以学科特色资源是图书馆特色资源建设至关重要的一个环节。读者可以通过使用学科特色数据库快速查询到本学科领域的相关资源，随时获得学科最新研究成果、发展趋势等信息，大大提高了读者的信息获取效率。很多高校依据自身优势学科建立了学科特色资源库，如华中科技大学图书馆的"机械制造与自动化数据库"、武汉工程大学图书馆的"化学工程"等特色数据库。

（三）馆藏特色资源

馆藏特色资源是指本馆特有的其他馆没有或少量拥有的各种馆藏资源，以及分散在各个地方、难以被整合利用的资源。馆藏特色资源主要涉及古籍、中西文书目、期刊等。图书馆经过长期的文献资源积累，都已经逐渐形成带有自身独特魅力的馆藏体系，通过数字化技术将实体特色资源建设成特色数据库成为图书馆特色资源建设的第一选择。如北京大学图书馆收藏古籍约150万册，武汉大学图书馆建立的"《日本外交文书》目次检索平台"是对馆藏套书进行数字化建设的典范。

（四）地域特色资源

地域特色资源是指依据特定地区的历史、文化、风俗、名人建立的，或者与某个地方的政治、经济、文化发展息息相关的资源。地域特色资源可以反映地区独特的历史文化、风土人情、宗教信仰、旅游信息等，还能为地区经济、文化、科技发展的推动工作提供信息资源支持。基于此种原因，很多高校把地域特色资源的建设也当作图书馆特色资源建设的重点。如安徽大学图书馆的"徽学报纸全文数据库"、云南大学图书馆的"云南特色花卉库"、东北师范大学图书馆建立的"东北民俗数据库"等，都是以地域特色为主题建立的特色资源库。

（五）其他特色资源

其他特色资源是为了满足读者的特定需求而建立起来的具有特定主题的数据

库。例如：收集某一专家学者的论文和著作，研究他的相关学术文献以及一些珍贵的手稿、信件和影音资源等一系列专题资源；学校为了更好地进行教学和课程建立的数据库，以便给老师和学生在教学和科研方面提供参考和指导，不仅包括随书光盘数据库和教学参考系统，还包括各种网络资源数据库等。

第二节　图书馆特色资源的特征

一、有限性

图书馆特色资源是以图书馆能收集到的各类知识和信息资源为基础而建立起来的，这些知识和信息资源随着人类的生产生活而产生，虽然数量庞大到难以估计，但由于人类自身的局限性，随之产生的知识和信息资源自然也是有限的，因此，图书馆特色资源天然便具有有限性。

图书馆特色资源的有限性表现在两个方面：一方面是"类"的有限性，图书馆特色资源以"特色"见长，便意味着它不是以普遍性意义而存在的，不是所有的图书馆都拥有特色资源，同样，一个图书馆也不可能拥有全部种类的特色资源；另一方面是"量"的有限性，图书馆特色资源总量受制于人类自身能力以及环境，既然图书馆资源是有限的，那么作为子项的特色资源必然也是有限的。

二、有序性

图书馆特色资源是有序的，它并不是由凌乱的信息组成的，也不是杂乱无章的知识点，而是各资源之间有着内在联系的稳定的资源。图书馆特色资源是分门别类排序的，条理清晰，能够让读者一目了然，这些都体现出了其有序性的特点。

三、积累性

图书馆特色资源不是天然存在的，而是后天积累和建设的结果。图书馆特色资源的数量和规模也不是先天固有的，而是随着时间的推移逐渐丰富和扩大的。人类今天拥有的丰富资源离不开饱经沧桑、历经磨难而保留下来的各类资料，它是古代私人藏书家、官方藏书楼以及近现代图书馆、各类文献收藏机构保存下来的人类文明的集合。没有历史上的点滴积累，就没有今天的种种规模。人们不能割断时间的连续性，同样，它也将被人类继续积累和传承下去。

四、特色性

特色性主要体现在资源的内容上，主要指本馆具备而别馆不具备的或者本馆丰富而别馆缺失的那部分资源。拥有此类资源的图书馆才能有区别于其他同类型信息服务机构的优势，才能更好地提升图书馆的信息服务效能。图书馆特色资源充分体现了图书馆的资源优势、专业优势和技术优势，是能够突出学校特色、学科特色、馆藏特色和地域特色的资源。图书馆在收集特色资源时从多维度和多渠道进行，在丰富和完善特色资源的内容基础上，使资源在内容上具有了鲜明的特色。除此之外，特色资源的特色性还体现在服务方式上，针对部分比较特殊的特色资源如古籍、实物藏品等需要提供相应的特色服务。

五、发展性

各类文献、信息等资源是图书馆特色资源的有机组成部分，它并不是处于静止状态的，而是按照一定的规律处于运动之中。每天都有新的图书出版、新的期刊发行、新的会议文献产生、新的学位论文完成等，每天也都有新的特色资源被生成、被更新。随着知识的快速产生、信息交流的频繁和人类记录水平的提高，各类文献、信息的数量日益庞大，形式日益多样，更新的速度也日益加快。因此，图书馆特色资源也处于发展变化之中，并随着变化不断得到完善与深化。

六、可建性

图书馆特色资源是人类通过规划、采集、选择、加工、整理、评论等手段，有目的地进行建设、改造和优化而形成的，其可建性显而易见。各种特色数据库、特色资料库的建立就是图书馆特色资源可建性的最好体现。如果不具有可建性，图书馆特色资源就不能形成具体的表现形式，人们也就不能对之进行补充、修正及完善。

七、多元性

（一）资源类型的多元性

1.名家专藏和古籍专藏

名家专藏和古籍专藏主要收藏海内外著名学者、知名人士及本校著名学者向

第一章 绪 论

图书馆捐赠的个人藏书以及古籍特藏，具有极大的收藏价值和意义。如北京大学的名家专藏、清华大学的名家珍藏、南京大学的名人捐赠、武汉大学的古籍馆、中央民族大学的古籍特藏等。

2. 多媒体资源

多媒体资源主要以图片、音频、视频的形式呈现，内容更生动形象。如中国人民大学的音乐特色数据库、南京大学的微视频、重庆大学的图像资源库、南京大学图书馆 CASHL 宣推活动报道及图书馆奇妙夜古籍修复——指尖上的记忆等，皆内容新颖。学生、社团组织等以视频的形式宣传图书馆的各种活动或主题，在原创的基础上兼具新颖性，易于传播和分享，更抓人眼球，值得学习和借鉴。

3. 地方文献和少数民族文献

地方文献和少数民族文献可以彰显地区特色、民族特色。该类型资源建设有利于宣扬各地的特色资源，有利于地方文化的传承和发展。如吉林大学的东北地区地学文献数据库、上海交通大学的地方历史文献、中山大学的徽州文书、厦门大学的闽台族谱数据库等。

4. 学科专业特色资源

学科专业特色资源的主要特征是便于读者更好、更快地了解该行业的发展现状和趋势。如同济大学的汽车行业信息平台、华南理工大学的土木与交通学科服务平台等。此外，还有彰显院校特色的资源，如中国海洋大学的海洋数字博物馆、海洋文库，西北农林科技大学的植物志、动物志等，都极具院校办学特色。

(二) 资源表现形式的多元性

资源内容的多样性决定资源表现形式的多元性，在信息技术以及信息设备的支撑保障下，图书馆特色资源的表现形式呈现出传统与网络相结合的特点。传统的表现形式有书单、文字、图片等，如山东大学的大型文献、港台文献、山大人文库、文史书架等资源主要以书单为主，供读者浏览借阅。网络化的表现形式有音频、视频、真人出镜、FLASH 等，如南京大学的微电影《那年秋天》是南大师生自编、自导、自演的图书馆官方微电影，让大家感受到图书馆青春、时尚的一面，给人更大的想象空间，其带来的视觉和听觉上的冲击也更强烈。

第三节　图书馆古籍的载体与形制

一、甲骨载体

甲骨是龟甲和兽骨的统称。夏商西周三代时期，统治者极其重视巫史文化，因龟具有顽强的生命力、天地之象等条件，原始先民将其视为吉祥之物，以龟作为财富、地位的象征，使得其成为沟通天人的媒介。夏王朝建立以后，统治者将政权与神权相结合以巩固国家政权。商汤代夏，将神权政治发挥到极致，巫史文化色彩极其浓郁，"国之大事，在祀与戎"，对祖先神灵的崇拜，几乎达到了登峰造极的地步。在上古时期，巫史文化极其浓厚，朝野上下几乎到了无事不占、无事不卜的地步。

1. 取材

取材即收取未经整治过的龟甲和兽骨（主要是牛的肩胛骨），剔去肉体，以备锯削、刮磨之用。关于龟甲的取材大致有三个步骤：取龟、祭龟、杀龟。殷王室占卜所用的龟主要是秋季时由别处进贡而来。至于选龟的标准，主要是大小和颜色。一般情况下，龟甲以大为宜，除了方便刻辞外，龟板的大小也是身份、地位的象征，有着严格的等级制度。在颜色上，以黄白明润为佳，颜色灰暗者不用。

2. 锯削、刮磨

取材完毕后，龟甲和肩胛骨需要经过锯削、刮磨等工序后，才能进入钻凿的步骤。龟甲的锯削，即首先将背甲与腹甲的连接处（即甲桥）锯开，使之分成两半，其中甲桥部分留在腹甲处，再将凸起的甲桥打磨至平整。占卜多用龟腹甲，偶尔也用龟背甲。对于规格较大的背甲则从中脊处剖开使之一分为二；对于规格较小的，剖为两半后，锯去近中脊凹凸较甚的部分和首尾两端，使之成为鞋底形，偶尔中间穿孔。肩胛骨不分左右，均可用来占卜。胛骨如扇形分为两面，正面是光面，反面是骨脊凸起面。整治时，先将反面的骨臼削去一半或三分之一，然后再将臼角削平打磨，使之平整。

3. 钻凿

由于甲骨质地过硬，仅通过灼烧很难出现有规律的兆纹，故在灼兆之前，需要对甲骨进行钻凿，使之变薄，更易出现裂纹。钻凿主要是在龟板或肩胛骨的背面进行。凿是指借助刀具或轮开槽在甲背上进行挖凿，使之呈现枣核形。钻是指单独用小圆钻在原本凿好的枣核形洼穴中钻出圆形洼穴。每个甲骨钻凿的数量不一，少则几个，多则上百。钻凿在龟板上的分布，一般以龟甲的中线为轴，左右对称。

4. 灼兆

在确定要卜问的事情之后，便进入正式的占卜环节。《史记·龟策列传》中记载："卜先以造灼钻，钻中已，又灼龟首，各三；又复灼所钻中曰正身，灼首曰正足，各三。"此处的"灼钻"就是指烧灼已经钻凿好的洼穴处。

由于钻凿过后的甲面很薄，故在高温下龟甲正面容易开裂，呈现出"卜"字形的裂纹。在灼烧过程中，龟甲爆裂发出的声音也如"卜"之声。

5. 占卜、书契

灼兆结束后，占卜者根据灼龟后出现的卜兆形态来判断所占卜之事的吉凶。辨兆定吉凶后，占卜过程结束。将有关卜问的内容契写在甲骨上，即卜辞。书契方式有两种，一为刀契，二为笔书。刀契是契龟最为常见的手法，契刻工具主要有青铜刀、青铜锥，少数用玉刀契刻。本质上，甲骨文是档案而不是书籍，但具有书籍的作用。

二、青铜载体

商末和周代用来刻字纪事的载体主要是青铜器。青铜的出现与贵族政权相关，青铜在社会政治生活中处于重要地位，铜器稀少珍贵，鼎器成为王权的象征。藏礼于器，器以载道，青铜器是意识形态和国家制度的象征。

（一）青铜载体的发展

青铜器的种类有很多，大体分为礼器、兵器、乐器、食器及一些日常用具，主要作为统治者和贵族的生活器具，后来慢慢演变为礼器。我国铸造青铜器的时间极早，相传大禹曾铸九鼎，以象征统治九州的权力。20世纪50—70年代，在夏朝晚期都城的郾城二里头遗址先后出土了一批青铜器，既有生产工具，又有兵器和礼器。这表明在夏朝时期已经开始使用青铜器。到了殷商末期，青铜的冶炼技术已逐渐成熟；商周是青铜器的鼎盛期；春秋中晚期是铁器发明和使用的初期，而铁器的产生并没有导致青铜器的衰败，相反铁器的诞生使生产技术普遍提高，促使青铜铸造工艺有了更进一步的发展。战国时期虽然铁器发达，但青铜器仍延续并且产生了一些重要作品。

（二）青铜文本的发展

青铜器在史书上的意义在于它的铭文。铭文的记载，从形式到内容都与甲骨文不同，其内容主要是纪事性质，都是最原始的面貌，没有经过后人润色删改和编选。限于载体因素，铭文需要简洁凝练，故篆刻铭文需要字字斟酌，一字千金。过去多认为铭文是歌功颂德、命令告示类的文字记录，与正规书籍不同，但其实铭文的性质类属于记录国家大事的文书档案。西周铜器铭文分为祭祀、战功、册赏、诉讼、媵嫁五类。

最初在青铜上铸刻文字只记其名以表示器物归其所有，或只记年月以表示铸造时间，后来发展成记录一些重要事件，如毛公鼎、散氏盘、虢季子白盘、史墙盘等，都有较长的铭文，内容多是歌功颂德、财产分配、命令告示、疆界纠纷等。

铭文大多数是在铸造青铜器时用模子浇铸出来的，有少数是在器具铸成后镂刻上去的。青铜铭文的发展大致可分为殷商、西周、春秋战国、秦汉四个时期。商周青铜器铭文长短不一，内容有繁有简。大致上商代后期的铭文一般都很简单，多为人名、氏族名或所持者名号等。到了西周时期，铭文内容丰富，字数显著增多，涉及的范围十分广泛，书史性质也显著增强，成为当时政治生活的缩影。秦始皇统一六国后，下令收缴金属制器，青铜礼器的制造至此基本停止。

三、早期石刻

（一）早期石刻的发展

三代之后，金衰而石盛，出现这样的原因是多方面的。首先是周王室衰微，政权旁落，宗周礼仪衰落，故而青铜礼器也逐渐衰落，故纪事铭物、歌功颂德的功用逐渐转移到了石刻上。更深层的原因是祭神敬祖、纪事传言的平民化与世俗化的趋势，这和春秋战国之后整个社会政治的松弛、思想文化的活跃有很大关系。另外，从功用角度来看，相对于青铜载体，石头更加坚固，成本亦更低，故在秦汉时期石刻文字盛行，逐渐取代了青铜器铭文。

第一章 绪 论

(二) 早期时刻的形制

早期石刻主要指商周至两汉时期的石刻。如石鼓一样的圆柱形刻石，称碣；磨平后刻字的长方形石板，称碑。另外，一种石刻是将文字直接刻在天然的山崖石壁上，称为"摩崖"。早期的石刻形制经历了从有规则礼器形制到无规则石刻形制再到根据用途和刻铭的不同而形成固定形制的变化。

周王室衰微，各诸侯国相继崛起，各自刻石以颂功纪事，此时的石刻在形制和功用上都承袭了青铜礼器，部分石刻被有意制成礼器模样，再进行刻辞。典型代表有石鼓文、侯马盟书和诅楚文。

春秋时期秦国的石鼓文，在唐朝初年被发现，现藏于北京故宫博物院。因形状似鼓形，故以石鼓文命名。石鼓共计十枚，外形似鼓，上窄下宽，圆顶平底，四周圆而见方，中腰微凸，原石头直径2尺左右，高3尺左右，十个石鼓形状大小高低略有差别，各石鼓都有文字环刻于鼓腰四周。但因年代久远，饱经风霜，石鼓上的文字多有磨平剥落，加上战火更迭、历代捶拓，故而今日的石鼓文字残损十分严重，第八鼓已无字可寻。

春秋时期，石刻已逐渐承袭了青铜载体的形制和功用。1965年在山西发掘了一批属于春秋末期晋国的侯马盟书，数量多达五千余件。盟书的材质有石有玉，呈片状，盟辞用毛笔书于玉石片上，一式二份，一份藏于盟府，一份埋于地下，以取信于神鬼。书写的玉石片形体尚规整，绝大多数呈圭形，而圭是古代祭祀所用的礼器。

北宋时期，发现三块战国末期的秦国石刻诅楚文，根据所祈神名分别命名为"巫咸""大沈厥湫""亚驼"。赵平安的《从"箬者石章"的解释看诅楚文刻石的形制》一文认为诅楚文辞中的"箬者石章"等同于"箬之于石章"，而"章"应当释为"璋"，即一种用以祭祀的半圭形的币。其引用《说文解字》中"璋"的释义并列举青铜器《竞卣》《师遽方彝》《颂鼎》《召伯簋》中"璋"均作"章"为证，此说法可从。在圭形和璋形的石刻上书写文辞，不论是沉入水中还是埋于地下，本质上都是为了祈求神灵庇佑，这都沿袭了商周时期用青铜礼器祭祀的礼仪。

到了战国时期，石刻逐渐脱离了"传器兼传文"的功用，对形制的关注减少了，向单纯的"藉器传文"转变。和前面所举的规则石刻不同，先由河北平山县村民发现后在1974年移至河北省考古队保存的中山王国守丘刻石，就是一块天然的河光石，主要记录了监管园陵的官员为了敬告后来的贤者而刻的内容。

在西汉早、中期，石刻主要是人物的姓名、年月、建筑材料的记号等简单的刻辞，属于"物勒工名"的性质。至西汉中、晚期出现了地界、符契一类的实用石刻。西汉晚期至新莽时代，产生了坟坛、祠堂神位等丧葬用石刻。这一时期石刻的形制尚未定型，仅限于实用的范围。

至东汉，石刻的形制逐渐定型，根据内容和用途不同，逐渐分化形成各种类型的特殊形制，成为后世固定石刻形制的先声。

四、简牍与缣帛

（一）简牍与缣帛的发展

王国维的《简牍检署考》开篇即曰："书契之用，自刻画始。金石也，甲骨也，竹木也，三者不知孰为后先，而以竹木之用为最广。"接着又说："简牍之用，始于何时，讫于何代，则无界限可言。"至今为止，还未发现春秋以前的简牍，大致是因为简牍易腐易朽，长期埋藏于地下，难以保存。关于简牍产生时间的上限，大多数学者认为不晚于商代。虽未有直接的简牍实物出土，但从相关的考古发现来看，竹木在新石器时代就已使用，如在浙江宁波河姆渡遗址发现的新石器时代早期的木器、在浙江湖州钱山漾遗址出土的新石器时代晚期的竹器。另外，从20世纪开始，出土了不少殷商时期以毛笔书写的容器，如从20世纪20年代开始，安阳殷墟遗址陆续发掘出一些以毛笔书写的陶文、朱书玉璋、玉戈、玉质柄形器以及甲骨等，20世纪80—90年代，郑州小双桥商代中期遗址发现了朱书陶片，由此可见，殷商时期使用简牍这一载体也不足为奇。

目前，出土的竹帛主要集中在战国秦汉时期，我国目前发现最早的竹简出土于战国时期曾国的曾侯乙墓，历史上西晋时期也曾出土过一批属于战国晚期的汲竹书。在战国文籍中竹帛多次出现，竹帛作为书写载体在当时已经被大范围使用。竹帛于周代盛行的原因，大致可从两个方面加以阐述。从实用角度上看，先秦时期，金石等硬材料偶尔也作为古书的载体，但由于这类材料不利于古书的著述和传布，故一直没有成为古书的主要书写载体。而竹简由于易于取材且便于流通，于是成为古书类文献的主要载体。而缣帛是作为竹简的辅助载体出现的，由于是二维平面，更易于绘画，故主要用于附有图画或版式特殊的文献。另外，从当时的社会文化背景来看，竹帛的盛行也与当时的文学风气下移、出现了百家争鸣的局面有关。

第一章 绪 论

（二）简牍与缣帛的形制

1. 简牍

简牍是简与牍的合称，简牍的材质既有竹质亦有木质，以竹简、木牍居多。竹简是经过选材、片解、刮削、杀青等工序制作而成的，加工好的竹片称为"简"，将若干简编连起来就称之为"册"或"策"。木牍是长方形木片，在西北地区使用较多。一般来说，木牍多用于文书、遣策，而竹简的使用范围较广泛。

（1）简策长度与书之尊卑

在简策形制中，研究其长度者甚多。简策在殷商时期就已经使用，先秦时期有"著于竹帛"之说，但没有长度的相关论述。至汉，简牍的长度形制方有记载。汉以后，简帛逐渐被纸替代，唐及以后关于简牍长度的记载多是在汉人基础上加以论说。

其一，简牍长度是有制度的，呈现规律性，简策、木牍分别以二尺四寸和三尺为基点，以"分数、倍数"的方式依次递减。

其二，简策长度与书之尊卑有关，内容越重要则简越长，反之则较短。简牍长度在战国及以前并无明确制度，至两汉时期，中央有相关的用简长度规定。在同一编简中确有长短简，但仅限于册命的一种特殊形式，在书籍简中并没有这类形制。

（2）一卷简策之规模

"卷"是竹简编连成册的一种长度规格。关于卷之长短，从内容上可分为三种情况：一卷可含有数篇，一卷为一篇，数篇合为一卷。除了从内容上考虑，还可以从实际功用角度出发，若卷的体积过大或重量过重则不方便皮藏或流传，也会影响卷的规模。一卷竹书的长短会根据实际需要而有所不同。

从流传的角度来看，先秦以前，古书多单篇别行，其中简策的规模也是一个不可或缺的因素。竹书在社会上流通时，为了方便携带和阅读，一卷的规模必然要比官方皮藏的要小得多，以能单手持握最佳。在实际使用中，为了使用方便，一卷简策通常不会太长，以手持为主，如在汉代画像中，多见单人跪坐双手持简，亦有两人同持一简，站立而阅。

从实用的角度看，百简左右编连为一篇，可说已是合宜长度的极限。在日常使用和流通中，无论是持牍持简，均以便携为前提。墓葬中出土的简策，一卷所编的简数和长度相差很大，少之则有十多支，多则达到上百支。数百简为一卷的竹书在出土实物中有不少，从孔家坡出土的汉简可以看出，一卷竹书的规模大小取决于实际需要。若上架皮藏，需顾及书籍藏置取阅之便；若是日常流通使用，则需考虑流通和手持之便。而墓葬出土的简策非供实用，故其规模大小不定，可依其礼制或实际情况定夺。因此，出土简策一卷之厚薄不能作为当时社会通行竹书规模的衡量标准。

（3）简策存放方式与收卷方式

钱存训在《书于竹帛：中国古代的文字记录》一书中阐述了简策的存放方式分为卷轴型和折页型。他认为古书的藏置可能有两种不同的形式：一种为数卷编成后卷成一捆；另一种为折页型，每册简面相对，有如现今书籍的册页形式。

近年来，随着竹简发掘进入井喷期，竹书数量增多，证明了竹书确有折页型的收卷方式，以清华简《算表》《芮良夫毖》《殷高宗问于三寿》为例。邢义田提出新的存放方式，认为简牍除了存放在几阁，还可能悬挂于壁。他以汉代典籍、图画为证，另外出土实物中编绳处也确实存在圈环的痕迹，简策挂悬，不失为一种不同于纸本文书的存放方式。

可见，简策除去成卷存放，尚有折页收置，这是基于存放几阁而言的。还有悬挂于壁的现象，这或是因为内容特殊，需公之于众。

2. 帛书

与简牍并行的载体还有帛书。帛是丝织物的总称，质地轻软，舒卷折叠方便，易于着墨，书写前应该与简牍一样进行过必要处理，如浆洗之类，避免文字洇染，但更多的是作为绘画的材料。帛书较之竹简轻巧易携，但因其成本昂贵，故而多在皇室贵族中流行，即使是皇室贵族，在帛书上书写时也常常是先以竹简为草稿，在竹简上删定修改后才誊写在帛书上。

关于帛书的形制在传世文献中只有粗略记载，《后汉书·襄楷传》："顺帝时，琅邪宫崇诣阙，上其师干吉于曲阳泉水上所得神书百七十卷，皆缥白素、朱介、青首、朱目，号《太平清领书》。"

关于幅宽，《汉书·食货志下》曰："布帛广二尺二寸为幅，长四丈为匹。"从出土帛书实物来看，子弹库帛书宽约47厘米，马王堆帛书大多在48厘米左右，基本符合典籍所载的幅宽。

关于长短，《初学记》卷二十一上载："古者以缣帛，依书长短，随事截之。"长短可根据书写内容任意裁剪，马王堆帛书中确有篇幅超过1米的，也有篇幅仅几厘米的。帛书的形制不是完全划一的，且在很大程度继承了竹简的形制。

首先是帛书的界栏，学术界一般认为这种形制当从简册制度演变而来。帛书界栏分为横栏和竖栏，竖栏是指仿照竹简在帛书上画出栏线，以方便书写。竖栏根据颜色不同分为两种，红色者谓之朱丝栏，黑色者谓之乌丝栏。从目前出土材料来看，朱丝栏较常见，如多数马王堆帛书和少数子弹库帛书为朱丝栏。而乌丝栏较少见，如马王堆帛书中的《刑德》丙篇。横栏是指帛书的"天地头"横线，即在竖栏首尾两端各画一条横线，以框定书写范围，横线以外的地方多留白不书写。冯胜君认为，帛书的横栏是仿自竹书的编纶，战国时期的竹书多数情况下用两道编纶，编纶的位置在竹简的 1/3 和 2/3 处，也就是说靠近上下简端的位置上一般没有编纶，这正好和早期帛书多没有"天地头"横线相对应。汉代竹书的编纶数明显增多，主要是在靠近上下简端的位置上各加了一道编纶，相应地，晚期帛书出现了"天地头"横线。帛书的界栏，早期时大多为手画，当帛书盛行以后，为了使用方便，也为了美观，于是用赤丝或乌丝事先在缣帛上织出界栏，如马王堆帛书中的《周易》《二三子问》《古佚书》就是用红色丝线或黑色丝线纺织分栏的方式编织而成的。后世纸本书籍的版框实际上也是继承帛书的界栏而来。当然帛书中也有一些是没有界栏的，如《战国纵横家书》。

再者是收卷方式。就目前出土情况来看，帛书的收卷方式主要有两种。一是与竹简一样成卷存放，在末端有一根木棍，如马王堆三号墓出土的通高为 24 厘米的帛书就是卷在长条形的木片上的。二是折叠存放，以两处出土实物为例。1942 年 9 月长沙战国楚墓出土的帛书折叠成八折放在一个竹匣中。1974 年年初，马王堆出土 20 余种帛书，除了少部分幅宽 24 厘米的成卷压在两卷竹简下面，大部分幅宽 48 厘米的帛书被叠成长方形放在墓葬东边箱的一个长方形漆奁盒下层，均无轴。前者成卷摆放，实际上就是继承了竹简收卷的形制。

相比简牍，帛书的使用范围并不广泛。首先是其价格昂贵，普通百姓难以承担，更多在皇室贵族中流行。其次是其材质使然，缣帛质地轻软，是二维平面，比起书写，更适用于绘画。

五、纸张

（一）纸张的产生与普及

由于简重而帛贵，低廉易携的纸张便应运而生。在蔡伦以前，纸就已存在。在西汉晚期，纸张不仅可以用作日常的包装材料，亦能在上面书写文字。在东汉初期，部分重要的儒家经典已经有纸写本。

（二）纸张的形制

纸本文献最初的书籍形制是参照简帛而成的，初期的纸书都是卷轴装。纸以"张"为单位，在幅宽方面仿照帛书，敦煌写经用纸以26厘米×48厘米最为常见。在长短方面则无定制，依内容需要而定。现存的敦煌卷子，长的有二三丈，短的仅二三尺。单张的纸抄毕后，再将其依照内容顺序粘连起来（亦可先粘后抄），形成长卷，卷尾处装上一根以木或竹制的滚轴，再如简帛般卷起，即成一卷。目前所知较早的卷轴装实物是出土于敦煌藏经洞的《大般涅槃经》，卷上有"永兴二年（305年）二月七日"的题记，是西晋时期的写本。纸卷的内部装式与缣帛一样，亦模仿了简册的形制。敦煌出土的实物写卷的纸上画有一行行竖线，行格之间的宽度与马王堆帛书的宽度相仿，称为"边准"，与前面所述帛书界栏一样，因颜色不同而有"乌丝栏"和"朱丝栏"之别。上下有横栏，称为"边栏"。这些均模仿简册形制而来。但由于纸张来源、抄写内容和抄手个人习惯等原因，不同时期、不同地区的写本没有绝对的固定形制。到后期有梵夹装、经折装、册子装、蝴蝶装、包背装等装帧方式。

第四节　图书馆特色资源产生的背景

一、时代发展的需要

随着信息量的迅速增长，单一图书馆所拥有的馆藏资源已不能满足读者的需要。图书馆馆藏资源中多为纸质文献和电子文献资源，但由于馆藏成本和图书经费的限制，无法做到对文献进行全方位的收集，资源的匮乏也导致难以满足读者的个性化需求。

时代给我们的启示是，在新的社会现实条件下，图书馆的价值已不能简单地以馆藏规模的广度来衡量，而应以最有效的方式向读者提供所需要资料作为衡量的标准。这就需要各个图书馆在当今信息化的背景下，坚持以新的建馆观念构建具有自身特色的馆藏资源，并充分发挥其特有资源的价值，为学校的教学与科研以及区域经济发展做出切实的贡献。

二、读者的阅读需求

随着我国高等教育的迅速发展和国民文化素质的不断提升，高校图书馆的馆藏资源已经远远无法满足科研、学习和阅读的需求，图书馆特色资源建设成为必然选择。

事实上，从图书馆目前的图书采购情况来看，图书馆图书资源采购大多出于完善藏书的目的，但实际上这些图书并不能满足读者的需要，也不能满足充实图书馆的特色资源的需要，这既导致了图书馆馆藏资源的极大浪费，也没有实现图书馆管理的目标。因此，这种供应和需求的脱节，不仅是对图书资源的不合理配置，更是阅读资源的浪费。

因此，为了满足广大读者的阅读需求，使图书馆资源得到充分的利用，近年来，各地的高校图书馆也在为校外读者提供免费服务，以最大限度地发挥信息资源的作用。位于四川省的四川大学、电子科技大学和西南民族大学等10余所高校向公众开放，就是很好的例子。事实上，此举也向各大图书馆传达了这样一个信息：资源的最优配置、社会的可持续发展是进行资源配置的原则。因此，在不久的将来，各种性质的图书馆资源共享势必会成为一种趋势，各高校图书馆在加强特色资源建设的同时，也要重视共享渠道的问题。

三、图书馆自身发展的需要

在互联网时代背景下，图书馆的资源承载方式发生了很大的改变，这种改变为图书馆今后的发展提供了新的契机，但也使其面临着严峻的挑战。对于在各个图书馆内开展的论文资料库建设、学报资料库建设、外文资料库的建设来说可谓良机。但在资金、人力等资源短缺的情况下，各馆如何推动馆舍的持续发展呢？充分利用现有的资源，构建具有特色的图书馆资源，是一条切实可行的途径。因此，馆藏特色资源的建设既是图书馆摆脱发展困境的必然选择，也是图书馆自身发展的必然要求。

第五节　图书馆特色资源建设的必要性

一、有助于推动高校图书馆事业的发展

特色资源的建设不仅有利于丰富馆藏，推动高校图书馆潜在的资源转化为现实的生产力，使高校图书馆在不同的环境中能够把握不同的机会，还能在提高自身实力的前提下为读者提供某一方面比较全面的资料，提升服务质量。高校图书馆依据自身的资源、经验等优势建设特色资源，紧跟时代发展，提高信息化能力，有利于图书馆事业的创新发展。

特色馆藏资源与图书馆所典藏的其他文献资源相比往往具有分散性、稀缺性的特点，对于保存、揭示和传播某一地区的文化、科学、历史信息具有重要的意义。其建设的原则决定了它必须以学科建设需要为出发点，立足于高校的研究优势，围绕其特有的服务对象和服务任务，有重点地开发、建设某一领域或某一主题的文献信息资源，由此体现其"人无我有、人有我优"的馆藏特色或者是地域特色。

通过特色资源建设，对馆内外特色学科与专业的信息资源进行整合，为高校图书馆传统馆藏注入新的活力，提高读者的关注度，满足读者多元化的信息需求。同时，互联网行业的快速发展，还能极大地提高特色馆藏资源的社会共享度，增强图书馆的竞争力。

从制约图书馆可持续发展的层面来看，随着文献购置成本的不断上涨，经费短缺、办馆效益不佳是图书馆普遍面临的问题，而特色资源建设不仅有利于文献资源的合理布局，还能避免可能存在的重复建设问题，能有效地缓解文献快速增长与经费捉襟见肘的矛盾。

二、有助于提升图书馆的核心竞争力

当今时代，科学技术日新月异，信息技术高度发达。图书馆事业的发展，不能仅仅满足于一些基本功能的需要，必要拓展一些新的领域和行业，而特色资源的建设，既有当地的独特资源作为根本，又有信息时代的大数据等作为支撑，是完全可以建立起来的。图书馆的特色资源，既体现了当地的文化特色，又增加了服务内容，有助于提升图书馆的核心竞争力。

特色资源建设是图书馆在发展进程中创新改革的一种手段，不但可以改变图书馆的传统服务模式，还可以丰富图书馆的资源类型，从而吸引更多读者，满足读者多样化的需求。同时特色资源建设不仅能够体现图书馆的核心竞争力，而且能使图书馆以自身的文化资源融入社会，提升社会影响力。读者的需求和社会发展的大环境将进一步带动图书馆的业务形态和服务模式不断升级创新，打造出图书馆自身的特色品牌，丰富图书馆自身的内涵，提高核心竞争力，从而实现图书馆的全面发展。

三、有助于满足读者多元化的文化需求

读者的需求是图书馆开展服务的基础，只有紧密结合读者需求，才能为读者提供有效率的服务。读者的需求一般可以从两个层次来说：一种是一般性的、基

第一章 绪 论

础性的需求，如日常借书等；另一种是为了满足科研等需要展开的特色化需求，如查找相关资料等。图书馆开展特色资源的服务既能满足读者的一般需求，又能满足读者的特色化需求。

随着经济社会水平和消费需求的提高，读者对精神方面的需求提出了更高的要求。图书馆特色资源的内容建设绝大部分以人文资源为主，能够更好地满足读者的文化需求。例如，戏曲库、非物质遗产资源库等，既是地方资源库建设的主要内容，又是广大读者较为关心的人文资源。

四、有助于推动文旅融合发展

图书馆特色资源建设能够为城市文旅融合贡献力量。地方资源库以人文资源为主，对一个地方的政治、经济、文化、自然资源、历史等多方面进行还原、记忆，具有很好的文化价值。将图书馆特色资源与旅游相结合，丰富了旅游的内容，还有助于宣传地方文化，用文化来吸引人更能够提高城市形象，也有助于推动文化旅游迈上新台阶。

五、有助于地域传统文化的传承和保护

中国各地区优秀文化都是中华民族优秀传统文化的一部分，与当地的居民生活、人文息息相关。图书馆在搜集这些资源信息时，也是对这些文化的保护与传承。当前5G、"互联网+"等技术的发展，给图书馆推广和服务带来了新的机遇，更好地对地方文化实现了宣传和推广。

地方特色资源中包含地方文化、民俗等重要的资源，其是发扬传统文化的"宝藏资源"，图书馆应该抓住机遇，充分利用好"宝藏资源"，以履行自己的职责，为地方文化发展服务。根据相关的统计数据，截至2020年，互联网的普及率达64.5%。这说明网络阅读已经成为一种发展趋势，省级高校图书馆应该看准时机，积极建立特色资源，实现特色资源数字化与数据化，进一步拓展人们了解、接触与利用当地文化的途径，也可以让更多的人了解当地文化的精髓，对于推动当地文化与风土人情具有重要的影响。

图书馆要牢固树立主动为社会发展服务的意识，全方位开展服务，充分发挥智囊团、思想库作用。图书馆有责任尽力提供各方面的知识服务。地方特色资源作为图书馆特藏文献建设的一个重要部分，就是通过对所在地的特色文化资料进行较全面系统的收集、整理，充分挖掘地方传统文化资源的价值，对传统文化资源进行深层次的分析、评价和整合，进而汇集成内容、结构等方面连续的、系统

的文献信息资源。它在为读者了解地方传统文化的现状和历史提供了方便快捷的途径的同时，也扩大了对地方特色文化的宣传，这对于特色文化资源的利用和开发十分有利。从图书馆发展的角度来看，这样的整合使得特色文献资源的布局更加合理，有利于建设区域范围内全面、系统的文献资源体系，实现地方资源的共建共享；不仅使地方传统资源得到有效的保护与传承，更重要的是强化了图书馆的社会服务功能，对于地方精神文化的传承与弘扬有着重要的意义。

六、有助于提高国家文化软实力

图书馆特色资源的建设能够更好地发挥文化强国的作用。图书馆对于国家、民族来讲是精神家园，也是当地知识经济发展的积极推动力。图书馆能够发挥提高文化素养的作用，传播中华民族优秀文化，提高国家文化软实力。

七、有助于加强特色资源的整合与共享

图书馆中的馆藏资源随着时代发展不断更新，但是，基于图书馆规模的有限性，新的书籍上架意味着旧书籍被替代，一些之前存放较久的书籍下架后的再次使用成为难题，造成馆藏资源浪费。

图书馆特色资源的建设能够有效提高资源共享的效率。在建设特色资源的过程中应该按照一定的标准与规范进行操作，从而推动资源的共建共享。此外，特色资源在优化与发展馆藏的过程中具有不可替代的作用，可以将散乱的资源进行系统化的梳理。按照相关要求对特色资源进行数据化处理与保存，有利于实现资源的整合。

第六节 图书馆古籍整理工作的必要性

业界公认的古籍是指1911年之前以古典装帧形式出现的印本、写本书籍等，但是在实际应用中古籍又不限于古书，还包括古书以外的未形成书的其他古代文献，如甲骨文、金文、简帛、敦煌卷子等出土文献。据相关资料统计，目前商周甲骨文总数有16万片之多，殷周金文有万余件，简帛总数有20万片以上，敦煌写卷有4万卷以上，古书统计超过270万部。这些都是历代人民留下的巨大精神财富，有了它们，中国传统文化才有根，才有源，才有流。

古籍是中华优秀传统文化资源的重要组成部分，也是传承中华优秀传统文化

的载体。中华民族有着五千多年的文明史，留下了浩如烟海的文献典籍。古籍是记录我国传统文明和文化的重要载体，也是取之不尽、用之不竭的智慧源泉，因此，图书馆的古籍整理工作是十分有必要的。具体来说，图书馆古籍整理工作的必要性主要分为以下几个方面。

一、提高古籍资源利用率

人们对于历史的了解、文化的学习、政治经济的研究都可以通过对古籍文献的阅览而实现，所以，古籍文献也被看作我国至关重要的文化资源和历史遗产之一。通过对古籍的整理，能够有效避免古籍资源被闲置，而且在对古籍进行整理的过程中，也能够最大限度实现古籍资源的现代化保存，将古籍资源中蕴含的宝贵价值进行数字化，提高古籍资源的利用率。例如对线装古籍的整理，很多线装古籍容易破碎和残缺，而对线装古籍进行整理，可以实现古籍内容的数字化，让人们可以清晰地看到古籍的内容，随时查阅古籍文献，加快古籍文献的流通速度，并有效拓宽其流通渠道，在保存原有线装古籍的基础上，进行知识的传递和文化的传承。

二、保存更多古籍文献

目前，我国大部分古籍文献的存储介质为纸质，而这些纸张本身的质地较为脆弱，受环境的影响，在使用过程中极易出现老化、受潮、破损、虫蛀等问题，导致纸质古籍文献的保存期限相对较短，为古籍的整理带来很大的难度。通过对古籍的整理，能够充分利用古籍资源，使古籍所记载的内容得以留存，发挥其价值。

三、弘扬我国优秀传统文化

中国古籍历史悠久，是中华民族珍贵的历史文化遗产，是民心相通的基石，是搭建各族人民政治认同、思想认同、情感认同、文化认同的桥梁，是新时代更好地树立中华文化符号、传承中华文化基因、滋养中华文化血脉、聚合铸牢中华民族共同体意识的重要文化支撑点。与此紧密相连的是，几千年来，我国对古籍的整理工作代代相传，形成了中华民族大家庭共同认可、普遍接受且富有强大生命力的古籍整理的优良传统。

党的十九大以来，以习近平同志为核心的党中央站在实现中华民族伟大复兴的战略高度，对传承和弘扬中华优秀传统文化做出一系列重大决策部署，古籍事业迎来新的发展机遇。新时代要求文献人站在实现中华民族伟大复兴的战略高度

认识中国古籍整理研究的价值和意义。中国古籍是中华民族所独有的，且具有强大的影响力与感染力。中国特色社会主义新时代，保护传承、整理研究、出版发行好中华古籍是筑牢中华民族共同体的长久之策、固本之举，必将对延续中华文脉、弘扬中华优秀传统文化有重要的作用。

综观世界文化发展史，不同文化互相开放、互相交流、互相吸收、互相补充，这是人类社会发展的客观要求和必然趋势。在我国，文献的传承从古至今未曾间断。一些图书馆会收藏西文古籍，对这些文献进行保护、整理与开发，全面展示馆藏信息，进而逐步建成一个独具特色的西文古籍文献收藏与服务体系，既可以很好地保护这些人类文化遗产，又能最终达到加强不同文化间交流的目的。

四、实现古籍文献教育价值与内在文化价值

古籍文献的整理是开发和利用的前提与基础条件，要发掘古籍文献的价值，必须强化各项保护管理措施，避免其出现损坏、遗失的状况，难以实现其教育价值与内在文化价值。比如，在古籍文献中记载着各个阶段的文化成果以及历史事件，若是因外界因素导致古籍文献受损，则失去了对这部分古籍文献深入研究的机会，也直接失去了其内在价值。

五、为古籍整理培养专门人才

按照全国古籍整理出版规划领导小组印发的《国家古籍整理出版专项经费资助项目管理办法（试行）》，古籍整理方式包括点校、注释、今译、影印、汇编、索引、书目等，整理方式要遵循古籍整理出版规范，整理内容要符合学术规范和出版要求。古籍出版的质量根本在于古籍整理的质量。理论上讲，古籍整理的专业人才应该是古籍整理者，否则极易出现古籍整理成果的质量问题。即使是专业人才，不按照专业规范的方法开展整理研究工作也是不行的。因此，古籍研究整理专业人士必须具备一定的专业性、严谨性和责任心，图书馆古籍整理工作对于整理人员来说是一个不断实践、不断学习、不断提高的过程，图书馆的古籍整理工作也在一定程度上帮助了这类人才的培养。

第二章　图书馆特色资源建设现状

图书馆特色资源建设一直是图书馆资源建设的重要内容，了解其现状既有利于推动我国图书馆事业的发展，也有利于满足读者的多元化需求。图书馆作为文献信息中心，承担着教学服务、科研服务、社会服务和文化传承的职能。本章分为图书馆数字型特色资源建设现状、图书馆印刷型特色资源建设现状、图书馆特色资源建设的相关案例分析三部分。

第一节　图书馆数字型特色资源建设现状

一、公共图书馆和高校图书馆数字型特色资源建设现状

（一）公共图书馆数字型特色资源建设现状

1.特色数字资源库数量与地区分布现状

在我国公共图书馆官网中，80%以上的公共图书馆均建有特色数字资源，这表明我国公共图书馆积极投入人力、物力、财力，建设具有地区特色，能够反映地区文化、历史、人文的特色数字资源库。

截至2020年，全国省级公共图书馆特色数字资源库数量总和为340个，全国平均水平约为11个。经过调查，参考中国行政区域划分，华东地区省级公共图书馆特色数字资源库最多，其次为华北地区，西北地区个数最少。可以看出，我国省级公共图书馆特色数字资源库占比呈现出从东部地区向西部地区递减趋势，说明西部地区的公共图书馆未充分挖掘数字资源。

2.特色数字资源栏目名称设置与目录层级现状

在我国公共图书馆特色数字资源建设中，大部分特色数字资源栏目命名与特色有关，如特色资源、特色馆藏、特色资源库等，少部分公共图书馆命名为自建资源、山东文化记忆、地方文献、上海年华等。这表明我国公共图书馆在特色数字资源命名过程中，名称不统一，不便于用户识别特色资源。

此外，少部分公共图书馆将特色资源栏目置于一级目录，大部分公共图书馆将特色资源栏目放置在二级目录，极少部分公共图书馆将其放置在三级目录。这表明我国公共图书馆在特色资源栏目设置中标准不统一，网站导航不清晰，不便于用户查找特色数字资源。

3.特色数字资源类型与访问方式现状

我国公共图书馆特色数字资源类型多样，包括文字（书、报告、法律文书、政务记录等）、图片（雕刻、绘画、照片等）、音视频（录音、音乐、有声读物、视频等），其中，文字和图片是所有图书馆都会采用的数字资源呈现方式，主要是因为图书馆具有丰富的文本资源，便于整理成数字资源；而音视频的制作，需要积累素材、专业人员的制作、网站的运营和管理，考虑到成本问题，部分公共图书馆在音视频的制作上比较滞后。

在访问方式上，有80%以上的公共图书馆采用直接进入的方式；有20%以上的公共图书馆采用登录进入的方式。其中，有极少数公共图书馆采用上述两种及以上的访问方式。这表明我国公共图书馆在设置用户访问方式上比较开放，受众较为广泛，并未局限于本地区用户，充分实现了资源共享。

4.特色数字资源内容现状

在我国公共图书馆特色资源建设中，一些图书馆在特色数字资源中设置了地方政务。例如：首都图书馆在首都专题中设置政府公开信息；南京图书馆在地方文献中设置江苏省政府公开信息查询服务平台；浙江省在自建特色栏目中设置浙江省公共图书馆政府公开信息整合服务平台；等等。由此可见，地方政务信息成为特色数字资源的建设趋势，中西部地区逐渐在开展地方政务信息建设，以满足用户需求。

除此之外，几乎全部公共图书馆特色数字资源中都会反映地方文化，50%以上的公共图书馆都会反映地方人物，90%以上的公共图书馆都会反映地方文献，少部分公共图书馆反映了地方地理，极少部分公共图书馆反映地方网络特色资源，如南京图书馆设置江苏地方网络资源典藏、浙江图书馆设置浙江图书馆网事典藏等。同时，少部分公共图书馆包含地方家谱资源，大部分公共图书馆反映了其他特色资源，如首都图书馆设置阅读之城——市民读书计划，河北省图书馆设置红色旅游，江西省图书馆设置景德镇陶瓷资源库，重庆图书馆设置联合国文献等。由此表明，现阶段公共图书馆特色数字资源建设重点涵盖地方文化、地方人物、地方地理、地方文献以及具有区域性特色的资源；而地方政务、地方家谱、地方特色网络资源并未普及，这与图书馆馆藏资源、合作对象以及用户需求相关。

（二）高校图书馆数字型特色资源建设现状

高校图书馆数字型特色资源具有优势性、独特性、创新性和全面性。优势性体现在管理、技术、资源、服务等方面，在某一个或多个领域领先其他图书馆，具有行业优势。独特性指高校图书馆的独有资源，主要包括馆藏特色资源和地方特色资源，如北京大学图书馆的北大讲座视频点播资源库，四川大学图书馆的巴蜀文化特色库，合肥工业大学图书馆的陈独秀特色数据库等。创新性是高校图书馆在资源、服务或技术上的创新体现。全面性体现了特色资源的丰富性，高校图书馆应构建特色资源体系。

特色馆藏资源是高校图书馆特色资源建设的基石，因此，通过分析高校图书馆的特色馆藏资源建设情况，有关人士可大体了解其特色资源的建设情况。一些学者通过调查各高校图书馆网站上的特色资源数据，统计分析了我国高校图书馆特色资源的建设现状。

1. 资源命名现状

大部分高校图书馆将特色资源直接命名为"特色资源"，少部分高校图书馆将特色资源命名为"自建数据库"，极少数高校图书馆命名为"自建资源""特色数据库""数字特藏""特色资源库""自建特色资源"等，这些名称意思比较接近，但是没有一个统一的称谓。

2. 资源分布现状

首先，从学校层次上看，一些知名度较高的学校，因为建校比较早，同时具备资金、技术和人才的优势，所以开发的特色资源相对较多。如武汉大学、华中师范大学、湖南大学、海南大学等高校，开发的特色数字资源较多。普通院校根据学校特色、学科特色和地域特色等也开展了不少特色数据库。而民办高校因为缺乏资金和技术支持，特色数字资源开发得最少。

其次，从区域特点来看，居于少数民族集中地区的高校图书馆在特色资源建设上更注重对地域文化资源的挖掘、保护和传承，如广西民族大学图书馆特色资源库有9个，其中有5个与民族地域文化相关。

最后，在学科专业上，一些综合类和专业类大学图书馆专注重点学科资源建设，在特色资源建设上重点体现学科特色，为读者提供学科导航和专业检索平台，如华南理工大学图书馆特色数据资源有14种，其中7种是学科特色资源。大部分的大学图书馆发挥着为师生学习、教学和科研服务的职能，同时也发挥着为社会服务的功能。

3. 资源类型现状

特色数字资源建设类型并没有一个统一的标准，各高校在特色数字资源内容分类方面都有所不同，本文根据资源的特征分为以下四类：学校特色数字资源、学科特色数字资源、地域特色数字资源、特色专题资源库。

学校特色数字资源是本校专有的数字资源，供校内师生使用，包含的内容比较多，如机构知识库、学位论文库、教师成果库、学校内部刊物等。

学科特色数字资源是图书馆以本校的学科建设为出发点，结合图书馆的人才优势、文献信息、情报服务多方面因素，依据特定的学科分类，构建具有学科特色的数据库资源。学科特色是一个学校区别于其他高校的关键优势，高校图书馆建设学科特色数据库，一方面可以展现本校的学科发展及优势，另一方面也为相关学科科研人员提供信息支持。学科特色资源建设也是高校图书馆提高服务质量的重要途径，受到了图书馆的高度重视，特色学科服务数据库或学科门户是特色资源建设最重要的类型之一。

地域特色数字资源是与该区域历史、经济、人文、风俗等相关的文化资源，如武汉大学的长江资源库、中南民族大学的岑家梧特色数据库、湖南大学的湖南民俗数据库、河南科技大学的齿轮轴承数据库、广州大学的番禺区媒体信息选编等，这些与地方政治、经济、文化、历史等息息相关的数据库的建设能够为地区政治、经济和社会发展提供全面的、准确的参考价值，所以地域特色数字资源也受到了高校图书馆的重视。

特色专题资源库是针对某一个特定主体进行的文献信息资源汇集。例如，武汉大学的测绘文摘数据库、华南师范大学的文物收藏数据库、海南大学的低碳资源库、三亚学院的知无涯数据库等。还有一些高校图书馆把随书光盘作为一种多媒体特色资源进行利用，把图书馆收藏的特色文献进行数字化整合，形成特色文献资源库。例如，湖南大学的湖大文库、郑州大学的珍善本数字资源库等，这些数字资源的挖掘和开发体现了图书馆人志业、敬业、乐业的职业精神。

4. 资源查询现状

各高校在特色资源查询便利程度上有差异，华中师范大学、中南财经政法大学、武汉科技大学、中南民族大学、广西大学、海南师范大学等图书馆特色资源模块虽然在二级栏目中，但都挂在官网首页，而广西科技大学等图书馆设置在三级栏目中。但不管放在什么位置，高校图书馆对特色资源的共享程度都不高，大部分特色资源只能查看内容和简介，用户难以进入内部访问，还有部分只能看到特色资源名称，下一级菜单中的内容和简介却无法查看。

二、图书馆数字型特色资源建设存在的问题

目前，大部分地区的图书馆都已经建设了特色资源，从图书馆网络调查和统计的数据信息来看，图书馆建设的特色资源能够在充分满足本地区人员的学习、教学、科研需求的同时，还能为一部分其他地区的读者用户提供信息服务，满足他们的信息需求。然而不可否认的是仍存在一些不容忽视的问题，这些问题都会阻碍图书馆数字型特色资源的建设和发展，使图书馆无法为读者用户提供更加优质的信息服务。

（一）特色资源建设缺乏统一标准

各图书馆的特色资源建设项目名称、内容、分类等方面都存在很大的随意性，采用的是自主开发或者合作开发的资源建设平台，整体上缺乏统一的管理体系，致使特色资源的使用性和共享性受限。

在特色资源的内容建设方面，结构划分界限模糊。还有一些图书馆把中文核心期刊要目总览、信息素养要目总览、你推我送等也划入特色资源建设内容中，造成特色资源建设缺乏标准和规划体系。

（二）特色资源建设差异化显著

相关数据显示，"双一流"大学图书馆与普通本科院校图书馆、发达地区图书馆与经济欠发达地区图书馆种类齐全，但对于特色数字资源建设的数量和质量差异化比较显著。不同级别的图书馆对特色数字资源的建设层次也存在差距，如"双一流"大学和发达地区的图书馆，有资金和人才的扶持，并且直接参与CALIS的特色资源项目，在特色资源建设质量和数量上都比较有优势，而普通本科院校与经济欠发达地区的图书馆参与CALIS的特色资源项目比较少，在自建的特色资源质量上要差很多，更新慢甚至无更新。

(三) 实体特色资源数字化建设不足

图书馆是知识交流的中心，是教育资源的核心组成部分。在数字化时代，图书馆应该将其所拥有的资源进行合理优化，充分发挥各项资源的使用价值。很多图书馆都选择对馆藏资源进行数字化建设，但数字化建设成果较少。例如，查阅显示，武汉地区有5所高校在图书馆主页上的本馆概况中介绍本馆特色资源时将古籍包含在内，但是在这5所高校图书馆主页上查找相关的特色数字资源，发现只有武汉大学图书馆和中南民族大学图书馆建设了古籍数字资源，华中科技大学、华中师范大学和湖北中医药大学图书馆主页上未查询到相关信息。其中武汉大学图书馆建设了"学苑汲古：高校古文献资源库"，中南民族大学图书馆建设了"中华经典古籍库"。武汉大学图书馆收藏有古籍20万余册，而建设的古籍书影数据库目前扫描书影6000余幅，全文影像340余部，这意味着古籍数字化工作才完成了一小部分。对古籍这种比较珍贵的特色馆藏进行数字化建设可以对它们起到很好的保护作用，可以让它们的价值长久留存下来，还可以让外部人员通过远程访问进行查阅。此外，有些图书馆收藏有各级比例尺的地图册和地图集、地质图等资源，目前还只能进行实体借阅，尚未进行数字化建设。诸如此类，不胜枚举，图书馆在实体特色资源数字化建设方面还有很长一段路要走。

(四) 特色资源的特色不显著

与其他资源相比，特色资源的优势就是它具有独特性，也就是具有本馆具备的而其他馆不具备的，或者本馆丰富而其他馆缺乏的那部分资源，因此，拥有特色资源的图书馆可以提供别的图书馆所不能提供的那部分信息服务。通过建设特色资源可以快速树立图书馆的品牌形象，增强图书馆区别于其他信息服务机构的核心竞争力。例如，很多高校以本校学位论文和教学辅导数据库为主题建设特色数据库，然而这些特色数据库的特色性并不显著。与此同时，虽然很多图书馆建立起公开课系统和机构知识库，但这两类数据库不具备很强的稀缺性和独特性。例如，武汉科技大学图书馆建立的"网络与报刊文萃"和"武汉科技大学公开课平台"，湖北大学图书馆建立的"湖北大学终身学习网"和"湖北大学学科服务平台"，这几个数据库的独特性也不强，以此作为特色资源的特色性不够显著。

另外，许多图书馆在特色数据库的建设上存在重复，即有很多不同的图书馆建立相同学科类型的数据库。例如，武汉纺织大学、西安工程大学、天津工业大学、北京服装学院、东华大学、大连大学、中原工学院等学校图书馆都建立了服装纺织类特色数据库；广东海洋大学、中国海洋大学、武汉理工大学、浙江海洋大学等学校图书馆都建立了海洋类特色数据库；湖北经济学院与湖南大学都建立了与金融相关的数据库。特色资源中的资源特色性不够强，这种现象既可能会造成人力、物力、财力资源的浪费，也会降低相关地区图书馆的核心竞争力。

（五）特色后续资源的更新维护工作不及时

很多图书馆在建设特色资源的过程中都存在"重建设，轻服务"的弊端。之所以会造成这种现象取决于两个因素：一是仅仅满足自己主观上的意愿，为了建设特色资源而建设，而不是基于用户的需求去建设特色资源，这必会导致特色资源的使用率不高，造成严重的资源浪费；二是只重视特色资源初期的建设，不重视后续的更新维护工作，这就会使特色资源的建设工作一直停滞不前，无法与信息社会的快速发展相适应，用户很难获得理想的使用效果。须知图书馆特色资源的建设是一项持续性工作，需要不断地给特色数据库注入新鲜的内容，才能保证图书馆持续发展。

（六）特色资源共享程度低

大部分图书馆的特色资源对社会开放程度有限，大多数地区的图书馆特色资源只针对本地区人员开放，用户只能使用本地区的网络访问地址才能进入数据库，或者点击本地区图书馆网站的外区访问链接，通过密码登录才能查看和下载需要的信息资源，其他地区用户很难查询和利用特色资源，这在一定程度上违背了建设特色数据库的初衷，不利于各地区图书馆之间信息资源共享，造成一部分资源的浪费。

除限制外区用户的访问，图书馆特色资源共享程度不高还表现在数据库的建设上。各地区图书馆之间在建设特色资源时缺乏必要的沟通和特色资源的共享意识，虽然每个图书馆在学科建设和图书馆馆藏体系上都存在各自的侧重点，但仍然不可避免地存在同类型资源在特色资源上的重合，这在一定程度上造成了资源的浪费。

（七）特色资源的宣传利用程度不够

大部分图书馆在建设特色资源的过程中都倾向于把主要精力放在前期的建设上，不重视对特色资源进行宣传和推广，只有个别图书馆采取措施，对自建特色资源组织宣传工作，不过宣传的力度太小，效果甚微。图书馆建设特色资源的目

的是能更好地履行其为用户提供信息服务的职能，而了解是使用的前提，只有特色资源被读者用户所了解到了进而才可能会被使用。

通过官网调查发现，有部分图书馆特色资源模块隐藏在三级栏目中，把所有资源整合在一起，没有对特色资源建设突出显示。还有一些图书馆特色资源没有简介和入口链接，用户很难找到使用方法和进入途径。同时，基本上所有的图书馆因为知识版权保护，在查询和使用中会受 IP 的限制，仅限本地区用户使用，再加上宣传不到位和种种限制，致使利用率都偏低。另外，还有一些地域性特色资源可能是基于科研项目或是服务地方的需求而建的，现状却变成了信息孤岛，无法满足地方的信息服务需求，更不利于图书馆的特色资源建设。

第二节　图书馆印刷型特色资源建设现状

自人类发明印刷术之后，印刷型文献作为知识的物质载体，在电子出版物问世之前，已独领风骚 1000 多年。人们把获得的信息写在纸上，运用印刷术大量生产，广泛交流和传递信息，极大地促进了经济、科学和文化的发展。纸质文献符合传统的阅读习惯，读者在阅读时不受时间、空间限制，使用方便，所以使用率高。教师和学生是图书馆最大的读者群，在教学活动中，对纸质文献信息的需求量大。

一、纸质图书建设现状

图书馆是文献信息中心，是服务于教学和科研的学术性机构，作为教学科研的三大支柱之一，图书馆应利用文献资源、人员资源、设施设备等优势做好文献建设工作。纸质文献建设与数字化文献建设二者应当齐头并进，不可偏颇。然而，相较于纸质文献建设工作，数字化文献建设面临着诸多新的困难。

（一）如何与馆藏网络化、数字化大趋势共存的问题

由于数字资源获取、共享的便利性，其拥有极为广阔的市场需求，目前图书馆馆藏资源配置均采用数字资源与纸质资源并重的方式，数字资源甚至有后来居上的态势，相当多的图书馆的数字资源购置经费占比达其总经费的半数，且仍不断上涨。与此相反，图书馆纸质书刊借阅率持续下降，据相关统计，年降速在 7%～8%，并有逐年增高之势，纸媒购置经费一再压缩，纸质文献发展前景堪忧。尽管如此，纸质文献具有的固有优势使得其实际需求并不低，反而需求更

高。纸质文献在数字化时代如何发展,如何与网络化、数字化资源共存互补,最终满足读者的需求,是关乎图书馆和纸质文献存亡的关键问题。

(二) 出版市场化的冲击

我国出版图书数量随出版市场化转型而突破性剧增,从改革开放之初的每年不足 2 万种,发展至今已达年出版图书总量 40 余万种,近 20 年来世界图书出版总量更是以 4% 的增速持续上涨。据全国图书选题报告统计,我国每年出版中文图书新书达 20 万种。此外,我国目前出版的公开期刊近万种。在丰富文化生活的同时,信息不对称问题凸显,加大了遴选难度,造成了库容紧张,冲击着图书馆纸质文献建设工作和特色馆藏工作的深入开展。

(三) 馆配市场商业弊端的影响

馆配是图书营销渠道的商业用语,由于一般出版社不直接与图书馆产生业务联系,因此其所出版的图书需由中间商负责向图书馆提供,馆配市场由此形成。利益驱动下的馆配商往往通过采用低折扣方式取得标的,但在馆配图书运作中存在获取最大利益的商业需要,馆配商多会屏蔽科技类、学术类等定价较高、利润较低的书目的征订信息,从而造成采访漏订。但是,图书馆的特色馆藏主要由科技类、学术类书刊构建,受馆配市场商业弊端的影响漏订重点书刊,必将造成馆藏建设的重大损失。

二、纸质报刊建设现状与基本内容

(一) 图书馆纸质报刊建设现状

在图书馆特色资源的建设中,与纸质图书相比,纸质报刊在图书馆中所占的比例直线下降。由于经费的原因,仅有重点地区图书馆的纸质报刊订购量减少较少,而其他非重点地区图书馆由于缺乏经费,纸质报刊的订购量明显减少。

(二) 图书馆纸质报刊建设基本内容

1. 报刊采访的依据

报刊内容的主题和学科领域归属是图书馆采选报刊的基本依据。图书馆选择报刊往往更多地考虑自身的学科领域归属,保证每个学科领域均有对应的报刊,在经费允许的情况下,尽量收全。

读者需求量。读者需求量是图书馆所有馆藏建设的主要驱动力之一。近年来，图书馆纸质报刊规模不断缩减，尤其是普通本科院校图书馆，每年都会进行大规模缩减，其主要原因之一就是读者需求量不断减少。

报刊的质量。在纸质报刊大规模缩减的情况下，报刊质量成为图书馆保留报刊的主要参考因素，大部分图书馆会尽量保留各个领域的核心报刊，如果无法全部保留，也会按照报刊影响因子，从后往前进行减订。

2. 报刊收藏的特点

连续性：报刊最本质的出版特征就是连续性，馆藏报刊采访切忌时停时订，重要报刊要保持连续稳定，保持其系统完整。

系统性：主要体现在某个学科或专业的报刊收集要齐全完整，尤其是图书馆重点或特色发展的科目领域，不仅要保障核心报刊的完整，尽可能将相关报刊也都收录齐全；在经费允许的情况下，还要将相关的外刊也完整收录。

时效性：报刊的采选具有明显的时效性和周期性，要严格按照采选周期进行，如果错过，很难再补充完整。

三、灰色文献建设现状

按照出版发行来源和流通使用范围，文献一般可以分为白色文献、灰色文献和黑色文献三类。白色文献是公开出版发行的正式出版物；黑色文献是不公开出版发行的秘密资料；灰色文献是非公开出版发行，却又可以在一定范围内传播的文献。对于灰色文献的内涵和外延，相关研究是一个不断认识和更新界定的过程。2010年，在布拉格召开的第12届国际灰色文献会议上，灰色文献被描述为："由各级政府、学术单位、工商业界所生产的多种类型的印刷与电子形式的资料，这些资料受知识产权的保护，并具有被图书馆或知识库收藏并保存的充足的价值，但不受商业出版社的控制。"

近年来，灰色文献资源建设已引起有关部门的关注。遗憾的是，不少图书馆对于地方性灰色文献资源的利用并不理想，表现为以下两个方面的问题。

（一）获取时间及数量不稳定，难以发挥灰色文献资源的价值

其实，灰色文献涉及的领域非常多，内容新颖，所以具有特殊的参考价值。随着互联网的发展，很多组织和个人选择将灰色参考文献放置在网络，供他人参考和阅读，这就形成了很多新的信息、文献获取渠道。另外，灰色文献本身属于

一种信息资源，该类型的文献没有专门的或固定的获得渠道。图书馆在地方性灰色文献的管理上存在问题，使该类型文献资源的实际价值未能得到充分发挥。

（二）对地方性灰色文献的管理疏松，间接导致了资源浪费

我国对于灰色文献资源的建设主要以图书馆、社会组织、相关政府部门以及企业等为主体。比如：通过知网、万方等软件和中国高等教育文献保障系统对学位论文进行收录和发表；通过国家知识产权局对专利文献进行发表和建设；图书馆和群众通过点击政府信息公开链接来获取政府发布的信息；等等。但是，目前各个主体针对灰色文献的管理较为疏松，在公共图书馆中只有国家图书馆收集到的灰色文献种类较为丰富，一般的图书馆并没有制定完善的灰色文献管理机制。由此可见，针对于地方性灰色文献资源建设刻不容缓。

四、古籍资源建设现状

作为中华民族传统文化的有效承载，古籍文献具有重要的文化价值、学术价值和社会价值，是不可再生的文化遗产。图书馆古籍资源一般是在20世纪90年代以前完成建设的，进入21世纪以后，一些图书馆的经费状况已经无法承受古籍资源的天价，古籍资源逐渐淡出了图书馆的采访范畴。因此，图书馆更多地将目光放在了对已有古籍的保护与开发上。

（一）古籍保护日益受到国家重视

自2007年国务院办公厅发布《关于进一步加强古籍保护工作的意见》，正式启动"中华古籍保护计划"以来，国务院公布的全国重点古籍保护单位有204家，高校图书馆为51家，占25%。北京大学图书馆以160万册古籍线装书的收藏量，名列全国图书馆第三位，仅次于国家图书馆和上海图书馆。清华大学、复旦大学、南京大学、吉林大学、北京师范大学、中国人民大学、中山大学、四川大学、华东师范大学等高校图书馆，古籍收藏量均超过30万册。

一批古籍藏量可观的图书馆参与了古籍普查登记、中华古籍联合目录和古籍数字资源库的建设、六批《国家珍贵古籍名录》的遴选，不少善本入编《中华再造善本》，以仿真形式问世，逐步建立了珍贵古籍分级保护制度。并积极按照相关标准改善古籍库房条件，逐步加强古籍修复工作，建立国家古籍保护人才培养基地、国家级古籍修复技艺传习中心及传习所，举办古籍修复、普查、鉴定、管

理等各类培训班，与院系合作培养古籍保护专业硕士，开展古籍的数字化和影印出版工作，加强与海外机构开展古籍保护合作等，取得了较大成就。

（二）古籍保护条件持续提升

许多图书馆建立了相对独立的古籍收藏场所及修复中心，提高了古籍保护的专业性。例如，武汉大学于2012年建成总面积960平方米的古籍书库，于2016年启用300平方米的文献修复中心。浙江大学建成独立的古籍图书馆，建筑面积为5000平方米。北京大学于2018年3月30日启用与沙特·阿卜杜勒·阿齐兹国王图书馆北京大学分馆共享一栋楼宇的古籍图书馆。北京大学、复旦大学、南京大学、四川大学等图书馆专门订购樟木柜来保护古籍，有效改善了古籍保护条件。

一批一流地区图书馆的古籍书库按照国家颁布的《图书馆古籍特藏书库基本要求》进行设计，配备了恒温恒湿的空调系统、防紫外线遮光窗帘及消防安全系统，还布置了中国传统风格浓郁的阅览区及古籍修复、编目、整理业务工作室，配置了低温冷柜和纸张检测设备、文献预处理设备、文献修复专用设备等，购置了零边距冷光扫描仪、古籍翻拍架、单反数码相机、大容量移动硬盘等数字化设备。这些基础设施的投入，标志着古籍原生性保护工作有了更好的平台，极大地改善了古籍的藏用环境，加快了古籍修复的速度，提升了古籍修复的质量。

（三）古籍整理人才的培养工作稳步发展

高校培养了一批从事古籍整理工作的理论与实践人才。1983年，教育部成立了全国高等学校古籍整理工作委员会，负责指导全国高校古籍整理研究和专业人才培养工作。目前，全国已有近百所高校设立古典文献学本科或硕士、博士专业，复旦大学、四川大学等23所高校设有古籍整理研究所，培养古籍整理与研究方向的硕、博士研究生。同时，中国美术学院、南京艺术学院等高校设有文物修复保护、古籍书画修复等专业。以上工作为古籍保护和修复事业奠定了人才基础。

（四）古籍研究硕果累累

北京大学、复旦大学等高校的图书馆参与《全国古籍总目》编撰，出版《全国古籍总目索引》等。北京大学图书馆编纂出版了《北京大学图书馆藏"大仓文库"书志》《北京大学图书馆藏"大仓文库"善本图录》《北京大学图书馆藏日本版汉籍善本萃编》《北京大学图书馆藏朝鲜版汉籍善本萃编》《北京大学汉学图书馆名家捐赠书籍特别展图录》《未刊清车王府藏曲本》等。清华大学图书馆编纂出版了《清华大学图书馆藏善本书目》《清代匠作则例》《清代缙绅录集成》等。南京大学图书馆整理出版了《南京大学图书馆藏稀见方志丛刊》《南京大学图书馆藏古籍珍本丛刊·稿钞本卷》等古籍丛书，正在整理待出版的还有《南京大学藏稀见古籍目录丛刊》《南京大学古籍善本图录》等。

（五）古籍保护宣传活动丰富多彩

各图书馆"八仙过海、各显其能"，开展了丰富多彩的古籍保护宣传活动：举办"馆长晒宝"活动，以视频、现场展示等方式讲解馆藏珍贵古籍；举办展览，展览本图书馆入选《国家珍贵古籍名录》的古籍中的精品的书影、代表性页面，以及部分堪称镇馆之宝的实物，如北京大学图书馆为庆祝东楼重启，举办了历史上第一次在古籍书库以外的大规模善本展览"北京大学图书馆藏珍稀文献展"和常设展览"可爱的中国书——中国书史展"；举办让人们体验古籍修复、雕版印刷、石刻拓片、线装书制作、图书装帧的活动；指导学生成立古籍保护社团，在学生中选拔古籍保护宣传推广大使；开展经典诵读、比赛等活动；利用微信公众号将古籍修复过程以视频形式发布，吸引社会关注；继承传统，在每年农历的六月六日举办"晒书"活动等。

第三节　图书馆特色资源建设的相关案例分析

一、浙江海洋大学图书馆

中国是一个拥有300多万平方千米海域，1.8万千米海岸线的大国，历史的经验告诫我们，建设海洋强国、维护海洋权益是我们中华民族发展之要、民生之需。在国家海洋强国战略新形势下，海洋类高校图书馆肩负着为国家培养高层次海洋类人才以及为海洋类专业提供科学研究服务的重要责任。涉海类高校图书馆作为学校的文献信息资源中心，在为教学、科研和学科建设提供文献信息保障的同时，应建立健全涉海类特色文献资源馆藏体系，发挥海洋特色资源优势和信息服务优势，为海洋高等教育提供优质信息服务，接下来以浙江海洋大学为例，分析浙江海洋大学涉海类特色资源建设的具体内容。

（一）涉海类特色文献资源建设现状

浙江海洋大学是自然资源部与浙江省人民政府共建高校，是浙江省重点建设高校之一。浙江海洋大学图书馆围绕学校战略目标，将涉海类特色文献建设列为图书馆信息资源建设的重中之重，经过十余年的建设，已形成规模、结构较为完整的海洋特色文献资源馆藏体系，包括印刷型和电子型文献资源，以及数据库和网页、图像、音频及视频等特色文献资源。截至2020年12月，有馆藏纸质图书116.97万册，其中涉海类馆藏纸质文献约30万册；有电子图书153万册，其中涉海类电子文献约20万册。建有"海洋文献阅览室"，同时建立多种海洋特色文库与专柜，如"海大文库""浙江学者文库"及"海图""涉海类统计年鉴""海上丝绸之路""涉海类期刊""个人藏书捐赠"等专柜。

（二）浙江海洋大学图书馆特色文献资源建设实践

1.设立涉海类特色文献资源建设机构

为确保涉海类特色文献资源建设，2009年起参考阅览部承担了涉海类特色文献资源建设任务，确立了"涉海类特色文献资源建设"目标：近期以学校学科特色为导向，建立多种文献资源协调互补的馆藏体系，提供相关专业不同层次的文献资源保障；远期以"独一无二"为原则，依托涉海类特色馆藏资源，开发专题特色数据库，逐步建成海洋学科优势突出、东海地方特色鲜明的海洋信息资源中心，为舟山群岛地区乃至全国的海洋事业服务。2014年起成立了特藏建设部，专门负责涉海类特色文献资源建设。

2.建设涉海类特色文献资源馆藏体系

一是制订"浙江海洋大学图书馆涉海类文献收藏方案"。根据中图法分类，确立收藏海洋人文和自然科学两大类、28个小类的文献收藏方案，并制订了"涉海类文献主题词检索"共五大类、105个检索主题词，筛选全国涉海类出版社47家，跟踪涉海类文献出版态势，及时采集特色文献。

二是通过多渠道、多方式加大涉海文献资源采购力度，增加特色文献采购经费。如每年制订"大型涉海类文献采购计划"，保证采购经费达到40万元左右，专项用于采购大型涉海类文献丛书。在日常购书中优先保证对涉海类文献资源的采购，重点采购与海上丝绸之路、妈祖文化、琉球史料、抗倭史料、海洋潮汐相关的丛书及涉海类统计年鉴，同时重视对港澳台地区涉海类文献的采购，每年保证有一定数量的文献入藏。

三是丰富涉海类文献资源品种，保持特色文献资源的完整性与连续性。为丰富沿海地区史志馆藏，先后采购了《中国地方志集成》《中国海疆旧方志》《浙江省方志》三编，基本购全了中国沿海省市的地方史志。

四是注重收藏本校以及与本校有关的各类型载体的教学、科研资料与成果。

3. 丰富沿海地方特色文献资源

立足舟山群岛新区，建立地方文献收集渠道。通过市区各级图书馆、宣传部、文化旅游局、海洋渔业局、海事局、档案馆、史志办、非物质文化遗产中心、渔镇乡村文化礼堂，建立特色文献交流制度，不定期主动上门收集文献。分别派专人深入嵊泗县、岱山县、定海区、普陀区进行专题收集，搜集珍贵的家谱、渔乡史料、渔业生产等珍贵资料图册及音像制品。

此外，注重收集浙江、福建、广东沿海地区特色文献资料，如宁波帮文献、台州抗倭史料、泉州海交史料、漳州闽商文献、厦门闽台文献、马尾船政文献、广东海外贸易史料等。

4. 拓展特色文献资源数据化建设

首先，将涉海类馆藏特色文献资源进行数字化加工，包括图书、报物、图册等文献资源，内容涵盖东海区域渔业资料、舟山群岛新区文史资料，这些珍贵的文献资料为特色数据库建设奠定资源基础。

其次，通过下载涉海类信息网站、服务平台的特色文献资源，积累馆藏涉海类数字资源。

最后，自建数据库，如"海洋、水产数据库""浙江海洋大学硕士毕业论文全文数据库""嵊泗渔俗文化数据库"。

(三) 涉海类高校图书馆特色资源建设思路

1. 加强理工科海洋类文献资源建设

建立"海洋科学数据""水产学数据库""海洋工程类数据库"等若干个理工科类专业数据库，并大力增加馆藏文献。通过这些理工科海洋类文献库的建设，增加海洋学科特色比重，突出专业优势。

2.实现涉海类特色信息资源共建共享

在互联网环境下，高校图书馆特色馆藏资源的数字化建设可以有效满足师生个性化、专业化和特色化信息资源需求，从而极大提高馆藏信息资源的利用率。首先，利用各类涉海类信息平台，为师生提供学科特色的信息服务。其次，通过加入CALIS全国农学文献信息中心，充分利用涉海类各高校丰富的海洋特色馆藏资源，共享特色文献资源，如中国海洋大学的"海洋文献数据库""海洋文库""数字海洋博物馆"，广东海洋大学的"海洋数字文献信息资源共享平台"。最后，积极参与国外涉海类高校的馆际协作，浙江海洋大学与挪威生命科学大学、日本东京海洋大学、俄罗斯南乌拉尔国立大学合作办学，充分利用合作办学的优势，加强馆际协作，增加海洋特色馆藏，共享特色资源。

3.建立"移动图书馆"

"移动图书馆"整合了馆内外的涉海类中外文图书、期刊、报纸、学位论文、视频等各类文献资源，在移动终端上实现了资源的一站式搜索、导航和全文获取服务。读者可以利用手机浏览器访问网址，也可通过安装手机客户端进行查询、检索、浏览、阅读、观看、下载等操作。移动图书馆接入功能强大的云共享服务体系，提供24小时云图书馆文献传递服务，无论是电子图书还是期刊论文，都可以通过邮箱接收电子全文。通过将个人空间与图书馆OPAC系统进行对接，实现馆藏查询、查看个人借阅信息、续借等自助式移动服务，并可以自由选择咨询问答、新闻发布、公告、收藏文献、发表评论等操作。

涉海类高校作为海洋科技人才培养和技术创新的重要基地，应结合国家海洋战略和地方海洋经济发展加大人才培养力度，图书馆特色文献资源建设要积极服务于学校建设目标，及时调整涉海类文献资源的结构和内容，使海洋特色文献资源成为海洋教育和科研的重要文献信息支撑，为建设海洋强国作出应有的贡献。

二、青岛市图书馆

（一）青岛市图书馆特色馆藏建设现状

一个具有悠久历史与深厚文化底蕴的城市必定会催生出一个蓬勃发展、日新月异的城市图书馆服务体系。青岛市图书馆是一所极具地域特色的公共图书馆，其雏形可以追溯到清朝时期遍布青岛的藏书楼。1897年，德国强行侵占胶州湾后，德国胶澳当局在胶州建立了我国境内第一座公共图书馆，这为后来的图书馆建设奠定了基础。1924年，时任胶澳督办的高恩洪着手筹建青岛第一所面向大众的公共图书馆——胶澳商埠公立通俗图书馆，这是由中国人自己创建的图书馆，也是青岛市图书馆的前身。历经几代图书馆人的辛勤工作，青岛市图书馆已经建设成为国家一级图书馆。

作为一所有着百年发展历史、历经风雨洗礼的公共图书馆，青岛市图书馆在特色馆藏建设方面有其独特的优势，同时青岛图书馆坚持"以人为本、读者至上"的服务理念，与时俱进，开拓创新，致力于不同类型、不同领域特色文献资源的采集与整理。青岛市图书馆目前建设了较完善的特色馆藏结构与体系，可以为读者提供多样化、特色化的服务。

随着现代图书馆事业的发展，公共图书馆特色馆藏的内涵经历从旧特藏到新特藏的转变。特藏资源从以古籍典藏为主转向以多样化特藏内容以及互联网和多媒体技术运用为主。

（二）青岛市图书馆的特藏内容

1. 古籍特藏

明清时期，青岛兴起大量文化家族，使古代山东文化迎来辉煌时期，当前青岛市图书馆已经形成了以明清两代山东人著作为特色的古籍收藏体系。目前，该馆古籍达14万余册，其中《周易传义大全》《文献通考》等多部古籍入选《国家珍贵古籍名录》与《山东省珍贵古籍名录》。这些古籍中所记载的诗词、艺术、故事传说、民间文学等，以特有的表现形式为世人展现了珍贵的非物质文化遗产。

2. 外文特藏

近代青岛曾被德国、日本侵占，两国撤离时留下了数万册图书，以外文资源居多。这些文献涉及政治、文化、科技等多个方面，翔实记载、描绘了当时的社会状况，有效填补了近代列强侵略史以及社会发展记载的空白，具有重要的历史研究价值。

3. 名人大家特藏

20世纪上半叶，诸多文化名人寓居青岛，国立青岛大学诞生后，老舍、闻一多、沈从文、萧红等著名学者汇集青岛，共同创造了一个令人瞩目的文化高峰。例如，1935年，在青岛的洪深、老舍、王统照等12位名家共同创办的《避暑录话》，就记录下了在那个风雨如晦的时代作家们的心声。这些文化名人不仅在青岛留下了包括诗词、小说、报刊、照片等珍贵的民国文献资源，更为青岛增添了一笔宝贵的文化资源。

4. 青岛地域特藏

主要包括记载青岛发展历程与社会经济状况以及各行各业发展状况的文献资料，如《青岛市志》《青岛年鉴》、地方戏曲、"青岛旧影"等。同时，青岛图书馆还收录了地方非物质文化遗产的相关纸质、视频、音像、图片等资源，包括崂山民间故事、道教音乐、胶东大鼓、刘氏泥塑等。

（三）青岛市图书馆特色馆藏建设的重要路径

1. 强化基础馆藏建设

为提高特色馆藏建设水平，青岛市图书馆专门设置了特藏部，负责古籍、中文特藏文献的管理、咨询与推介工作，以及特色馆藏的收集、整理、编目、核对等工作。同时，特藏部还要负责与各级文物保护单位、古籍保护基地保持沟通和联络，协助做好古籍保护、人才培养等工作。为积极推动古籍保护工作，青岛市图书馆设置了面积达500余平方米的古籍特藏书库，配置了恒温恒湿中央空调系统以及新型樟木防虫书架，为古籍文献保存提供了良好的环境。此外，青岛市图书馆积极推进古籍以及地方文献的数字化、珍本再造工作，致力于为读者提供更优质的阅读服务，同时也有利于非物质文化遗产的保护。

2. 建立特色馆藏数据库

特藏文献的独特性、地域性、稀缺性甚至不可复制性意味着部分珍贵特色文献，特别是古籍孤本一旦损毁，将无法挽回。为此，多数中小型公共图书馆出于对文献保护的考虑，对特色馆藏进行封闭式管理，限制了特色馆藏资源的使用。青岛市图书馆顺应大数据时代的发展潮流，推动特色馆藏资源的数字化、可视化、共享化发展，针对特色馆藏建设了自建数据库，并根据具体内容进行划分，具体包括"青岛旧影""青岛中共党史""青岛地方戏曲文化""青岛民国文献书目"等十多个特色馆藏数据库。其中，该馆将非物质文化遗产作为单独一类，创建了青岛非物质文化遗产数据库。目前，非物质文化遗产的传承与保护已成为青岛图书馆特色馆藏的一部分。

3. 首创"古籍保护寄存模式"

在早年的古籍普查工作中，青岛市图书馆发现一部分单位与个人也收藏了数量颇丰的古籍文献，但由于缺乏必要的保存条件，这些古籍面临损毁的风险。

为守护文化根脉，青岛市图书馆于2007年在全国首先推出了"古籍保护寄存模式"，也被称为"青岛寄存模式"，即采用签订协议、自愿寄存、免费代管的方式，由图书馆为古籍提供更好的保存条件。截至目前，青岛市图书馆共接收寄存古籍39种、330余册。古籍寄存模式的创新助推了古籍保护工作的高效开展，也使民族传统文化能够走得更远。

三、江西省抚州市图书馆

江西省抚州地区是临川文化的发源地与所在地，抚州市独具地域文化优势与文化特色。抚州市图书馆正因为其在特色馆藏方面的独特建树与突出成绩，获得"一级图书馆""全民阅读示范基地"等荣誉称号。

（一）抚州市图书馆特色文化资源建设的实践探索

1. 大力彰显临川文化特色

抚州素有"才子之乡，文化之邦"的美誉，人文昌盛、文化发达，在历史上涌现出一大批在全国有重大影响的文学家、思想家、政治家，如晏殊、李觏、王安石、曾巩、陆九渊、吴澄、虞集、罗汝芳、汤显祖、谭纶、李绂等文化名人。自宋至清，举进士者2450人，问鼎三甲者16人，其中状元5人。据不完全统计，《四库全书》收录临川区域文人著述206部，其中经部39部、史部25部、子部45部、集部97部，共达2577卷。抚州各类历史文化遗产丰富，文化底蕴深厚，历史建筑集中成片，历史城区保存较为完整，历史文化街区特色鲜明。抚州有世界灌溉工程遗址1处、全国重点文物保护单位16个、中国历史文化名镇名村10个、中国传统村落96个、国家级"非遗"项目7项，还有数量众多的省、市、县重点保护遗迹。以汤显祖为代表的临川派，是中国戏剧史上的重要流派。以建昌药帮、旴江医药学为代表的中医药文化享誉古今。抚州真可谓"才子之乡，文化之邦"。可见，临川文化内容丰富，特色突出，具有较强的历史文化价值。国务院于2022年1月批复同意，将抚州列为江西第五座国家历史文化名城。抚州市图书馆要抓住当前的大好时机，与时俱进，丰富临川文化资源，突出临川文化特色，弘扬临川文化，让临川文化活起来，为抚州这座历史文化名城增色添彩。

2. 建设特藏部与临川文化主题馆

为强化临川特色文化资源的采集、整理工作，推动特色馆藏资源建设的规范化与有序化，抚州市图书馆设置了特藏部，全面统筹古籍存藏、整理修复、分类编目、临川文化发掘、特藏资源数字化等工作。同时，为打造"书香抚州"，满足人民群众对临川文化的认识需求以及相关学者、机构对临川文化的研究需求，抚州市图书馆对临川文化资源建设进行了探索性尝试，在国家图书馆及江西省图书馆的大力支持下，设立了临川文化主题阅览室，建立了临川文化特色数据库和汤显祖特色资源数据库，在该馆四楼建设了一个面积为300平方米的"临川文化特色主题馆"，主题馆主要是为读者提供主题阅览、解答咨询、多媒体阅览、掌上临川文化阅读、专题讲座五大服务。特藏部与临川文化主题馆的建设，意味着抚州市图书馆对于临川特色文化资源的建设，不再是片面的、散乱的，而是将散落的临川文化整合起来，进一步推动了临川文化的传承发展朝着系统化、整体化迈进，使临川特色文化资源的建设真正能够贴近生活、贴近群众。

3. 打造特色馆藏资源体系

抚州市图书馆在临川文化资源建设之中始终坚持"因地制宜""深入发掘""集中整合""保护与利用相统一"的原则，经过几代图书馆人的共同努力，在空间、时间层面上形成了较为完整的临川地方资料收藏体系。抚州市图书馆在其官网上单独设置了"特色馆藏"一栏，涵盖专题展览、文化抚州大讲堂、临川特色文化库以及江西临川文献库四部分内容。其中，专题展览主要以"文津图书展"获奖作品集、中国传统游艺集萃、甲骨文字展等珍贵馆藏文献为主。文化抚州大讲堂则是发布有关大讲堂的预报与报告。临川特色文化库对临川文化进行了系统全面的介绍与展示，根据内容具体划分为文化源流、名山秀水、历代名人、乡才教育、宗教集要、红色文化、文化遗产、风物民俗八大模块，其中既有对临川文化的文字性描述与影像介绍，也有临川方言的语音展示，内容十分丰富。在江西临川文献库中，较为完整地收录了有关临川文化溯源、地方文献、非遗保护的图书、期刊、论文、报纸等资源信息共65000余条，建成了较为完整的特色馆藏资源体系。

（二）抚州市图书馆特色文化资源的开发利用

抚州市图书馆在建设特色馆藏资源体系的同时，还着力抓好特色馆藏资源体系的开发利用工作，做到"建设"与"利用"两个轮子一起转，互相促进，互相推动。

1. 推进资源可视化与共享化

数字技术的普及为图书馆特色馆藏资源的数字化建设提供了契机，抚州市图书馆将有关临川文化的相关文献以数字资源的形式在官方网站进行展示，便于读者获取与阅览。与国内部分图书馆特色馆藏文献封闭式管理、仅对内网开放或者数字资源仅提供简介、无法获得全文相比，抚州市图书馆在特色资源数字化、可视化与共享化等方面有了极大突破。除版权受限、文献缺失等不可控因素外，图书馆对多数特色馆藏资源进行了数字化处理与开放，这也就意味着，读者可以不受身份、地域限制，直接通过图书馆官网阅览相关文献。抚州市图书馆不断加大力度推进临川地方文献实现数字化、可视化与共享化。临川特色文化库中收录的70余册地方文献，如《临川县志》《临川文化大观》《抚州方言研究》《曾国藩奏折》等，全部进行了数字化处理。在这些文献中，不乏有一些珍贵孤本，如清同治年间的《临川县志》、光绪年间的《抚州府志》及民国三十七年的《临川统计》等。文献资源的数字化处理，不仅畅通了资源获取渠道，而且能够让公众更为便捷地了解临川文化，同时又加强了对古籍、孤本、特色馆藏的保护。

2. 开设"文化抚州大讲堂"

为使公众能便捷地了解临川文化，抚州市图书馆开设了"临川文化大讲堂"，并于2013年更名为"文化抚州大讲堂"。大讲堂邀请专家学者、文化名人开展临川文化主题讲座，内容包括临川传统村落与古建筑、临川书法、民俗文化、中医药、商帮等十大方面内容。其主要作用有两点：一是为大众了解临川文化提供宝贵的机会，有利于提升抚州人民对临川文化的认同感与自豪感；二是通过讲座，为有关临川文化的讨论提供学术交流平台，推进临川文化的研究更上一层楼。大讲堂开设的实际意义并不仅限于宣传临川文化本身，其讲座内容能够满足不同年龄段、不同文化层次、不同领域听众的文化需求，能够传播优秀临川文化，唱响抚州文化主旋律。目前，"文化抚州大讲堂"已发展成为抚州人民的精神花园，受到广泛的认可与赞扬。

3. 打造文化建设利益共同体

"文化抚州大讲堂""抚州当代文化人物展"等系列品牌活动的开展，仅靠抚州市图书馆自身的经济力量与人力资源是很难维持下去的，为此，抚州市图书馆积极争取其他地市图书馆以及抚州市委宣传部、市直工委等相关部门的支持。签订"江西省公共图书馆讲座与展览联盟"合作意向书，结成文化建设利益共同体，实现文化资源和人才资源的互补共享，同时利用合作机构的场馆、经费支持，拓展讲座资源，增强讲座的影响力。而相关合作机构关于临川文化的资源与研究，也促使抚州市图书馆临川地域资料收藏体系得到进一步完善。

(三) 问题与不足

近年来，抚州市图书馆在临川特色文化资源建设及利用方面做了许多卓有成效的工作，但从整体来看，尚存在一些不足之处。

1. 对临川特色文化的图书收集还不够全面

近年来，抚州市、区、县加强对临川文化、临川名人的研究力度，召开学术研讨会，许多专家学者纷纷参会，涌现出很多具有一定影响力的研究成果。如2009年在资溪召开的"纪念李觏诞辰1000周年学术研讨会"、2015年在南城召开的"纪念罗汝芳诞辰500周年学术研讨会"、2016年在抚州市召开的"纪念汤显祖逝世400周年国际高峰学术论坛"、2019年在金溪召开的"纪念陆九渊诞辰880周年学术研讨会"、2019年在南丰召开的"纪念曾巩诞辰1000周年学术研讨会"、2020年在宜黄召开的"纪念谭纶诞辰500周年学术研讨会"、2021年在抚州市召开的"纪念王安石1000周年诞辰国际学术研讨会"等。这些抚州名人的学术研讨会规格比较高，有的是全国性的，有的是国际性的，汇集了不少全国知名专家学者的最新研究成果。这些研究成果可以作为馆藏特色资源的重要内容，必须搜集完备。然而，由于人力资源不足，抚州市图书没有主动收集这些研究成果，致使很多学术成果资料不能及时收藏。

2. 对临川特色文化的内容挖掘还不够深

临川特色文化博大精深，是一座开挖不尽的富矿，抚州市图书馆应继续开展特色文化资源建设。该馆已经建立了很多数据库，包括主库及子库。除了汤显祖数据库之外，还可建立如王安石文化、曾巩文化等名人文化数据库，例如，建立像汤显祖特色资源数据库那样的人物主题库，逐步充实完善临川文化特色数据库。2021年是王安石诞辰一千周年，作为"一世之伟人"，已有很多研究成果涉及他的革新精神、诗文成就、哲学思想、人格品德等方面，抚州市图书馆应立项建立王安石特色资源数据库。盱江（抚河）医学源远流长，名家辈出，历史辉煌，是临川文化的重要组成部分，盱江流域有医药家1600多名，其中建昌帮药家有360多名，抚州市图书馆应立项建立盱江医学建昌药帮特色资源数据库。

3. 特色文化资源库使用率偏低，受益读者不广泛

抚州市图书馆尽管建设了特藏部和临川文化主题馆，但由于推广介绍及对外宣传方式没有跟上，宣传推介意识缺乏，很多时候还是抱着"等客上门"的态度，缺少主动"招揽生意"的气魄，读者对特藏部和主题馆的数据内容不甚了解，导致文献资源利用率不高，因而没有产生应有的使用效果。从入馆访问查阅的人员数据来看，访问量不高，受益的读者不多，来访咨询的人员仅以文化研究者为主。另外，馆员的文化素质也有局限性，对临川文化不甚了解，在读者咨询时不能有的放矢地进行推介，引导读者使用相应的数据库资料。

4. 特色文化资源数据库的建设主要采取外包的方式，缺乏专业人员参与

图书馆资源体系建设工作通常是以外包、购买服务等方式开展，诸如文献的扫描、去污、纠偏、格式转换到元数据的著录、目录编制等是由外包厂家负责简单的加工处理。然而，馆内缺乏复合多能型的专业人才，馆员不能与外包厂家进行技术上的直接对接，反而置身于事外，成了局外人，只能起到管理员、服务员的作用，不能帮助读者方便快捷地查询使用特色资源数据库，以致图书馆的信息资源的共享程度较低。

四、武汉地区图书馆

（一）华中农业大学图书馆

1. 特色资源建设现状

华中农业大学图书馆特色资源位于网站的"电子资源"目录，目前共建立了7个特色数据库：图书馆培训讲座课件数据库、该校 SCI 论文收录数据库、水稻突变体数据库、国内外油菜品种及栽培技术信息系统、猪养殖特色数据库、本校学位论文数据库、柑橘特色资源数据库。其中属于学校特色建设主题的数据库有2个，学科特色数据库有4个，教学参考数据库有1个。在图书馆网页中，只针对"国内外油菜品种及栽培技术信息系统"和"猪养殖特色数据库"设置了简介与访问地址，"本校学位论文数据库"和"柑橘特色资源数据库"仅标注了访问地址，另外3个数据库既未设置简介，也未标注访问地址。该馆建立的数据库均只面对校内用户开放，限制校外 IP 地址的访问，除此之外，数据库建立的详细信息也缺失。

2. 特色资源建设特色与不足

（1）建设特色

第一，在数据库数量上，该馆拥有7个特色数据库，超过武汉大部分本科高校。第二，华中农业大学图书馆建立了4个生物专题特色数据库，信息资源的建

设与学校重点学科紧密联系，展现了学校的科研成果，帮助师生之间相互沟通学习，取长补短。

（2）建设不足

虽然华中农业大学图书馆在学科特色数据库建设上比较突出，但也存在不少问题。首先，在网页设置上，对数据库的介绍不够全面，一大半的数据库未设置简介与访问入口，用户只能了解特色数据库的名字而无法获取信息，没有充分考虑用户的需求，违背了建立特色资源最初的目的。其次，数据库的建设主题单一，图书馆建立的 7 个特色数据库均未涉及地域特色主题，如果能将学校的特色学科与地域特点相结合，可以更好地发挥学校资源的作用。最后，在特色数据库资源共享上，该馆特色数据库只允许校内用户访问，说明该馆数据库的共享程度比较低。

（二）湖北工业大学图书馆

1. 特色资源建设现状

湖北工业大学图书馆将特色资源命名为"自建数据库"，位于图书馆首页的数字文献列表栏底端，虽然自建数据库都被整合到一个目录下面不需要读者自行搜索，但是用户在浏览网页时稍不注意就可能会漏掉，影响特色资源宣传效果。

图书馆拥有 5 个自建数据库：湖北工业大学博硕论文数据库、新型高分子材料工艺配方数据库、高分子材料期刊数据库、湖北工业大学优秀本科生论文库和高分子外文期刊数据库。湖北工业大学自建数据库使用的是 TPI（同方专业资源建设管理）平台，平台对校内和校外用户同时开放，并设置有搜索引擎。用户可通过"题名""作者姓名""作者单位""指导教师""刊名""材料名称""信息来源"等渠道搜索文献。数据库内所有文献都可以查看并下载，大部分文献可以直接下载为 PDF 文件格式，有的文献需要下载专用阅读器，平台同时提供了阅读器下载渠道，可直接下载 CNKIE-Learning 和 CAJ Viewer 阅读器。湖北工业大学图书馆自建数据库中有 2 个属于学校特色数据库，有 3 个属于学科特色数据库，未涉及地域特色、馆藏特色和教学特色这三个主题类别。此外，图书馆网站和 TPI 平台内都未设置自建数据库简介或使用说明，也未对数据库建立时间、更新时间和用户点击量等信息进行披露。

2. 特色资源建设特色与不足

（1）建设特色

湖北工业大学图书馆与以上高校图书馆相比具有一个明显的优势就是其自建

数据库内容完全对校外用户开放，这能在最大限度上保证信息资源的利用效率，有助于实现高校之间的信息资源共享。另外，湖北工业大学图书馆使用第三方资源建设平台，方便了管理者对数据库进行统一管理，同时，该系统页面设置简洁，用户可轻松搜索下载所需要的信息资源，无须登录，极大方便了用户。

（2）建设不足

第一，数据库的主题过于单一。这5个数据库可简单划分为两类：学位论文库和高分子材料文献库，仅覆盖了学校特色和学科特色资源，忽视了其他主题建设，无法满足各个专业不同师生的个性化需求，图书馆应该结合地域、馆藏资源的特点全方位发展特色资源建设。

第二，数据库结构过于简单。网站中没有明确的关于数据库内容、建设时间、更新时间和用户点击量的介绍信息，无法直观地对数据库的使用情况进行了解，对于初次使用该数据库的用户可能不太友好。

第三，数据库建设模式单一。该馆的所有特色数据库都是由图书馆自建的，未采用CALIS建设模式和与其他机构共建的模式，数据库建设质量没有统一标准，难以保证资源质量。

（三）中南民族大学图书馆

1. 特色资源建设现状

中南民族大学图书馆首页，位于页面中间最显眼的地方就是资源栏，资源栏下设置有"特色数据库""馆藏报刊""土家族摆手舞资源平台""南方少数民族文献中心"等二级目录，点击进入"特色数据库"目录，会显示特色数据库名称及点击量，目前共建设有7个特色数据库，分别为南方少数民族文献数据库、吴泽霖特色数据库、中南民族大学学位论文库、岑家梧特色数据库、严学窘特色数据库、女书文化特色数据库、中南民族大学古籍数字化服务平台。点击数据库名称就能进入详情页面，该页面对每个数据库的语种、学科、资源类型、校外和校内入口都作了详细说明。中南民族大学图书馆特色数据库中属于学科特色的有4个，属于学校特色、地域特色和馆藏特色的各有1个，分别是"中南民族大学学位论文库""南方少数民族文献数据库"和"中南民族大学古籍数字化服务平台"，未涉及特色主题。中南民族大学图书馆特色资源的建设主要以人文学科为主，这7个特色数据库中，属于人文学科的数据库有5个，属于综合学科的只有2个。这些特色数据库均是中南民族大学图书馆自建数据库，未见明显与其他单位共建的说明，数据库资源类型涵盖电子图书、电子期刊、电子报纸、学位论文和多媒体等。数据库只面对校内用户开放，校外用户均无法访问，数据库更新时间未披露。

2.特色资源建设特色与不足

（1）建设特色

第一，具有建设数量优势，中南民族大学图书馆拥有7个自建特色数据库，在武汉地区本科高校特色资源建设中排名靠前。

第二，网页结构清晰，特色资源被单独放置在首页专栏中，有助于读者发现和利用，不用花费额外时间去寻找，且针对每个数据库都有较详细的介绍和使用说明，方便读者使用。

第三，在数据库建设主题上独具创新性，不同于其他民族类院校以某一学科或某一民族为建设主题，中南民族大学图书馆以相关学科领域的某一著名学者为建设主题，研究收藏其论文、著作、相关学术文献以及信件、手稿和影音资源等，信息覆盖更加全面。

第四，特色数据库的建设以本馆丰富的馆藏资源和学校在相关学科领域方面的人才、技术优势为基础，与本校重点学科紧密关联，充分展示了学校的科研能力和成果。

第五，特色数据库的建设有效保护和传承了南方少数民族的传统文化，在为学校教研工作提供支持的同时，也为地方经济和文化建设发展提供了强大的助力。

（2）建设不足

通过以上分析我们不难看出，中南民族大学图书馆特色资源建设已经取得了一定成果，但同样也存在一些不足。首先，最明显的还是校外用户没有访问权限的问题，在图书馆网页中只显示校内访问入口和链接，没有设置校外访问方式，这阻隔了一部分有相关信息需求的校外用户，信息资源无法得到最大限度的利用。其次，图书馆特色资源建设内容单一，绝大部分数据库都是人文类学科，侧重于某几个类型专业，作为一所综合类院校，图书馆应该辅助文理专业实现均衡发展。最后，特色资源建设模式单一，中南民族大学图书馆特色资源均为自建数据库，既没有CALIS统一建设数据库模式，也未与其他机构合作共建，而特色数据库的建立需要大量的人力、物力支持，故可能导致数据库建设质量不高。

第三章　图书馆数字型特色资源的建设

信息化的发展带动图书馆事业的快速发展，从印刷型资源的建设发展到数字型特色资源的建设，是时代发展的需要，更是图书馆事业进步的表现，纸质文献资源已经无法满足更高要求的读者的需求，读者对资源类型的倾向使用数字型资源，对资源的要求也越来越有针对性、专业性。本章分为数字型馆藏的组织管理、图书馆数字型特色资源的建设模式、图书馆数字型特色资源的可持续发展三部分，主要包括数字型馆藏的组织、数字型馆藏的管理、图书馆数字型特色资源模式的构建原则、保障数字型特色资源可持续发展的策略等内容。

第一节　数字型馆藏的组织管理

一、数字型馆藏的组织

数字型馆藏组织是指根据数字信息资源自身的特点，利用某种手段和技术，对数字信息资源进行揭露和描述，从而使其具有有序结构的过程。

数字信息资源的特性包含其外在特性与内涵特性。数字信息资源的外在特性通常包括其物理形态、标题、责任者、出版事项等。在信息组织中，把信息的外部特性记录下来的过程称为描述，是指依照信息管理的规范与技术规范，选取纪录储存于实体资料。在信息组织中，对信息的内容进行加工、排列的过程称为揭露或标引，是指透过信息内容，依照特定的参考法则，给予信息内容特定的识别标志。

（一）优化选择

选择是数字型馆藏组织的首要步骤。数字信息优劣混杂、真伪混杂。所谓"选择"就是在海量的信息中找到和确认那些具有组织、整理和保存价值的信息。

从信息管理的观点出发，信息资源选取就是依使用者的需求，从纷繁复杂的信息中筛选出一份符合要求的信息的行为。

（二）描述和揭示

描述和揭示是数字型馆藏组织的一个重要环节，它对数字型资源的组织具有十分重要的意义。通常来说，描述数字型资源的组织形态特性的过程叫作"编目"。它类似于传统文献的编目工作。它的资料要按一定的逻辑，用特定的形式形成相应的款目。

（三）确定标识

检索识别的作用是识别信息、有序地储存和获取信息。没有可检索识别的信息就无法构成查询体系，也就无法进行有效的查询。由于数字信息的复杂性，检索识别的使用和处理都要依靠特定的形式和环境，并且在数据层次上，它可以与其他的信息结合，从而构成一个网络。数字信息在网络中处于一种混乱的状态，而数字信息是一种动态的信息，因此，识别和确定数字信息是构建一个有序的数字型特色资源保障系统的关键。

（四）整理存储

对已知的检索信息进行分类，把内容一致的信息集中起来，把不一致的分开，从而形成一个有条理、有层次的信息系统，并把它们按一定的格式和次序存放在特定的载体上，例如，光盘检索系统、在线检索系统、数据库、学科信息门户、网络检索工具等。采用新型载体进行数字化数据的存储，可以提高数字型资源的可控性、有序性、易用性，为实现数字型特色资源的高效使用创造了条件。

二、数字型馆藏的管理

近年来，随着互联网的迅速发展，数字型资源的迅速发展，图书馆的数字型馆藏数量迅速增长，管理与服务之间的矛盾也越来越大，而现在，有眼光的专家、学者纷纷提出了"大数据"（数字型馆藏）的储存管理问题。数字型馆藏的建设与管理，无论在我国的复合图书馆发展阶段，还是在数字图书馆的建设中，都占有举足轻重的地位。数字型馆藏的管理应包括以下几个方面的内容：数字型馆藏的安全管理、数字型馆藏的技术管理、数字型馆藏的内容管理、数字型馆藏的人员管理和数字型馆藏的存储环境管理。

（一）数字型馆藏的安全管理

数字型资源具有共享性高、便于存取、易保存等优势，但是，数字型馆藏也存在着很大的弊端，如易受病毒攻击等。此外，数字型馆藏的安全管理也包括了数字密码与安全验证，以实现对资源提供商的知识产权的有效保护。

（二）数字型馆藏的技术管理

数字型资源难以长期保存的一个重要原因，就是存储体和有关的存储设备的使用寿命较短。凡是有数字文献的图书情报单位都面临着承载数字文献的载体退化而带来数字文献丢失的危险，以及因数字文献格式的多样化与读取、利用这些文献所使用的软硬件设备更新换代频繁而造成的管理与使用上的不便。因而，对于图书馆而言，要有数字迁移和永久保存的技术，要有存储和快速读取数字型资源的技术。

（三）数字型馆藏的内容管理

内容管理是数字型馆藏管理的重要部分，它是指如何对海量的数字型资源进行组织，使资源成为序化的知识，以方便用户进行访问。数字型馆藏由多种类型的数字型资源所组成，如文本型、图片型、音频型和多媒体型等。不同种类的信息资源，其组织方式、管理方式也不尽相同。目前大多采用元数据管理和数字对象及对象集类管理。元数据组织形式提高了检索的准确度和检索速度，提高了检索效率，对多媒体、超文本信息的访问都是通过元数据来实现的。

（四）数字型馆藏的人员管理

数字型馆藏与普通的馆藏不同，对馆员的素质要求更高。在国外，很多图书馆的馆员通常除了拥有图书馆专业的学位外，往往还具备其他的专业技能或第二学位，中层管理人员大都具有硕士学历。数字型馆藏的发展与馆员的个人素质、前瞻性的判断力、对社会问题的研究等密切相关。因此，我们必须重视人员的管理。

（五）数字型馆藏的存储环境管理

存储设备不仅关系到信息服务的效果，而且与数字型馆藏的长期保存直接相关。对数字型馆藏存储环境的管理，主要是对存储数字型资源的有关设备及其网

络环境的管理。数字型馆藏的安全与否，首先是存储设备的安全与否。存储环境的管理应包括对存储设备、网络的维护，对有关设备的更新换代等。

第二节　图书馆数字型特色资源的建设模式

一、图书馆数字型特色资源模式的构建原则

（一）明确性原则

对于图书馆数字型特色资源模式的构建，首先是明确目的，即利用图书馆资源的长尾效应，使其实现资源利用率最大化，进一步满足用户需求。其次是明确目标，图书馆的服务应该多关注长尾群体，但是也要顾及大多数人群。例如，高校图书馆中的长尾群众基本上是学生、教师等，但是并不是所有的学生和教师有频繁进出图书馆的需求。专职教师可能会比行政类教师的需求更大、更广，研究生可能会比同专业的本科生需求更大。因此图书馆要关注长尾群众的需求，同时，也要加大对大多数群体的宣传及服务力度，使图书馆能为更多人群提供服务。

（二）多元化原则

在信息化的今天，用户的需求呈现多元化的特点，无论资源多么冷门，都会有与其对应的用户，因此，图书馆在数字型资源优化上要以多元化的服务来满足不同读者尤其是小众读者的需求。此外，图书馆还要利用自身信息优势挖掘潜在用户，给他们提供多元化的服务，以进一步提升图书馆数字型资源的利用率。

二、图书馆数字型特色资源的采购模式

（一）图书馆数字型特色资源采购模式的分类

1.建立本地镜像的模式

建立本地镜像的模式就是将数字型资源库安装到本地服务器上，根据IP来限制局域网的访问范围，不需要认证，也没有人数限制，而且数据的访问和传输都比较快，数据一般采用硬盘或者通信的方式进行追加更新。

该模式的优点：数据稳定，没有通信费用，一次性购买数字型资源能终身使用，方便进行构建一站式检索。

该模式的不足之处：硬件投入较大，系统维护成本较高，数据更新不及时。

2. 包库的模式

包库的模式就是向数据库商获取授权进行数据库访问，一般通过提供IP限制或者漫游账号的方式进行，在一定时间内不限制访问次数和下载量，用户可以随时访问最新的数据。

该模式的优点：图书馆不需要购买服务器，资源更新也比较及时。

该模式的不足之处：不能增加馆藏资源的数量，一旦停止购买就不能再使用该数据库。

3. 提供阅读卡的模式

提供阅读卡的模式就是读者用阅读卡提供的账号和密码登录数据库网站进行检索和下载，按照下载量计费。阅读卡一般分为机构卡和个人卡两种，没有IP限制，使用方便。

该模式的优点：无须硬件投入，无须人工维护，总体成本较低。

该模式的不足之处：阅读卡需要不定期充值，按照下载页数收费，平均单页费用较高，仅适合使用率不高的数据库。

4. 利用光盘的模式

利用光盘的模式就是将数据库光盘安装到本地服务器上，包括数据的存储和检索，一般适用小型特色数据库。

该模式的优点：规模小，价格低，增加图书馆资源，不限量使用。

该模式的不足之处：只能在规定的地点使用，服务面小，数据更新不及时。

（二）图书馆数字型特色资源采购模式的构建策略

1. 增加资金投入

图书馆转型升级的首要任务是加快数字型资源建设，只有这样才能推动图书馆朝着信息化方向发展。以高校图书馆为例，高校图书馆作为学校的主要科研阵地，是学生学习的第二课堂，因此，高校图书馆可以增加经费投入，加快数字型资源建设的整体进度，从而充分发挥图书馆的服务价值，为学校的学术、科研及教学提供充足的信息资源。

2.做足采购前的准备工作

通常来说,数字型特色资源需要经过一定期限的试用才具备参考价值,也就是说想要知道采购的数字型特色资源是否有利用价值需要参考实际的使用量。但是需要注意的是,参考依据不应只着眼访问量、下载量及浏览时长。以高校图书馆的前期采购为例,可以从以下几点进行分析研究。

一是图书馆可以定期采访校内院系学科带头人、科研部门、学报编辑部及骨干教师,听取相关诉求,切实做好调研工作并对采购建议梳理汇总形成书面报告。

二是图书馆可以将拟购新增数字型资源与已购数字型资源进行比对,尽量避免内容过多重复,尽可能将采购经费优化运用。

三是图书馆采购人员可以选择与学校学科专业课程契合度较高的数据库,坚守职业道德、尽职履责,杜绝无原则的拿来主义,在这一过程中图书馆需要平衡满足学科需求与资源采购多样性的矛盾,因为精准化服务必然造成服务覆盖面的降低。

3.提高采购中的审核工作

在数据库试用后,对于读者反馈良好且具有一定读者认可度的数字型资源,图书馆采购人员应建立数据库资源利用统计台账定期记录,并请专业工作人员进行评估,评估通过后方可纳入年度采购计划。

数字型资源从采购方式来看,通常以政府公开招标、单一来源采购两种方式实施采购。

若采用政府公开招标方式,图书馆一般通过整体数字型资源项目包的形式进行政府公开招标,涉及项目包的数据厂商通过应标的方式提供满足招标文件参数的对应产品,由于该采购方式单一,一家数据厂商是难以满足招标文件所有参数要求的,即需要多家供应商共同响应招标文件要求的内容,因此可能出现单家供应商不应标导致整体废标的情况,会严重影响图书馆采购工作的进度。

单一来源采购方式则相对更适用于图书馆,但在采购前期应将拟采购的数据库产品逐个进行标准化论证,逐一论证通过后才能够进入采购流程,为此图书馆采购人员应对项目的采购进度具备把控能力,制订计划实时跟进并且严格对照学校合同规范监督供应商。

4.优化采购后的管理工作

数字型资源经过规范化的流程完成采购后,图书馆应及时对照合同约定条约检查数据库内容、录入数字型资源使用列表,并定期收集相关统计使用信息对数据库进行评估,制订数据库的新增、管理计划。图书馆可在采购招标文件中加入

第三章　图书馆数字型特色资源的建设

履约保证金条款，对于使用期间故障频次较高的数据库，可以通过合同条约加强对相应数字型资源厂商的约束性。

三、图书馆数字型特色资源的自建模式

（一）图书馆数字型特色资源自建模式的分类

图书馆的数字型特色资源除了购买，还可以进行自主建设与开发。例如，高校图书馆可以根据本校的强势专业、优势学科、重点实验室等资源构建自己的特色数据库，也可以综合本校教师的著作、专利、科研成果、学术论文等构建数据库。图书馆数字型特色资源的自建模式主要有以下三种。

第一，独立建设的模式。由图书馆独立进行构建，该模式对技术要求较高，资金成本较低。

第二，与公司联建的模式。由图书馆提出构思并提供资源，软件公司进行系统开发，虽然该模式的资金成本较高，但设计出来的数据库比较先进。

第三，联盟共建的模式。建立图书馆联盟，由各个成员馆共同建设数据库，技术与资源共享，建设成本均摊。该模式需要考虑知识产权和数据库维护等问题。

（二）图书馆数字型特色资源的自建策略

图书馆数字型特色资源的自建模式是很重要的，尤其是对一些财力支撑较弱的图书馆来说，自建数字型特色资源是最佳选择。以自建高校图书馆数字型特色资源为例，可以有如下措施。

1. 优化现有数字型资源服务

图书馆要优化其现有数字型资源服务，仅依靠图书馆本身力量是难以成功的，需要各部门、各方力量协同参与。

首先，高校内各部门要形成协同机制，由图书馆牵头，宣传部、科技处、教务处、学工处、信息中心等部门及各个学院相互协助，根据明确性原则，将关注重点放在长尾人群，加强对潜在读者的宣传，主动为他们提供对应的服务，例如，开设相应课程、开展学术讲座、论坛活动等，培养潜在师生群体利用图书馆进行信息检索及图书资源借阅的能力，有效引导各个读者群体使用图书馆数字型资源。

其次，图书馆工作人员也要做好相应的技术能力和服务能力培训，转变传统服务意识，确保图书馆工作人员提前熟知数字型资源借阅使用技术，保证各个读者群体都能顺利地使用数字型资源。

最后，如前面所述，高校图书馆需要尽可能多的资源才能满足不同读者的需求，而单个高校图书馆的资源相对于多元化的需求来说是有限的，因此，各高校图书馆之间的协同合作至关重要，由资源共享实现各高校图书馆图书资源的差异互补，使各高校图书馆原本冷门的资源进一步被挖掘，减少数字型资源的闲置现象。

2. 增加各图书馆间的合作

数字型资源是图书馆实现资源共享的物质条件，而各图书馆只有加强合作才能进一步实现资源共享。在建设数字型资源时，高校要积极联系其他高校图书馆，增加其与各方之间的合作，以做到资源共享，从而减少重复购买和收藏资源的现象，防止浪费数字型资源。

3. 建立数字型资源共享平台

要想真正构建高校图书馆数字型特色资源，各高校图书馆应建立一个大型数字型资源共享平台，提供馆际互借和文献共享传递服务，确保图书馆数字型资源尽可能整合，让潜在读者拥有更多选择空间。

首先，各高校图书馆要整合网络资源，根据学校的专业特色和研究需要，引入相应数据库，通过分类整理使相应资源容易获取，方便各个读者群体能快速找到其需求的资料。

其次，各高校图书馆要针对馆内现有的纸质图书资源，建立专题数据库，有步骤地将图书资源进行数字化处理。当然，这种做法还有以下优点：第一，节约线下借阅服务工作的人力物力；第二，为数字型资源共享奠定基础，缓解馆藏压力；第三，针对各高校自建的数据库，可以由相应政府部门协调整合，通过采取政策扶持、资金支持及馆际帮扶等措施，建立各高校联合共享数字型资源库，在保障馆内各个资源充足的同时，进一步扩大图书馆读者群体，实现图书馆数字型资源共享最大化。

第三节　图书馆数字型特色资源的可持续发展

一、数字型特色资源可持续发展面临的阻碍

尽管过往及当前数字型图书馆发展速度很快，但是也存在很多阻碍数字型特色资源可持续发展的因素。

第三章 图书馆数字型特色资源的建设

（一）资源层面的阻碍因素

数字型特色资源是数字型图书馆持续发展的基础所在，没有数字型资源，也就谈不上数字型图书馆的持续发展，目前我国图书馆数字型特色资源的持续发展面临着资源建设落后的问题。我国在数字型资源建设方面长期以来存在投入不足、数字标准不统一、缺少共享机制、缺少版权保护等问题，这些问题的存在导致数字型资源建设与图书馆数字型特色资源的可持续发展要求之间的差距越来越大。数字型资源的建设落后实质上反映出了国家对图书馆数字型特色资源建设的重视不足，同时也反映出了图书馆在长期发展规划方面存在缺失，例如，在数字型资源共享机制方面，很多图书馆都没有建立资源共享机制，图书馆数字型特色资源存在重复建设等问题，影响了数字型资源的使用效率。

（二）技术层面的阻碍因素

技术是图书馆数字型特色资源持续发展的重要基础，目前我国很多图书馆数字型特色资源在持续发展中存在技术层面的阻碍，数字型图书馆本身就是一个高技术含量服务系统，从数字型资源的采集、加工，再到信息资源的处理、存储、组织、发布、利用和归档等都需要坚实的技术支撑，可以说技术创新与图书馆数字型特色资源的持续发展之间是一个相辅相成的关系。图书馆数字型特色资源不断发展的历程就是一个技术创新不断更替的过程，正是借助于技术层面的不断创新，图书馆数字型特色资源才获得了持续的发展。当前我国很多图书馆在数字型特色资源发展中的技术基础比较差、技术创新力度不够，这必然会拖慢图书馆数字型特色资源持续发展的步伐。

（三）管理层面的阻碍因素

管理层面的落后也是新时期图书馆数字型特色资源可持续发展的重要阻碍，数字型图书馆的管理模式与传统图书馆的管理模式之间有着巨大的差别，对于图书馆数字型特色资源的持续发展来说，需要在管理层面做到不断改变，构建出与发展要求相适应的管理模式。

我国大多数数字型图书馆发展尚处于探索、试验阶段，在管理方面还存在较多的问题，最典型的就是管理方面带有浓厚的传统图书馆管理色彩，套用传统管理模式来进行数字型图书馆的管理，其结果必然会阻碍图书馆数字型特色资源的持续发展。数字型图书馆管理要求构建集宏观、中观、微观于一体的管理模式，形成数字型图书馆的分布式管理模式，但是在目前的数字型图书馆管理中，无论是管理理念，还是管理手段都与图书馆数字型特色资源持续发展的要求相去甚远。

（四）服务层面的阻碍因素

数字型图书馆工作的核心是服务，数字型图书馆建设的首选发展目标应以服务为主导，建立和完善以满足用户需求为导向的数字化服务体系，同时数字型图书馆要树立主动服务理念。但是，目前很多数字型图书馆的服务与读者多元化及个性化的要求之间存在较大落差，这种落差对于图书馆数字型特色资源的持续发展来说是一个负面冲击。举例而言，很多读者在信息需求方面得不到较好的满足，于是寻求百度搜索、百度百科等途径来进行信息资源的获取，从而使图书馆数字型特色资源得不到充分的利用。在这种情况下，对于图书馆数字型特色资源来说，其可持续性就受到了影响。

二、保障数字型特色资源可持续发展的策略

（一）完善数字型特色资源的建设

1. 构建符合本馆发展的数字资源保障体系

数字型特色资源与传统纸质资源相比具有时效性强、更新速度快、易于检索、节省储存空间等优势，各图书馆应该加大对数字型特色资源建设方面的投入。相较于传统印刷资源，数字型特色资源满足读者信息需求的能力更强，与之相对的数字型特色资源对图书馆整个建设过程及信息服务水平要求也更高。

数字型特色资源的建设过程主要包括选择、采购、宣传、使用，数字型特色资源在进行选择时需要针对本馆的发展目标，分析当前本馆数字型特色资源馆藏结构存在的问题，考察已有数据库是否能满足用户在日常学习工作中的科研需求。例如，河南财政金融学院要求专业课教师参与数据库采购，在广泛征求本校师生意见和建议的基础上，保证学校30多个数据库都与本专业相关。同时，还要关注出版市场的最新动态，根据经费预算，了解适合采购的项目，将用户需求与资源进行匹配，确定试用评估的对象。如果符合需求，则向数据库供应商试用。

数字型特色资源的采购与传统印刷资源采购的区别较大，目前数字型特色资源的使用权以获得网络使用权为主，这种模式造成各馆必须连续采购才能形成数

字型特色资源的持续利用，同时大部分资源都存在价格上涨的问题，当某种资源采购多年后可能会出现价格翻倍的现象。例如，有些高校规模建设比较小，图书馆用于采购的经费也相对较低，在这种状况下，这些高校想要保障现有资源都很有难度，更不要说更新资源了。因此，除了保证数字型特色资源建设投入外，在采购过程中各高校还应充分了解资源的种类和学科分布，合理分配采购资金。

在数字型特色资源宣传推广阶段，对于已经购买的数字型特色资源要加强宣传推广，对于试用的数字型特色资源可以在本馆网站上进行介绍，鼓励学生试用，为下一次采购提供参考依据。在数字型特色资源的试用阶段，通过问卷调查等方式了解用户常用的数字型特色资源及在试用过程中的困难，同时对网站数字型特色资源的下载次数进行统计，为下一个阶段的购买提供依据。

2.更新数字型特色资源服务理念

在全球网络化的浪潮下，计算机因智能、快捷、高效、便捷等优势受到全球使用者的追捧。海量的数据与强大的搜索引擎丰富了信息的传递和接收渠道，迎来了崭新的互联网时代，因此，我国图书馆必须及时适应全新的网络环境，不断完善和升级服务理念。

（1）变单项式服务为互动式服务

图书馆在数字型特色资源服务过程中必须与时俱进，采用实时参考咨询等交互服务可以有效克服传统的单项式服务的弊端，做好图书馆个性化定制服务，有利于达成数字型特色资源与用户需求高度吻合的愿景。积极打造互动平台，构建图书馆与用户直接无障碍交流的通道是提高数字型特色资源使用率的有效途径。以高校图书馆为例，用户需求较大的数字型特色资源服务有：数字参考咨询、学科资源服务和数据库培训。数字参考咨询的服务方式有实时与非实时两种，高校通过社交媒体或本校自建的咨询平台与用户进行交互式的问答，有利于提升用户的满足感。

（2）变被动式服务为主动式服务

在计算机日渐普及、网络应用度日渐提高的当下，社会各行业的发展模式都有了极大的变化。因此，图书馆应积极创新，与时俱进，变被动服务为主动服务，转变过去被动地接受读者反馈、机械回应的理念，这种被动式的服务不利于图书馆资源整合与升级，读者迫切的需求也很难得到满足。主动式的服务依赖线上、线下沟通交流平台的建立，图书馆的馆员应肩负起时代文化责任，发挥自身优势，主动架起用户与图书馆之间的沟通桥梁，以饱满的状态主动地为用户服务。

（3）变大众化服务为个性化服务

图书馆在新的时代背景下要紧跟时代需求，推陈出新，对于千篇一律的大众化服务去其糟粕，取其精华，推行个性化服务，针对用户的个性化需求做到有求必应，以提高用户满意度为目标。以高校图书馆为例，高校的数字型特色资源用户有两大类别，不同类别的用户发展目标也有所不同，因发展目标不同其对数字型特色资源的需求内容、类型也有所不同，这就需要图书馆在进行数字型特色资源服务时区别对待，为不同用户提供高质量、个性化的信息服务。图书的馆员承载着图书馆服务转型的梦想，要善于向用户展示自己的专业特长，重视提高自身的专业素质，通过服务展现馆员的专业价值。

3.建立严谨的数字型特色资源管理规范

数字型图书馆馆藏资源必须专业、准确、高质量，只有这样，才能满足读者多元化、个性化的需求。因此，想要保障数字型特色资源的可持续发展，在数字型特色资源建设中还应秉持标准化的原则，即以统一的标准开展资源建设工作，保障资源内容的规范化及各个资源模块的专业化，并维持资源服务系统的稳定性、专业性和权威性，这样才能帮助读者快速地获取高质量的信息，提升数字型图书馆的服务水平，提升读者的满意度。

4.制定严格的数字型特色资源建设标准

为了保障数字型特色资源的可持续发展，图书馆的数字型特色资源建设应遵守以下几点基本标准：数字型特色资源纳入标准、数字型特色资源存储标准、数字型特色资源领域或门类划分标准、网络传输和网络资源使用标准、资源存储管理及运营标准。在此基础上，还应结合行业的经验和准则，按照系统的执行标准实现资源的有效整合。

首先，加强网络信息资源的搜集、组织、加工和处理，形成虚拟信息资源库。

其次，搜集各类电子出版物，充分利用各种全文数据库和多媒体数据库，建立丰富的数字化信息资源。

最后，建立和完善各种书目数据库，形成全国性和地区性的联合目录。这就对馆员提出了更高的要求，要求馆员不仅要熟练掌握信息的检索、储存、安全防护、加密等技术，还要能将上述技术应用到资源建设工作中，为图书馆的数字型特色资源建设提供强大的技术支撑。

5.加强共建共享体系中数字化技术与标准的建设

图书馆在自建数据库的过程中能够形成自己特色和规模的相对较少，自建数

第三章　图书馆数字型特色资源的建设

据库的实际使用价值还有待考证，以高校图书馆为例，大部分高校图书馆虽自建有数据库，但大多是对本校硕博论文的整合，与本校办学、学科及本地区相关的数据库数量很少，开发层次较浅、质量较差，有待于进一步搜集、整理。例如，财经类高校是以经济管理类为主、其他专业为辅的具有鲜明特色的高等学校，其数字型特色资源的建设也应充分反映其办学特色。特色数据库的建设情况是各高校图书馆馆藏"特色化""生命力"的体现，只有特色资源的质量得到保证，才能实现图书馆建设的真正价值和意义。基于此，各高校可以通过以下方式自建数据库。

（1）对国内外研究领域的新观点、新思潮进行追踪，对能够体现本校或本地区特色的数字型特色资源进行整合来丰富数据库。

（2）对具有收藏价值的纸质资源加快其数字化进程。

（3）通过搜集、整理、数字化等一系列工作，对已经购买的商业数据库进行二次开发，使这些经过整合的数据库更方便检索，从而更好地满足本校读者的信息需求。

当然，当前有一部分高校已经结合自身优势建立了规模较大、开发较深的特色数据库，例如，浙江财大图书馆自建有诺贝尔经济学奖和孙冶方经济科学奖的文献馆（合称"两奖文献馆"），以两奖文献馆为平台，推动学校与国内外高端学术组织、学者的交流与合作，建立了浙江省首个诺贝尔经济学奖得主工作站，同时与孙冶方经济科学基金会合作举办一年一度的中国经济学家高端论坛，该论坛现已成为具有较大影响力的经济学学术论坛。山东工商学院自建有煤炭经济特色库、山东半岛经济特色库，各个库涵盖了近十几年煤炭及生物质能、可持续能源、可再生能源等方面的研究。

最能代表学校学科发展水平与办学特色的是本校自建的特色数据库，因而需要各高校在数字型特色资源建设过程中重点关注。然而由于此项工作较为复杂，需要耗费大量的财力及人力，一些图书馆在没有足够资金、人力资源紧张的情况下，只能选择暂时搁置，从而也就形成了强者愈强、弱者愈弱的局面。在这种局面下，各高校图书馆领导应重点关注特色数据库的建设，图书馆馆员要树立自建特色资源是吸引读者的重要法宝的意识，在项目实施之前，要认真规划好项目的实施范围，严格围绕本馆特色馆藏，减少资源的浪费，同时在数字型特色资源建设的过程中，也应该抱着走出去的思想，通过分工建设、资源共享等模式节约人力财力，使各馆的优势资源得到充分利用。

6. 走特色化发展之路

数字型图书馆可根据其所在地理位置、人文特点、风土人情、历史背景、经济发展水平等，结合自身的资源优势，发掘并打造特色化的信息资源。

（二）完善数字型特色资源的内容

完善数字型特色资源的内容也是保障图书馆数字型特色资源建设的有效途径。以高校图书馆为例，在数字型特色资源建设的过程中，高校应该着重对自己研究的内容进行有效的扩展和收集，形成一个全面的知识体系，并分配一个较大的存储空间，然后再进行分类整合，让学生能够一目了然。对于其他内容，只需要一些泛泛的构建，采取相应的引导措施，让读者能够在其他的平台上获取这方面的知识内容即可。这样既节省了自己的空间，也为读者带来了方便。例如，一些财政类的学校，其专业侧重于财政学，那么就需要把与财政相关的内容做一个有效且全面的收集，而不是去找一些关于法律方面的知识进行数字型特色资源的建设。虽然法律对财政学而言也是不可缺少的，但不是所有的法律内容都适合，只有关于财政方面的法律才适合财政院校。针对其他法律知识，只需要涉及一些基础就可以，并不需要做延伸。这样既能让学生了解学校的重点教学目标，更好地获取专业知识，还能让学生对自己感兴趣的知识领域有一个基础的了解。因此，学校只有正确地认识自己，才能更好地建设数字型特色资源，才能避免不必要的资源浪费，才能使数字型特色资源建设更加合理，利用率更高。

1. 重视对网络免费学术资源的挖掘与整理

各高校应在数字型特色资源栏目下明确设置免费学术资源专区，同时对免费学术资源进行整合形成导航。可以采用目前一些高校图书馆的方式，按免费电子期刊、免费电子图书、免费数据库、其他免费资源，或按国外、国内免费资源等表示，或者按资源的学科属性进行分类，把站点的链接和学科分类有机结合起来，方便用户查找。同时，网络免费外文资源，是对大多数高校用户来说非常重要的学术资料，这就需要高校图书馆加强对网络免费外文资源的挖掘与整理。同时，各类高校图书馆可以尽可能地组织具有英语学科背景的图书馆馆员对网络免费外文资源进行翻译并加以整合，使用户在最短的时间内获得更优质、更高效、更加便捷的服务。

此外，由于网络资源具有更新速度快、互动性强等特点，各高校图书馆针对这些特点可以通过有趣的活动或奖励来调动全体教职工及学生参与网络免费资源的开发工作，在本馆网站设置网络免费资源的讨论专区，教职工与学生充分互动，互相推荐好的网络资源，并对各种网络资源质量进行综合评价，以此挖掘出更适合本校师生、更优质的网络免费资源。

2. 有选择性地采购数据库

高校包括普通高校、高职高专等。按照"双一流"建设目标，有的高校能够进入世界一流行列，有的高校有一流学科，有的高校没有。从这个角度出发，数字型特色资源的建设应当根据满足科研、教学、一流学科等不同层面的基本需求来进行，从而决定数字型特色资源的建设内容，所以，无论高校财政预算紧张与否，馆藏建设都必须考虑节约和效用。

目前国内外高校诟病最多的就是大出版商的综合数据库价格问题。高校图书馆采购打包数据库的主要考虑就是"划算"。不难理解，假设单一学科数据库是60万，而一个包罗万象的覆盖全校各学科的数据库是100万，貌似比较便宜，这的确是正常的购物心理。但实际上，多花的40万买来的"附属品"很可能就是摆设。因为打包的数据库是一个涵盖多学科的综合数据库，其无法保证各学科数据库的全面质量，而且同一所高校内部的学科特点不同，对数据库中的学术文献需要不同，必然导致大部分文献的浏览率极低甚至为零。

现在，各高校图书馆已连续多年采购和使用大量的数据库，对不同数据库的定价模式、内容质量和重复交叉关系已经积累了不少认识和经验，因此，各高校图书馆应当就现有数据库资源组织专家组、教师进行评估，结合学校长远发展定位、未来五年学科建设需要，保留"精华"，剔除"糟粕"。专家组和教师建议采购但没有使用过的数据库，应该请其他有使用经验的高校图书馆推荐专家进行论证。

3. 联盟采购、资源共享

结成联盟是买方在垄断市场中提升话语权的一种有效方式，国内外图书馆界都采用这种方式应对数据库出版商。在国内，"中国高校图书馆数字资源采购联盟"（DRAA）在联合采购谈判中就发挥了很大作用。但是，联盟采购不是一拍即合、一蹴而就的事情。规模过大的联盟，尽管可能有着更强的议价能力，但由于成员过多，成员购买能力差异大，成员需求差异大，必然使得最终结果无法满足所有成员的期望。因此，为了更好地从联盟获益，可以考虑根据预算实力对等性、目标需求相近性等因素，参与多个或大或小、区域性或非区域性的联盟。

为了保障数字型特色资源的可持续发展，学校在图书馆数字型特色资源建设的过程中，一定要做到数字型特色资源共享。由于每个学校的资源都是有限的，在有限的资源上建设数字型特色资源也一定是有限的。对于一些专业院校来说，其资源面更为狭窄，它们更多的是针对自己的专业进行数字型特色资源建设，对其他方面的内容涉及较少。在这种情况下，一定要进行资源共享，通过不同专业院校之间的合作进行数字型特色资源共享，满足各个学校学生的不同需求。同时，还能让学生对其他学校有一些了解，拓宽自己的知识面。对其他专业感兴趣的学生，可以从别的学校共享的资源中选择自己喜欢的资源进行学习，满足自己对未来的从业需求。这有利于学生更好地进行跨专业的学习和增加知识储备，为以后的就业多积累一些知识。

资源共享可以使数字型特色资源更加丰富、更加全面。这有助于大数据下数字型特色资源的发展，进而促进大数据的发展。总而言之，为了更好地整合与管理各类资源，高校图书馆应积极与其他高校图书馆、企业、科研单位等进行合作，以获取经验及支持。

4.自建学术、教育资源数据库

俗话说"求人不如求己"，为进一步推动高校数字型特色资源的建设，开展自建数据库工作是重中之重。相比于购买数据库，自建数据库不见得一定能节省资金，还可能费时费力，但关键是一次性投入即可永久使用，而且更具特色，这也是一些高校把自建数据库命名为"特色数据库"的原因。自建数据库的工作主要可以围绕以下几个方面展开。

（1）从馆内开始，着手整理数字型馆藏

数字型馆藏主要包括以数字格式存在的音像、图片、文献等馆藏。纸质馆藏数字化处理主要针对常用教材、参考书和复本少、借阅率高的专业书籍进行。这部分工作的重点和难点是：确定数字化的图书数量、范围，聘请法律专家在法律的框架下界定并解决著作权/版权问题，数字化设备和人力投入。

（2）从校内抓起，动员师生力量

一方面，搜集整理本校在职和退休教师发表的论文及出版的专著、教材等，汇总、集合成库，使教师的研究特长、研究水平一目了然，对学生的学习、科研具有重要的指导作用；搜集整理以往硕士、博士公开发表的论文，对学生的科研起到引导作用。

另一方面，搜集整理教师的PPT课件等多媒体教学资源，辅助学生自学。

第三章 图书馆数字型特色资源的建设

（3）从合作入手，共同建设、共享资源

根据学科设置特点和发展的不平衡性，进行校际合作或者联盟，挖掘各自馆藏资源，形成优势互补，避免重复建设；从校企合作角度，搭建科研、试验数据、成果的共享平台。无论数字馆藏建设选择何种途径，其结果都是充分满足读者在获取数字信息上的量变和享受服务方式上的质变的需要。没有数字馆藏的量的积累，就不可能实现服务方式的质的转变，而自建学术和教学资源库是实现"量"的积累的有效途径。

顺应时代的潮流，数字信息建设的脚步不会停滞，但"量力而行、量体裁衣、效用最优"是高校图书馆数字型馆藏建设差异化发展道路上必须遵循的原则，应当清醒地认识到，高校图书馆定位于为教师提供促进学术研究的平台，为学生提供知识传承的平台，为学校提供支撑学科建设和学校长远发展的平台，数字型馆藏建设是时代赋予的使命，但绝不是高校图书馆发展建设的全部。而且不论电子图书有什么缺点，但纸质图书的优点肯定是不言而喻的，同时，在开放教育资源日益丰富的背景下，更要着力做好馆藏的水平评估和需求评估、预算水平评估，合理规划数字馆藏/纸质馆藏的投资比例。只有在中长期发展过程中，减少数字馆藏来源的外部依赖性，提高馆藏建设的自主性，增强规划性才能保障数字型特色资源的可持续发展之路。

（4）合理整合信息资源

高校图书馆数字型特色资源的根基在于对数字型资源的高效有序管理，既要增加资源的数量，又要保障资源的质量，还要确保其与新媒体环境的融合。合理整合资源的根本目的是提升资源的利用率，为读者提供更加优质的资源服务。

（5）有效利用数字型特色资源

为了保障数字型特色资源的可持续发展，高校图书馆的数字型特色资源建设不能只在丰富数字型特色资源数量方面下功夫，在数字型特色资源选择过程中若没有经过统筹规划制定相应的建设原则和标准，将不可避免地导致本馆出现如数字型特色资源内部比例失调、数据库重复购买等馆藏资源结构上的问题；对数字型特色资源的组织管理，即数字型特色资源导航建设、数字型特色资源嵌入式服务若跟不上图书馆的数字化进程，势必导致数字型特色资源利用率低，若不了解用户需求，很可能造成用户需求与数字型特色资源脱节，影响图书馆教育职能的发挥；只有数字型特色资源得到有效利用，才不会造成数据库访问量、资源下载量低等问题。因此，各高校图书馆除了统筹规划本馆数字型特色资源结构，以读者需求为中心来选择、采购数字型特色资源之外，还要采取继续教育、更新服务理念等方式提高本馆馆员的综合素质，同时辅以数字型特色资源相关的培训来提升用户信息素养，提高其查找、使用数字型特色资源的能力，对用户使用数字型特色资源形成保障。

（三）完善数字型特色资源的发展机制

图书馆数字资源建设是一项长期的社会系统工程，受政策、质量、管理、服务等诸多因素的影响。为了解决图书馆数字资源建设工作所面临的问题，进一步加强数字型资源共建共享的统筹规划和协调，促使图书馆数字型资源建设有效可持续发展，建立科学合理的多元化发展机制势在必行。

1. 政策保障机制

图书馆数字型资源建设需要强有力的政策保障，健全的政策对数字型资源建设具有指导、调节、干预、规范的作用，有助于图书馆建立科学、合理、适用的数字型资源体系，以满足用户现实和潜在的信息需求。

作为数字型资源建设的指导性文件，数字型资源发展政策是图书馆有关评价、选择、购买、使用数字型资源的一系列原则、标准与规定，它主要包括数字型资源发展纲要、数字型资源采访政策、数字型资源保存政策、数字型资源管理政策、数字型资源经费分配政策、数字型资源共建共享政策等。

2. 质量管理机制

质量是数字型资源建设的生命线，数字型资源建设质量管理是其可持续发展的基础和保证。数字型资源建设质量管理是指图书馆为了使数字型资源产品能够不断满足用户的实际信息需求，而对数字型资源建设质量开展的策划、组织、计划、实施、检查和监督审核等所有管理活动，这些活动主要包括资源质量管理、技术质量管理和服务质量管理。

（1）资源质量体现为数字型资源内容信息的准确性、完整性、规范性及时效性。

（2）技术质量包括存储系统质量和检索系统质量，即存储系统的传输速度、安全性、兼容性、易用性和检索系统的检索方式、检索技术、用户界面、检索结果处理、检索性能。

（3）服务质量包括馆员服务态度、馆员职业素质、用户信息素养。

数字型资源建设质量管理就是要通过不断提高资源质量、技术质量和服务质量，形成一个持续改进的完整的数字型资源建设质量管理体系。

3. 绩效评估机制

绩效是数字型资源满足用户信息需求的效率和效能，即数字型资源实际提供的服务的质量。数字型资源绩效评估则是按照科学的方法和一定的程序，依据特定的指标体系，对数字型资源服务的效率和效能进行定量的测度和定性的分析。客观、公正、准确地进行数字型资源绩效评估，及时了解数字型资源服务效率和效能的状况，以便明确定位到需要重点关注的数字型资源上，并采取有效措施，对数字型资源的建设与服务过程做反馈调整和控制，从而实现数字型资源绩效的持续改进。

为提升数字型资源建设的水平和成效，避免建设的随意性和盲目性，图书馆应建立一套完善的数字型资源绩效评估机制，该评估机制应包括规范的评估制度、合理的评估指标、科学的评估方法。

首先，评估制度要实现"内部评估"转向"外部评估"，评估主体既有各级管理者、业界专家，也有用户甚至咨询顾问公司，评估主体呈现出多元化态势。如图书馆可通过建立第三方评估制定、以用户为中心的后评估制度等来得到更客观、公正、全面的评估结果。

其次，评估指标的选择、指标层次的确定、权重的确定等应反复征求专家意见，求同存异，尽量做到严谨合理。各种数字资源建设具有一定的差异性和复杂性，并不是一套简单的评估指标体系就能涵盖所有的数字资源建设。因此，具体评估时，要结合具体评估对象、评估目的进行完善。至于评估方法，由于数字资源构成较复杂，且涉及的因素较多，单纯运用定量或定性评估方法都难以达到准确、客观和全面的目标。为此，图书馆应使用定量测度和定性分析相结合的方法，并建立系统评估模型，这样相对较为科学。

4. 协作共建机制

数字资源建设应遵循的指导思想是走联合共建、规模发展的道路，避免重复建设、效率低下。因此，图书馆数字资源建设要统筹规划、合理配置，加强宏观协调，注重馆际协作，多途径多渠道开展资源共建，以保证数字资源共建共享的可持续发展。例如，JALIS（江苏省高等教育文献保障系统）为江苏高校图书馆数字资源整体化建设营造了共知、共建、共享的良好氛围，让业内人员也认识到数字图书馆事业必须站在地区乃至全省的高度，依靠协作和联合的力量，谋求共同发展；南京地区高校图书馆先后建立了南京城东高校图书馆联合体、仙林大学城教学联合体、江宁大学城联合体等。

(四)加强数字型特色资源的管理

数字型特色资源管理可以分为三个方面，一是内容管理，二是制度管理，三是软硬件管理。下面以高校图书馆为例，详细阐述加强数字型特色资源管理的措施。

1.加强数字型特色资源的内容管理

学校应该找一些专业的教师对数字型特色资源的内容进行整理和定时更新。只有专业的教师才能更深入地理解专业的发展和变化，以及政府方面的相关政策和措施，才能对一些专业重点和侧重点进行深入分析，并对专业内容进行分类整合，剔除那些观念落后的资料。数字型特色资源的内容不断更新，紧跟时代的步伐，既能让学生及时了解时代要求，也能让学生了解行业发展动向，紧跟社会大形势，不至于落伍。

2.加强数字型特色资源的制度管理

学校应该制定相关的数字型特色资源管理制度，包括安全、使用时间以及一些帖子反馈的合理性等。建立健全数字型特色资源管理制度，不仅可以保障数字型特色资源更好地为学生服务，为学生提供一个专业且符合学生学习和生活的资料获取环境，还可以避免一些垃圾信息扰乱数字型特色资源管理工作。

3.加强数字型特色资源的软硬件管理

学校需要聘请一些专业的人员进行相关管理工作。对此，这些专业人员应对硬件进行定期的维护和漏洞排查，保证数字型特色资源管理工作可以正常进行，防止一些不法分子对其进行破坏，破坏学生的学习环境，给学生带来不好的影响。以上内容是关于图书馆数字型特色资源建设的一些措施，可以让图书馆的数字型特色资源建设更加高效地开展，并为学生创造一个学习和沟通的平台。图书馆数字型特色资源在增加学生专业知识的同时，也使得学生将视线放在社会的发展上，能够紧跟社会发展，为自己未来更好地适应社会创造有利条件。

总之，在当前社会，紧跟大数据时代的步伐，数字型特色资源建设已经成为各大图书馆的建设目标之一。图书馆不仅只有图书的存储，也有信息技术的存储，及时更新图书馆的配套设施，可以更好地满足新时代科学技术的发展需求以及学生和教师的需求。

数字型资源建设对学校的长远发展有很大的推动作用，与此同时，也为图书馆建设带来了挑战和机遇。挑战在于，大数据时代的资源共享，使得任何人在

第三章 图书馆数字型特色资源的建设

任何时间、任何地点都可以获取资源。这在一定程度上会导致资源泄露和数字型特色资源系统瘫痪。这就要求各个学校针对数字型特色资源的保护要做到万无一失，在保证学生信息安全性的同时保证学校信息的安全性。机遇在于，随着大数据背景下科技的发展，信息技术给社会乃至个人都提供了焕然一新的视角，让人们能够更好地适应并参与社会的发展。因此，数字型特色资源的建设对图书馆建设也有积极的促进作用，一方面，可以提高图书馆的使用率，另一方面，可以节省图书馆的使用空间。在科技和网络的不断发展中，对图书馆进行数字化建设成为图书馆建设的必然趋势，同时也是图书馆建设的目标和发展方向。

（五）提高数字型图书馆信息化水平

读者是数字型图书馆的主要服务对象，为使广大读者积极主动地参与到阅读中，满足读者的阅读需求，保障数字型特色资源的可持续发展，在图书馆数字型特色资源的建设中，应以读者的阅读需求为导向，为读者提供更为人性化的阅读体验。

1. 完善图书馆的网站

（1）优化网站界面

数字型图书馆的网站（主页）是读者了解数字型特色资源的窗口。因此，在搭建主页界面时，应保证图片的简洁大方，文字的简约规范，数字的清晰明了以及操作的简单方便，保证网站（主页）能清晰、直观地展示图书馆的服务项目、特色和图书类别，以吸引读者浏览、查询。

（2）优化网站结构区域及模块划分

具有优良结构的数字型图书馆网站，有助于读者方便快捷地查找并获取不同类型的资源。因此，作为数字型图书馆入口的网站（主页）需要特别注意将网站中的资源进行模块化的归纳整理，即按照资源的不同类型，将其进行分区，划分成不同的栏目，并为读者提供极具操作性的检索方式，同时还要满足读者跨库、跨学科、跨领域检索的要求，以便读者快速、高效、便捷地获取资源。

2. 搭建互动平台

图书馆应为读者提供一个在线交流和沟通的平台，让他们能够和其他的读者进行交流和沟通，并能及时地提出自己的意见和想法。图书馆可以微信公众号、企业微信等为主要的信息交互和资源推送平台，以QQ为辅助，建立一个基于多平台的数字型图书馆新媒体平台。同时，利用平台后台的数据，收集和了解用户的实际需要和阅读意向，并根据用户的实际需要，适时地改进平台，为用户提供适合自己的资源。

3. 实时更新数字型特色资源

图书馆应注重对资源进行实时更新，保证其实效性，让读者在第一时间掌握最新的本馆资讯、图书推介、活动推广等信息。同时，需要定期对微信公众平台（服务号）、网站、移动客户端等进行升级更新，为读者推介新的功能，以满足读者多元化、个性化的需求，使读者既能通过无线网络随时随地接收图书馆推送的资源及信息，又能在线检索图书并对图书内容进行浏览。

4. 利用大数据技术精准推送信息资源

大数据技术令深入挖掘读者需求这件事情变为可能。读者在浏览信息资源的过程中会留下检索痕迹和检索记录，图书馆可利用大数据技术对读者检索记录进行分析，并以此推断出读者的阅读偏好和检索习惯，从而有针对性地为读者推送其感兴趣的信息资源，增强读者的体验感，提升读者的满意度。

5. 积极利用移动终端

随着多媒体技术的发展，越来越多的读者倾向于使用移动终端查询、检索、浏览文献资源。因此，移动图书馆变成了图书馆数字型特色资源建设的重要内容。图书馆应积极搭建网络平台，例如，引进移动图书馆吸引更多的读者通过手机、平板电脑等移动终端进行不受时空限制的阅读和获取文献资源。

6. 打造虚拟阅读空间

新媒体时代，数字型图书馆不能单纯地将信息资源的存储、检索、获取及利用局限于物理空间，应尝试为读者打造开放的虚拟阅读空间。例如，引进"博看 AI 光影阅读"终端，该终端利用激光投影和成像技术，将电子版的万余种优质图书、报刊资源投影到幕布、墙面等位置，读者直接在投影位置（平面）进行单击、滑动、放大等触控操作，即可享受大屏阅读。同时，该阅读终端具有智能朗读功能，能够满足读者听书的愿望，可以实现人机互动交流，从而提升读者阅读体验，激发读者阅读兴趣。

7. 重视数字资源导航系统的建设

图书馆有必要建设数字资源导航系统以满足读者使用数字资源的需求，提高馆藏资源利用率。但是当前部分图书馆对数字资源导航的认识仍停留在建立资源关键字搜索系统、一般分类检索系统、学科分类检索系统、资源整合检索系统

第三章　图书馆数字型特色资源的建设

中的一种或几种就能满足用户需求的状态，忽视了对一体化数字资源导航系统的建设。

数字资源导航系统建设的实质就是研发数字型特色资源导航系统，该系统的基本功能包括资源的关键字检索、资源的整合检索、期刊导航检索，资源介绍和资源阅读软件下载，以及期刊导航和数字型特色资源使用情况的统计分析等。除此之外，在研发过程中还应注重系统的专业性、功能性和易用性，尽量使系统可视化程度高、操作简易和方便。数字资源导航系统的建立有利于读者查找数字型特色资源，可以有效提高数字型特色资源的使用效率，也是各馆管理数字型特色资源能力的重要体现。

8.拓宽资源传播渠道

图书馆是数字型特色资源宣传推广的主要承担者，必须高度重视对数字型特色资源的宣传推广，把握好每一次宣传的机会。以高校图书馆为例，高校图书馆对开学时的数字型特色资源宣传教育可以分本科新生和研究生新生分批进行，从而让宣传更具针对性。

对于离开高中刚迈入大学校门的大学新生，图书馆可在他们入学时发放的学生手册中夹带一份关于数字型特色资源介绍的资料，使刚入学的大学新生对数字型特色资源有一个基本的认识。

对新入学的研究生，这一类群体在大学阶段已对数字型特色资源有了基本的认识，对他们的培训可以通过分学科、分院系的方式进行，以讲座的方式使这类群体使用数字型特色资源的熟练度进一步提升。将数字型特色资源宣传推广嵌入迎新环节是提高数字型特色资源利用率的有效方式。

随着越来越多的高校读者选择数字阅读方式，线上宣传已成为数字型特色资源宣传的主要渠道，各高校图书馆除了保证本馆微博、微信公众号至少开通一种，还需加强日常维护工作。部分高校存在"重开通、轻管理"的现象，图书馆在开通这些社交媒体账号后要加强宣传推广工作，可以通过推送培训讲座消息、数字型特色资源使用方法等方式使读者及时接收到数字型特色资源相关新动态。

社交媒体账号的开通使读者突破了时间、空间的限制，能够随时随地了解数字型特色资源，有效提高了数字型特色资源的使用率。在线下推广方式上，除了传统的开展讲座、上文献检索课等方式，各高校图书馆还可以通过校内广播宣传、在校内张贴海报、印发数字资源使用手册等方式向学生介绍数字型特色资源，同时通过积极举办数字资源知识竞赛、开展数字资源宣传周活动来有效调动学生使用数字型特色资源的积极性。学校对读者进行的数字型特色资源检索的培训是宣传数字型特色资源的有效途径，目前高校数字型特色资源检索培训已延伸至对读者的信息素养的培训，不仅仅是传授知识，而是通过培训切实提高读者使用数字型特色资源的能力。

学校需要针对不同类型读者的信息需求特点来开设相关课程和进行培训，对本科生来说，培训的主要内容是数字型特色资源的基本情况，包括对常用数字型特色资源的介绍、信息检索技巧等，培训地点可以选在电子阅览室等装有电脑的教室，学生通过上机能够更好地将理论与实践相结合。

本科生对专业数据库的需求相对较小，所以学校可以根据具体情况对其进行培训，除了这种线下培训方式，图书馆还应该整合一些线上培训教程，以文字、动画、视频等多种形式的教程供读者自由选择，线上培训在时间和空间上更具有弹性，学生可以在课余时间查找自己需要的学习资源，实现资源的反复利用。

对研究生来说高校需要开展更具针对性的讲座，研究生这类群体在本科阶段已对数字型特色资源的使用有了基本认识，所以在培训过程中应该更注重对检索技巧，以及专业数据库使用方法尤其是外文数据库的使用方法进行培训。由于语言限制，大部分学生对外文数据库有畏难情绪，这导致外文数据库的利用率较低，但外文数据库是优质数字型特色资源的重要组成部分，是学科发展的风向标，是研究生在开展深层次学术研究过程中必需的数字型特色资源的主要来源。基于此，各高校对于研究生的数据库培训就需要筛选出重要的外文数据库操作系统，以及本学科常用的专业数据库。

（六）重视数字型图书馆的人才培养

人才队伍建设是图书馆数字型特色资源建设得以顺利进行的基础，图书馆人才在一定程度上为数字型特色资源的可持续发展提供了有力的支撑。馆员应掌握专业化的多媒体技术、信息技术及网络技术，以实现对数字型图书馆的管理。以高校图书馆为例，在引进人才的过程中，图书馆应充分考察应聘人员的各项能力。其不仅需要具备学科专业知识，掌握专业化的技术，更要能将其所掌握的专业技术应用于数字型图书馆的资源建设中。对已经引进的馆员，应注重其专业技能的培养。一方面，注重提升馆员的专业技能。另一方面，注重提升馆员的专业素养以及思想素养，使其更加积极主动地参与到数字型图书馆的资源建设中。总的来说，一个成功的图书馆不是看其拥有多少资源，而是看其在用户使用数字型特色资源的过程中是否进行了有效的组织和管理。图书馆通过组织和管理使本馆馆内资源得到最大化的利用，从而有效提高了数字型特色资源的利用率。在数字型特色资源建设过程中，馆员需要及时更新服务理念，通过继续教育提升专业素质，拓宽资源宣传渠道，加大对数字型特色资源宣传的力度。

1. 多方面提高馆员素质

在计算机技术迅速发展的背景下，图书馆馆员与读者的联系已从"人与人"转换为"人机人"，这对在数字型特色资源服务中承担重要角色的图书馆馆员提出了新的要求与挑战。图书馆馆员除了需要掌握图书馆学科基本理论知识外，还需要掌握检索技巧、数字型特色资源平台的日常维护知识和计算机知识等多个领域的相关知识。

2. 提升馆员专业知识

新形势下图书馆馆员不再是书刊管理员，而是学科知识的导航者，面对读者咨询的较为专业的问题，就需要图书馆馆员具备某一学科的专业知识，能根据读者需要查找筛选文献信息，开展深层次的信息服务工作。但由于知识更新速度极快，原有的知识难以满足新的发展需求，这就需要图书馆通过多种途径实现对图书馆馆员的继续教育，来弥补其在专业知识和技能方面的欠缺。

针对外文数字型特色资源利用率低的问题，馆员需要提高自己的外语特别是英语的水平，发挥自身主观能动性，主动地去采集、阅读和开发这些外文信息资源，加强信息资源建设和提高服务质量，为教学科研提供服务。馆员要树立终身学习的意识，与时俱进，通过不断学习本专业需要的新知识和工作技能来充实自己，同时要充分认识到图书馆是学校的文献信息中心，要本着"读者至上"的原则，以饱满的精神、良好的服务态度投入到日常工作中。

3. 激发馆员的工作积极性

图书馆也可以制定一些考评机制来激发馆员的积极性。例如，通过网站的"馆务公开"模块，公开馆内员工日常工作、奖惩情况，以及工作评价等信息，这种灵活有效的激励机制，能够充分激发馆员工作的积极性。

第四章 图书馆印刷型特色资源的建设

信息技术的飞速发展使信息环境发生了巨大的改变，特色资源的载体形态也出现了多样化的表现形式，其中，印刷型和电子型资源是最常见的，而印刷型特色资源因其可追溯时间较早、利用时不受设备条件的限制、阅读方便、直观、符合人们正常的阅读习惯等特点深受信息用户喜爱，是图书馆信息资源建设的重要组成部分。本章分为印刷型馆藏的组织管理、图书馆印刷型特色资源的建设内容、图书馆印刷型特色资源的建设策略三部分。

第一节 印刷型馆藏的组织管理

一、印刷型馆藏的组织

（一）印刷型馆藏的布局

所谓印刷型馆藏的布局就是指将图书馆入藏的全部印刷型文献，按照一定的标准划分为相对独立的若干部分，建立各种功能的书库，为每一部分藏书确定合理的存放位置，以便保存和利用。印刷型馆藏布局的实质就是对印刷型馆藏信息资源进行空间位置上的科学、合理划分，力求使印刷型馆藏信息资源与读者需求达到最佳平衡。

（二）印刷型馆藏的排架

印刷型馆藏的排架形式多样，在长期的实际工作中，逐渐形成了分类排架和形式排架两大类型。分类排架是图书馆当前应用最普遍的图书排架方法。

但是随着时代的发展，不断有新的图书排架方法的设想提出，这说明分类

第四章 图书馆印刷型特色资源的建设

排架在应用中还存在着某些问题和不足。同时也证明，为更好地做好图书排架工作，人们在不断努力。考虑排架方法一经确定，就不会轻易调整和变更。因此，从优化分类排架入手解决排架工作中的问题，便具有实际的意义。但是，需要注意的是，无论采用何种排架方式，都必须注意取书与还书的难易程度、藏书组织系统与实际排架效果、容书量大小和倒架等问题。

二、印刷型馆藏的管理

（一）印刷型馆藏的登记

印刷型馆藏的登记是印刷型馆藏管理的第一步。图书馆对采访到馆的印刷型馆藏资源信息以及印刷型信息资源收藏的变化情况（如遗失、剔除、寄存等）进行准确记录的工作，称印刷型馆藏登记。通过馆藏登记，图书馆可以了解和掌握全馆印刷型馆藏信息资源发展的总动态。

（二）印刷型馆藏的编目

印刷型馆藏的编目工作主要是通过对图书目录的编制，来对相关的文献信息进行科学有序的管控，进而更好地满足广大读者的阅读需求，进一步提升图书馆印刷型馆藏资源的利用率，从而真正达到书目交流和资源共享的目的。对于印刷型馆藏而言，编目工作不仅仅是一项基础的业务工作，更是体现图书馆综合服务管理水平的关键所在，可以为广大读者对印刷型图书资源进行有效的利用创造便利的条件。因此，在印刷型馆藏的管理过程中，相关工作人员必须对印刷型馆藏的编目工作给予相应的重视。

（三）印刷型馆藏的典藏

印刷型馆藏的典藏是指根据图书馆的性质、任务、读者对象、地区特点、发展方向等，将分编好、加工好的文献，按照一定的原则要求，有目的、有计划地进行科学的、系统的组织管理和保护，以供读者使用。

印刷型馆藏的典藏工作，即对馆藏文献进行科学合理的调配与布局，包括馆藏剔除、藏书清点、清点处理、书库间和总分馆模式下馆际藏书调拨及统计等控制工作。文献典藏是图书馆重要的基础性工作，是图书馆整个文献资源体系建设与利用的必要前提，图书馆亟须根据本馆馆藏布局与服务特点制定文献典藏原则及文献典藏分配规则。

（四）印刷型馆藏的保护

关于印刷型馆藏的保护工作，可以从两个方面入手：一是要保护书本本身的质量；二是保护这些纸质图书文献的价值。

第一个方面的保护工作，直接从肉眼上就能够观察到。保护工作也比较容易、比较简单。由于印刷型图书文献是易燃物品，所以图书馆内部必须要做好防火措施，工作人员也要做好预防工作。针对所有进入图书馆的人员，要设立严格的规范条例，如禁止吸烟、禁止明火等。只有这样才能够有效地防止火灾情况的发生。除了防火措施，工作人员还应当做好防尘工作。因为在社会城市不断发展的现在，空气污染程度在不断地加深。空气中含有大量的悬浮颗粒，这些颗粒很容易附着在图书上。长此以往，其就会腐蚀印刷型图书，导致图书上的字迹模糊。除了这些，工作人员更应该做好防霉、防虫等多种工作，加大对印刷型馆藏的保护力度。

第二个方面的保护工作也就是保护图书的价值。简单来讲，就是提高这些图书的利用率。图书馆一般都会有大量的藏书，但是有很多藏书的利用率比较低，甚至有一些书籍从来没有被人们翻阅过。虽然这些图书保护得比较好，质量比较新，但它们并没有真正地发挥作用。所以图书馆要做好图书分类工作，根据读者的阅读记录及时调查分析，了解读者的大致需求，这样就能够对不同类型书籍的数量进行严格的把控。对于那些比较冷门的、不太受欢迎的图书，可以收藏一部分放在仓库中。这些图书现在可能比较冷门、不太受欢迎，但只要这些图书有一定的价值，在若干年之后它们也可能会受到人们的青睐。

第二节　图书馆印刷型特色资源的建设内容

图书馆要全方位地建设特色资源，以自己的特色文献为地区经济发展和科研需要及培养专业技术人才服务。各类图书馆在发展建设印刷型特色资源时应把利用率高的资料以及专业性强的学科文献作为本馆收藏的重点。在采购新书之前，应在广泛征求各专家意见的基础上，有选择、有重点地购买与某一专题配套的学科文献，包括必要的基础文献、相关的各类有影响的特色藏书、常用的专业工具书等，不断更新馆藏资源，从而形成具有本馆特色的馆藏信息资源体系，使图书馆成为有特色、有专题的图书情报中心。

第四章 图书馆印刷型特色资源的建设

一、保持印刷型资源的特色和优势

图书馆要继续保持印刷型资源较数字资源所具有的明显特点和优势。印刷型特色资源具有明确的办刊宗旨和较成熟的稿件征、审、校制度,印刷出版发行程序规范、严谨、有效,具有较高的质量;具有连续性和完整性,真实地描写和记录着时代文化和科技事业的发展历程,文献查阅可靠、便捷;符合人们的传统阅览习惯。因此,图书馆在印刷型特色资源建设中,要不断丰富馆藏资源;继续保持读者对文献资料的传统阅读习惯,提供读者之间交流的环境;充分发挥人与人直接交流、服务形式的可选性与互动性、原始文献的可得性的优势,满足社会不同阶层的需求等。

二、充分发挥印刷型文献的基石效能

图书馆在文献采集中兼顾纸质文献、数字化文献和其他载体文献,兼顾文献载体和使用权的购买,保持了重要文献和特色资源的完整性,注意收藏有关的出版物和学术文献。图书馆以专业特色为依据,以原始收藏为基础,构建具有馆藏特色的馆藏体系。

现代图书馆拥有丰富的特色馆藏资源,如各个学科领域的中外文图书、报纸、杂志、多媒体光盘、音像资料等,还有一些特色文献,博士、硕士论文都是收藏的重点。各图书馆每年都有大量国内外相关学科的最新书籍、刊物补充进来,丰富的特色馆藏资源正是那些渴望信息、渴望知识的读者的知识财富。信息技术的广泛应用带来的新环境和新需求是现代图书馆发展的驱动力。现代图书馆有一定的教育性、专业性和学术性,需结合本馆的资源设置、地区经济、文化特点和发展目标等特点,通过纸质文献与数字化文献、实体馆藏与虚拟馆藏、馆际互借与资源开发的结合,逐步建立起具有自身特色的馆藏资源体系,使印刷型特色资源配置合理化、数量最大化、质量最优化和利用高效化,从而满足读者对特定知识的需求或实现某些特定的目标。

三、加强传统特色信息资源建设,传承文化精髓

传统特色信息资源是图书馆在传承人类历史文明和传播文化过程中沉淀下来的文化精髓,其能清晰地反映本地区的历史渊源、文化特色和风土民情。收藏、开发和利用这些文献资料来传播历史文化知识具有非常重要的历史意义和研究价值。当然,图书馆印刷型特色资源还是图书馆特色数字资源建设的依据,具体包

括地方报刊、重要文件、地方史志、地方统计年鉴、地方大事记、地方人士著述的文献及其研究作品等。

第三节　图书馆印刷型特色资源的建设策略

一、提高印刷型特色资源的质量

图书馆印刷型特色资源拓宽了人们的视野，在一定程度上对读者的身心具有积极的优化作用。以高校图书馆为例，其在为广大师生读者服务的基础上构建馆藏文献体系，针对人才培养方面进行采购，那些有科研指导意义和学术权威性的书刊便应成为图书馆典藏的重点。各馆应根据院校的专业特色提高馆藏质量，图书资源必须要精而全，更新速度要快，让读者可以第一时间找到最想要的资料。

第一，建设特色馆藏，提高文献质量，这里以海南政法职业学院图书馆为例，学院一直秉承为政法部门输送人才的理念。图书馆根据学院办学的这一特点，制订文献资源购置方案，形成具有较强的专业性特色的馆藏；以法律类为主，还包括其他如司法会计、档案管理、计算机技术等方面的文献，并建立多种特色数据库，如海南文献书库、思想政治文献书库、教师成果库、工具书库。图书馆采购前通过到各系进行调研，了解各专业需求的系列参考书以逐年增补购置，每年图书专业资源征购率达到95%。

第二，在专业资源共享的情况下，兄弟院校之间可以互相交换内刊以增加资源量。

第三，很多年代已久读者不怎么青睐的图书藏之不用，图书馆要改变观念，舍得剔除，及时更新书籍，从重藏书数量转变为重藏书质量。爱美爱新是人之常情，浓浓的书香味也是吸引读者利用书籍的关键。

二、优化印刷型特色资源的布局管理

图书馆应该紧贴时代脉搏，紧贴读者需要，扩大阅读空间，整合图书资源，使图书资源管理由"粗放式"向"精细式""便捷式"转变，建构具有读者认同感的流通书库资源体系，优化布局的主要措施有实行大流通、建立主题书库和主题阅览空间、设置主题书架等。

第四章　图书馆印刷型特色资源的建设

（一）实行大流通

近年来，很多高校图书馆实行大流通，大流通有利于对传统意义上的图书馆各个部门的服务职能进行整合，为读者提供所有印刷型特色资源的相关服务，如图书借阅、图书阅览、期刊阅览、工具书阅览、报刊阅览、自修、复印等。实行大流通能够充分地利用建筑空间，极大地改善借阅环境，增加更多的个性化阅读与学习空间；能使读者阅览更加便利，借阅视野更加开阔；能把借阅服务和咨询服务融合在一起，使馆员更深入读者，使服务范围更大，使服务更具针对性、时效性、指导性，从而提升服务质量，提高图书的借阅率。

（二）建立主题书库和主题阅览空间

主题书库的建立打破了图书馆传统的分类法的禁锢，图书馆可依照同一主题词，将某些重要而优质的图书类型设计成主题阅览空间，例如，优秀传统文化阅读空间、创新创客空间、"红色"印记展示空间、动画动漫空间、幼教空间等；还可以直接参与学校教学实践，直接为学科和科研服务，例如，集中教材、教参及相关教学与学习资料等，设立学校重点学科建设信息空间。

主题阅览空间主题鲜明，服务指向明确，特别方便有特定主题需求的读者阅读和特定主题活动的开展。为学校重点学科专业设立的专业主题书库，知识脉络清楚简洁，发展图谱一目了然，有利于读者系统性阅读并建构自身的知识体系，也为学校的教学、科研活动开展提供了系统性知识信息的保障。

（三）设置主题书架

设置主题书架是为了把有相同内容或相关要素的文献聚集在一起，便于读者发现相近的信息群，比较、选择所需文献，而不是人为地造成搜索范围扩大的现象，增大不确定性。在方便读者并节省查找时间方面，设置主题书架与建立主题书库有异曲同工之妙，规模较小而关联性更强且更新更快捷的主体书架，更能吸引读者的注意力，并及时满足读者的阅读需求。精心摆放书架并配备推荐书目能够促进读者的阅读，这一方式已被图书馆工作实践证明。

总而言之，实行大流通、建立主题书库和主题阅览空间、设置主题书架等应以广大读者需求为中心，以不同的应用场景为牵引，实现从资源驱动向用户和场景驱动的转变，让文献"活"起来，让资源"动"起来，变"拥有"为"有用"，为教育教学、科学研究、学科建设、校园文化等应用场景提供更有力的保障。

三、优化读者服务管理

以往人们并不介意图书馆存在的两个盲点：一个是读者面对成千上万册图书的盲点，例如，读什么书、如何读、怎样找等；另一个是馆员面对成百上千名读者的盲点，例如，这是谁、读什么、为何读、应读何等。在这种情境下，必然摆脱不了读者的"盲点阅读"及图书馆馆员的"盲点服务"。当今社会，图书馆馆员要将工作的触角延伸到更广阔、更深入、更细致的层面，使服务由"疏离式"向"嵌入式""导引式"转变，通过自身主动、到位、创新的优质服务，为读者提供越来越多的便捷化、智能化、个性化、进阶化的贴心服务，使读者熟知图书馆印刷型特色资源，爱阅读、会阅读、能创新阅读，点亮读者的信息阅读之旅，也点亮自身的形象。

（一）加强图书资源的深度宣传

读者对图书馆印刷型特色资源的广泛了解是读者爱上图书馆的前提。图书馆馆员更要对读者进行大范围、全方位、多层次的宣传，使读者能对图书馆印刷型特色资源有比较全面的了解，并对其产生好奇、亲近之心，激发读者的阅读愿望。

以高校图书馆为例，高校图书馆相关部门可以通过新生入馆教育、图书馆宣传介绍册的发放、微信公众号账号的建立等多种方式，利用全媒体手段对读者进行图书馆印刷型特色资源的分类展示、专题图书推介，以及借阅排行、专家主题讲座、读书分享、诵读比赛、名篇名作观赏等的宣传，使读者广泛了解图书馆印刷型特色资源，进而进行有效利用，吸引大学生爱上图书馆、爱上阅读。

总而言之，把图书馆优质服务推送给读者，并让读者更加真实地了解图书馆的各项管理使用功能，是高校图书馆事业发展的一个途径。第一，对有条件的高校，其可以增设"利用图书馆"的课程，即定期开展文献信息检索教育，专技教师按时授课，让众多的学生通过培训了解图书馆、熟悉图书馆，并方便合理使用图书馆文献。第二，利用海报、校园宣传栏、图书馆宣传栏，通过学生志愿者散发新书传单进行宣传，在校园网、图书馆网站上发布最新新书通报。第三，可制作图书馆业务简介和资源使用的小册子，将其散发到各个院系，定时安排图书馆特色或主题活动。第四，可举办有针对性的特色服务讲座，例如，开展就业方面的专题讲座，让学生了解就业方面的图书资源等。第五，利用网络建立微信服务群，建立人工智能在线咨询平台，平台支持题名检索、关键词检索、图片识别检

第四章　图书馆印刷型特色资源的建设

索、作者检索，提供文献传递、资源推送、咨询解答等服务。

图书馆作为一个实体馆存在，一定要让更多的读者能有现场参与的实际阅读的机会，例如，开展各渠道阅读推广活动，不管是推送阅读形式，还是实时到馆阅读形式，都可以增加读者阅读利用的机会。这样也会提高图书馆在读者心目中的影响力。图书馆可通过微信群组织阅读推广主题活动；设立证书及等级奖项，吸引读者眼球，使其来参与活动。例如，鞍山师范学院图书馆在2021年为庆祝中国共产党成立100周年而开展了夏秋季马拉松阅读活动，这个活动得到了学院的高度支持，很多学生踊跃参加，创办得很成功。学生在活动中获得了很多的感悟，在深入了解党和国家发展的历程中汲取奋进力量，并在活动中写下了精彩而深悟的心得。这样的主题阅读推广活动在学生心中留下的不再是一个抽象的图书馆概念，而是通过学生和书籍亲密接触，让学生的心灵远离喧嚣，感受阅读带来的无穷魅力。通过主题阅读，学生获得了很大的收获：第一，对党史有了更加深刻的认识；第二，培养了意志力和专注力，也得到了等级证书与奖品，这对学生而言是一种收获、荣誉。很多学生期待着下一期活动的开展。这也是学院团委与学院图书馆对倡导全校师生文明阅读、助力书香校园、推进校园文化建设的又一次创新。

（二）提供"人性化"服务，营造良好的阅读环境

为了体现图书馆人性化的服务，显示人文气氛。在图书馆馆舍装扮设计上应精心营造和布置，为师生提供一种赏心悦目的阅读环境，可在装饰上下功夫，在图书馆阅读区、过道、大厅、服务前台等地方放置一些花卉、盆景，在适当的地方悬挂或摆放一些体现浓厚文化气氛的笔墨书画，将一些名人、伟人的格言及画像配挂在墙壁上，也适当配挂一些文明阅读、礼仪等方面的温馨提示语，让读者感觉到人与环境在图书馆中的自然和谐。在布置上处处体现出服务的细节化、人性化，主旋律定位于温馨、宁静、明亮、宽敞，让来访的读者身入春风之境地，融入这样的雅致环境更感到心情愉悦，书香暖心，更好地静心阅读。

除此之外，还可以设置服务咨询台、读者意见簿，提供参考咨询服务等多种服务。在工作人员不足的情况下，提供勤工助学机会，使学生参加到图书馆的建设和服务中。勤工助学的工作内容主要包括图书加工整理，上架、理架，降低乱架率，为读者解答简单的咨询问题，督导读者行为规范，维护环境秩序，保证阅览区的安静，整理桌椅，辅助工作人员统计图书借阅量，开展阅读推广活动等。

(三) 关注读者的需要

图书馆要从"以人为本"的角度出发，以高校图书馆为例，学校里师生需要全面、系统、广泛而扎实的专业知识，学生对图书的利用目的在于知识面、培养业余爱好和多种社会能力。因此，为他们提供服务要做到两者兼顾。高校图书馆为达到共建和谐校园的好效果，要定期举办读者座谈会，实现读者与图书馆的面对面的互动，及时了解读者信息需求，采纳读者的宝贵意见，在采购资源上、服务手段上做到想读者所想、急读者所急，并及时推进整改，这样就拉近了图书馆与读者的距离，促使读者对图书馆有一种亲切感，进而让读者爱上图书馆并很好地利用图书馆，使图书馆文献都能得到更好的利用。

(四) 全面创新服务手段

1. 检索服务创新

图书馆应建立完备的流通书库网络检索系统，使读者利用图书馆网站或图书馆公众号能够进入图书馆检索系统，以书名、著者、出版社等为检索词进行检索，快速查找到想借阅图书的相关信息，如馆藏册数、可借册数、所在架位、图书分类号等。读者不必到馆，信息尽享，完善的检索系统可极大地节省读者的检书时间。

2. 借阅服务创新

图书馆可利用新技术对读者信息和借阅流程进行现代化管理，提供线上查询、云端借阅、网上办证等服务。读者线上输入图书证账号和密码就可以查询到自己的借书信息并进行续借。以高校图书馆为例，馆内可以设置自助服务系统，学生到馆借、还图书都可以采用自助扫码方式。此外，高校图书馆还可以利用手机扫码方式，为读者提供图书馆线上借书、送书上门、手机借购（你阅读，我买单）、手机"NFC借书"或扫码借书、转借等自助图书流通服务。例如，湖南大学图书馆"书非借"闪借服务通过与新华书店合作，以读者借走符合馆藏和借阅规则的图书、图书馆为读者买单、读者到期将图书归还给图书馆的服务模式，让读者成为文献资源的建设者。手机扫码借书等借阅服务创新，不仅为读者借阅图书提供了极大的方便，也极大地提升了图书馆借阅服务的品质。

3.信息推送服务创新

利用大数据，依据读者历史阅读数据，发掘读者潜在性阅读需要，及时为用户推送最新入馆相关类别的图书信息，进行个性化信息推送服务。

4.课题跟踪定向服务创新

利用图书馆信息资源的优势，加强用户资源与服务需求体系建设，增强收集汇总结构化资源信息的能力。除了围绕用户课题为用户提供科学研究现实所需的信息资源帮助外，还能实时追踪用户的科研进展，基于用户科研的相关数据变化，主动为用户提供新课题所需的信息资源，建立长期跟踪服务；甚至能依据用户当前课题研究，判断用户科学研究的发展态势，为用户准备并提供未来研究所需的方向性的情报资料。

5.交流服务创新

除在书库设置建议箱、留言板外，馆员还要主动深入院系，进行上门服务、引导服务、创新服务，与学校一线教师建立紧密联系，了解重点学科、重点课程的教学重点、难点，了解他们在科研、教学中对图书信息的所急所需，想方设法满足他们的需求，助力教学、科研的深入开展。馆员还可以利用微信平台，与读者及时交流沟通，接收读者反馈，了解读者需求，及时推送信息，满足读者个性化阅读需求。

（五）广泛开展读者教育活动

当今社会，图书馆员不仅要熟悉图书，更要熟悉读者；不仅要满足读者的借阅需求，还要加强读者使用图书馆信息资源的教育及提升读者深层次、专业性、个性化阅读能力的教育。

馆员要开展形式多样、丰富有趣的阅读活动，有意识地引导读者阅读、指导读者阅读，成为读者阅读障碍的帮助者、阅读成长的指导者、阅读成就的见证者。指导读者使用图书馆，虽然都是图书馆，但是高校图书馆与公众图书馆也不是完全相同的。最大的不同之处在于，大学图书馆要担负提升对大学生阅读素养的重任。对于不熟悉中图分类法和流通书库布局的新生，图书馆要通过开展新生入馆教育、为新生发放图书馆使用手册、带领新生到图书馆实地参观、开设信息检索与利用课程、开展图书馆使用讲座等活动，对新生进行借阅方法指导和图书导读服务，让新生尽快熟知图书馆各类信息资源，减少大学新生借阅的盲目性，并让其亲身感受图书馆的文化氛围,增强图书馆的吸引力,引导大学生读者阅读方向。馆员润物无声的服务和引领,会使大学生爱上阅读,学会深层次阅读、系统性阅读以及学术性阅读,让大学生感受到阅读进阶化的成长。

高校图书馆通过开展主题生动、形式多样、内容丰富的阅读推广活动,培养大学生的阅读习惯,提高大学生读者的阅读品味,提升大学生的阅读能力。例如,四川大学以"新年季的春之芽,毕业季的夏之花,入学季的秋之实,岁末季的冬之蕴"为主题开展四季书香阅读推广活动,打造全员、全过程、全方位育人的阅读文化阵地,努力提高学生的文化素质、教师的文化素养和校园的文化品位。

四、图书馆印刷型特色资源的保护措施

印刷型资源置于大气环境中,受到光照、热、氧等外部因素以及印刷品纸张、油墨制造工艺等内在因素的影响,会出现纸张变黄、机械强度降低、印刷品褪色及失去光泽等现象,给印刷型资源的保存、使用造成影响。因此,在对印刷型资源进行保存时,应该综合考虑内外多种因素,使印刷型资源经过较长时间后,依然能保持物理及化学性质上的稳定。

印刷型特色资源的安全保护和管理工作不是一蹴而就的,也不是简单地进行形式转换就可完成和实现的,要多方面共同努力,协同推进。印刷型特色资源对经济社会及文明文化的发展有着非常重要的意义和价值。由于科学技术的进步,大数据时代的到来,传统的印刷型特色资源安全保护和管理模式已不能适应当前图书管理工作的需要,这就需要在面对当前实际工作的前提下,不断思考如何加强对印刷型特色资源的安全保护和管理,让文化经久流传,不断为社会经济发展服务。

(一) 强化设施建设,改善印刷型特色资源管理环境

传统观念认为,图书资料管理是一项非常普通又没有任何技术含量的工作,实则不然,图书资料安全保护和管理是一项专业化很强的工作。图书资料的管理,不是简单的借还书、上架摆放,而是对印刷型特色资源的安全保护和文化传承。这就需要对图书馆的设施进行规划建设,尤其做好防潮、防虫、防火等方面的举措,确保图书资料的安全陈列,要注意室内的通风问题,很多重要古籍文献,要有专门的存放空间,同时要加强安全保护,防止被损坏或被盗。

（二）加强印刷型特色资源管理的信息化建设

在信息技术没有普及之前，对印刷型特色资源的安全保护和管理存在很多困难，但随着大数据时代的到来和信息技术的普及深入，印刷型特色资源的保护和管理就有了全新的途径和方法。

针对印刷型特色资源的安全保护和管理，可利用网络建立数字化资源库，这有利于对图书资料类别和数量进行统计，省去了很多人工方面的困扰，同时这也是改变服务方式的一个途径。建立图书资料搜索引擎后，人们可以通过数字化资源库自己查找所需要的资料，节省了时间和人力，同时也为读者提供了方便。在进行数字化资源库建设时，可设置加密程序，防止图书资料的丢失，在最大限度上予以保护。当今社会的发展节奏较快，很少有人能坐下来安静地看书，运用信息技术对图书资料进行管理，既方便了读者阅读，又有效防止了纸质图书资料的破损。

（三）建立健全印刷型特色资源安全保护和管理的制度

要想对印刷型特色资源进行更好的安全保护和管理，建立健全的规章制度必不可少，这是基础也是保障，所以，必须结合当前实际工作建立健全与之相适应的规章制度，确保实现印刷型特色资源的安全保护和科学管理。

首先，建立印刷型特色资源保护的协调机制。为实现印刷型特色资源的高效安全保护和管理，可将工作人员的管理工作纳入业绩考核标准中，制定量化考核标准，要有一定的资金支持为印刷型特色资源的保护、管理保驾护航。

其次，明确权责，建立科学的奖惩机制。印刷型特色资源的管理看似是一个大的概念，其实，这都有专业的部门负责，因此要明确管理人工的权责划分，建立一定的奖惩机制，让每个人都能明确职责、清楚定位，保护、管理好印刷型特色资源。

再次，建立完善的图书资料借阅管理制度。对图书资料的破坏和遗失，很大一部分都是在借阅环节出现的。因此，要建立完善的借阅管理制度，不仅要纸质登记，更重要的是要录入相应电子信息，方便查阅和寻回，对破坏图书或遗失图书的行为，给予一定处罚。同时，对重要的文献古籍资料，要注意其安全性和保密性，在最大限度上保护好古籍资料。

最后，做好图书资料的日常保护和管理。图书资料看似摆放好就可以，但日常管理不可或缺，如及时清扫灰尘，防潮防霉等。这些简单的日常工作，对图书资料的安全保护和管理是十分重要且必要的。

（四）建立一支专业化的印刷型特色资源保护和管理队伍

从整体和长远来看，印刷型特色资源的安全保护和管理，不仅是馆内的一项工作，更是一项保护和传承人类文明文化的工作，有很大的现实意义和长远意义。尤其对一些破损书籍的修复管理工作，更需要专业化的人才进行，这就需要建立一支专业能力较强的印刷型特色资源安全保护和管理的队伍，不仅要懂得基本的图书资料相关专业知识，更要掌握图书资料安全管理的专业技能。当前这方面的人才相对缺乏，要注重引入相应的人才，做好与之相适应的印刷型特色资源的管理工作。

（五）加快印刷型特色资源安全保护和管理体系建设

从长远来看，要做好印刷型特色资源安全管理工作一个完整完善的体系是必不可少的。各方面要予以重视，建立相应的印刷型特色资源安全保护和管理体系，将工作做到更好。

首先，要充分认识印刷型特色资源安全保护和管理的重要性，把图书资料的管理看成是一项专业工作和任务。

其次，要协调各方，共同建设印刷型特色资源保护体系，完整的体系建设不是某个方面的行为，而是合力共建完成的。

最后，要着力解决资金和人员配备问题，这是印刷型特色资源安全保护和管理的重要方面，也是创造良好印刷型特色资源安全保护和管理体系的基础保障。

（六）开展古籍数据转化

建立古籍数据库，将古籍以图片、文字和视频这三种形式表现出来，每一表现形式各有不同。

首先，图片转化。将古籍通过数字化扫描后转化为图片，将古籍中的内容以图片形式展示，将古籍的内容、损坏程度、印章和字体以图片形式录入到数据库，让专家学者更清楚地对古籍进行研究，更全面地阅读古籍内容。

其次，文字转化。文字转化就是将古籍的内容通过数字化分析后，将文字形式转化为电子形式，其主要作用为记录古籍内容。

第四章 图书馆印刷型特色资源的建设

最后，视频转化。通常情况下，使用视频转化的情况较少，视频是以附属形式录入数据库中，作为备用资源使用。在对古籍进行转化时，需要根据古籍的不同情况进行转化，让古籍尽可能与原件相符合，最大限度地满足各方面对古籍的需求。

（七）运用不同方法保存不同印刷型特色资源

1.普通印刷型特色资源的保存方法

印刷型特色资源是以纸张为存储介质，以手写、印刷为记录手段而形成的文献资源。对普通印刷型特色资源进行保存时，应该遵循保存印刷品的最基本要求，该要求主要包括以下六点。第一，及时加工入库。及时为文献资源分配书库或阅览室进行保存，避免露天存放时间过长。第二，防潮。印刷纸张吸湿性强，对空气湿度非常敏感。纸张中的水分含量是随着空气的湿度而变化的，所以储存印刷型特色资源时要选择清洁干燥的地方，控制好书库和阅览室的相对湿度，且不能紧贴墙壁堆放。第三，防晒。印刷型特色资源的材质含有木质素，要避免阳光直接曝晒，曝晒后纸中水分蒸发，印刷型特色资源的材质容易变脆或者变形。第四，防热。印刷型特色资源存放时温度不易过高，尤其是铜版纸类，温度高时会黏结成块，变成废品，书库或阅览室的温度在 18℃～20℃ 为宜。第五，防折。印刷型特色资源较多时，需要堆放整齐，避免凸出部分破裂、起皱、变色等。第六，防火、防盗。

2.珍贵印刷型特色资源的保存方法

对普通的印刷型特色资源进行保存时，采取上述基本保存方法即可，而对于古籍善本等珍贵的印刷型特色资源来说，由于其年代久远，受环境影响，易酸化、脆化、滋生虫霉，保存时需要考虑建筑环境、管理设备、温湿度、防虫防霉防蛀等方面的条件。此外由于其具有极高的历史研究价值，在管理时还要制定严格的管理、服务和利用制度。例如，防虫主要有中草药防虫法、冷冻驱虫法以及辐照方法；在防潮的方法方面，充分利用现代建筑中的通风系统和制冷、制热空调系统以及除湿技术，严格控制古籍书库的温湿度；借助装订和修补技术及时对破损古籍进行修帧保护，利用数字化技术对古籍善本进行加工，不仅可以提高其利用率，也能够有效保护古籍原件。

五、提高图书馆员的综合素质

(一) 明确图书馆员多元素养培养的目标

想要有效提高图书馆员的综合素质,一定要明确图书馆员多元素养培养的目标。例如,日本大学以掌握图书馆业务的学科专家为培养目标,在馆员培养中,一方面聘请高学历人才,另一方面以资格认证制度辅助支持。北京大学以馆员能力满足"总—分馆体系建设"需要为目标,确定了涵盖信息素养教育及深入嵌入教学、学术评价、学术规划、科研支撑、重点项目参与等能力的培养内容。在明确人才培养目标的前提下设计培养的具体内容,可以一定程度上保证馆员后期的岗位胜任力。基于此,要构建合理的图书馆员多元素养培养机制,应以明确具体的培养目标为前提。

(二) 明确图书馆员多元素养的培养体系

图书馆员培养资源是有限的,要将有限的资源合理分配和运用,在培养体系建设中,应针对不同层次的馆员进行差异化的设计。另外,馆员的学历背景与法律素养、学科素养、创新素养、科研素养、语言素养的培养内容需求之间具有显著的相关性,馆员的专业背景与信息素养、数据素养、阅读素养、学科素养、创新素养、科研素养的培养内容需求之间具有显著的相关性,所以培养体系应该结合馆员的实际情况进行层次化、差异化的设计。

在培养体系建设中,针对性地进行分析。以高校图书馆学科馆员为例,助理学科馆员,一般入职时间较短,以服务宣传、对口学科服务为主要职责,其需要的培训集中于专业服务技能,而此类知识可以通过高校图书馆内部高级学科馆员、资深学科馆员的辅导以及助理学科馆员自身的学习实现。学科馆员已经具备了助理学科馆员所需的能力,且已经可以参与学科服务团队建设,独立完成作业,除专业技能需要进一步优化外,对引领推动能力的需求也更加旺盛。此时学科馆员自学已经难以满足多元素养提升的需要,应以内部团队建设和邀请馆外专家辅导为主要培养手段。作为一名高级学科馆员,在履行学科馆员职责的同时,还要担负起学科服务发展战略规划的任务,这对其基础能力与引领推动能力均提出了更高的要求。因此,可以根据学科馆员的培养模式来对其进行培训,在培养高校内部助理学科馆员和学科馆员的过程中,发现自己的不足,并做出针对性的优化。高级学科馆员的职责主要集中于战略化的高度,所以对其认知的培养应该打破一所高校的范畴。外出培训、观摩学习、参加重要会议等是其培养的主要路径。考虑到外出培训、观摩学习、参加重要相关会议等，都具有显著的资源分配与整合的性质，依靠某一所高校或区域几所高校很难实现，所以，应在此过程中充分发挥CALIS（中国高等教育文献保障系统）的作用，由其为主导，实现相关资源的整合与开发。

（三）明确图书馆员多元素养培养原则

考虑到图书馆员对多元素养培养内容的需求存在差异，图书馆员个人的学习能力并不完全一致，处于不同职业阶段的图书馆员所侧重的素养也不会相同，因此，在具体多元素养培养中应坚持以下原则。

1. 灵活性原则

在图书馆员多元素养培养体系中，各阶段都应该坚持灵活性原则，即不硬性规定阶段内所必须强化培养的素养内容。尊重图书馆员在年龄、知识背景等方面的个体差异，允许图书馆员结合自身的学习体验、职业规划、岗位职责履行感悟等多方面，自主、灵活地选择培养内容，以此保证图书馆员短时间内接触的多元素养相关知识与技能，恰好满足其阶段所需。

2. 计划性原则

多元素养的培养并不是随意、随机展开，需要以图书馆发展的战略目标为依据，以图书馆员学科服务的职责为抓手，结合阶段内的工作要求与任务制定计划。综合考虑不同图书馆、不同图书馆员的服务职责差异，制定长期计划和阶段计划。

3. 梯队性原则

在图书馆馆员多元素养培养中，为提升图书馆员服务的专业性、全程性和可持续性，应坚持梯队性原则，即以图书馆员具体的岗位职责差异、职业发展的阶段性及职业规划的长期性等为依据，对图书馆员完成探索期、发展期、稳定期"三梯队"划分，然后有所侧重地、针对性地提供多元素养培养资源。例如，处于探索期的新入职或从业经验相对较少的图书馆员，其业务主要涉及基于数据库的信息检索与文献服务、多语言文献阅读及交流、用户基本情况调查与分析、学科资源分析、内部沟通交流等，此时的培训应侧重于技术素养、阅读素养、信息素养、语言素养、协调互动素养、职业素养。而有一定工作经验的发展期图书馆员，已经基本具备了探索期的能力，但嵌入式服务、学科服务等职责，要求其科研素养、教育素养、情报素养、用户分析素养等进一步提升。稳定期图书馆员要在团队领导、科研带头等方面发挥作用，所以创新素养、研究素养等应是此阶段的培养重点。

4.以学科服务为核心原则

图书馆员多元素养培养并不是要将其打造成"完美"的人，而是通过培养手段尽可能地将图书馆员打造成具备图书服务意识与能力的人才。所以，所有的培养活动都应该围绕图书服务进行，以培养效果能否支撑图书馆员高质量完成图书服务职责为衡量标准。

（四）强化图书馆员服务意识

高校是人才聚集的地方，图书馆工作人员应以"读者第一，服务至上"的宗旨提供多元化服务，从根本上采取有效的防范加改进的方式。工作人员应提升自身素质，通过各种知识元素加强自身的能力，在图书馆专业上要勤下功夫多学业务知识，时代在改变，思想要跟上改变，努力学习计算机操作，能够熟练操作图书馆系统，并利用计算机为读者提供相关的业务管理或文献信息服务，能掌握一定的外语和古汉语，在不同的工种中得以利用，从而提升自己的综合能力。

对刚入校的新生和教师要进行宣传和培训，增加他们对图书馆的使用意识，就此图书管理人员要着力给予帮助和指导。图书馆的大厅或总服务台可设置导读员或者参考咨询人员，这些人员必须得经过系统培训，掌握着一定的专业知识和业务水平，能够灵活引导读者借阅，使其了解图书馆的使用方法。图书馆被誉为高校教育的第二课堂，作为图书馆工作人员，有义务、有职责引导师生充分利用这个第二课堂，让其在校园的生活，有不一样的精彩。图书馆工作人员还应充分发挥服务意识，以图书馆提倡的"服务至上，读者第一"的工作宗旨为师生们开展服务形式，努力创新，做好网络宣传工作，让读者们及时了解图书更新信息、新书通报、附加内容简介等，做好趣味宣传吸引读者到馆的欲望。

（五）建设图书馆员多元素养培养的保障机制

要推动"图书馆员多元素养培养模式"顺利地运行和推广，应构建以下四大保障机制。

1.培养经费保障机制

要想更好地促进图书馆员的发展，各项经费的支出不可避免，以高校图书馆

第四章 图书馆印刷型特色资源的建设

为例,当前高校图书馆员的运营经费大多来自校园专项拨款,而校园的专项拨款又直接来源于政府拨款或企事业单位拨款。所以此项经费的具体额度会直接受到学校经费预算的影响。图书馆运营经费中,文献资料更新与日常管理活动会占有较大的经费比例,甚至会从培训经费或活动经费中支出少部分,导致培训活动的具体规模、次数、形式等多方面都会受到经费额度的实际约束。高校图书馆要优化图书馆员多元素养培训的保障机制,必须攻克培训经费的困境,可以从以下方面着手进行。

首先,应在现有的高校图书馆培训专项经费基础上,推行筹措方式,将区域政府、科研机构、公共图书馆等均纳入到筹措范围,以此扩充经费数量。在此过程中,高校图书馆应积极发挥图书馆员在科研领域的重要性,吸引区域相关产业企业为高校图书馆员的培训主动注资。

其次,高校图书馆要保证有限的图书馆员培训经费可以得到有效运用,换言之,选择的培训形式、培训次数等在合理的范围内,应构建完善的图书馆员多元素养培养经费保障制度。此制度中,一方面,应明确指明阶段培养经费的来源、运用具体方向、核心保障内容、不同形式与内容培训活动的经费分配比例以及经费运用中的监督管理部门等,使培训经费在运用与分配中具有明确的依据,滥用经费的行为可以得到震慑;另一方面应规定培训活动申报流程、审批流程、申报人资格、审批主体职位、同一申报人可申报次数等具体细节,促使多元素养培训活动在开展前,可以通过专业审批预见其可行性、合理性及有效性,减少重复、冗余或过于浅显、脱离实际需要的培训活动的举办所造成的不必要的经费支出。另外,应指出特殊情况下经费的使用情况,例如,临时举办重要相关学术会议,而本季度学术会议形式培训活动的参与次数已经超出限度,应如何进行"多余"的培训活动经费申报;再如经费超出或严重少于预定额度下的具体应对管理措施等。

2. 培养效果评估机制

图书馆员多元素养的培养效果,可以从其培训后阶段时间内的岗位职责履行情况中较直观地表现出来,因此,在建立人才培养效果评估机制的过程中,不能简单地从馆员自身的角度来进行。建立培养效果评估机制,应当从以下几个方面入手。

首先,应明确地指出负责评估的小组成员以及完成评估的时间要求,推动培养效果评估工作落实。通常评估小组应涵盖图书馆馆长及人力资源管理部门领导,评估的时间应该在培训完成后的1个月内。图书馆馆长对评估的图书馆员培训前的能力相对最为了解，对培训后应该出现的新表现有相对全面和合理的预判。同时，1个月的时间，足以图书馆员将培训所掌握的新知识、新本领融入岗位工作之中，或结合岗位职责进行相关工作的完善。

其次，应明确地指出"三方主体评价"形式。即"一方主体"应从参与培养的馆员角度，以课堂表现、作业情况、学习小结、实习报告、实际操作展示等形式进行测评，同时以问卷、访谈等形式，由评估小组直接与其进行沟通，结合测评结果与沟通交流信息，实现培养效果评估。"二方主体"，即在参与培训的图书馆员的部门内部，完成针对培训前后图书馆员培训内容相关岗位表现差异的不记名调查，从调查结果中客观认识培训的有效性。"三方主体"，即在参与培训的图书馆员服务的师生中随机选择部分群体进行培训内容相关的图书馆员表现调查。"三方主体评价"下，图书馆员参与的培训活动是否有效、不同图书馆员参与培训前后的变化程度等都可以较为直观地体现，为优化培训内容、形式与方式选择提供了直接依据。

最后，应邀请资深学科专家、校外培训专家等，对培训效果的评估结果进行进一步深入分析，利用其专业知识与经验，发现培训中内容选择、培训方法选择、培训周期安排等方面所存在的不足，并针对性地提出培训效果优化的具体路径，为后续的培训工作优化提供参考。需要注意的是，专业背景会影响图书馆员多元素养的需求，换言之不同专业能力的图书馆员在参与培训中的接收能力存在差异，所以，在具体评估结果分析的过程中，应该结合不同图书馆员个体的特点，然后进一步分类整理，才能保证后期层次化、差异化的图书馆员培训更高质量展开。

3. 图书馆员考核评价机制

完善的图书馆员考核评价机制的落实，可促使图书馆员对自身的多元素养养成情况产生客观且全面的认识，进而推动图书馆员更加主动地参与有利于其多元素养进一步提升的培训活动。首先，要明确考核评价的主体、目的、周期、考核结果的效用等，使图书馆员对考核评价产生客观的认识。具体考核评价的主体可以是高校图书馆管理者，也可以是组织培训、学习的机构，考核评价的目的是量化每一位图书馆员阶段的多元素养，判断阶段内培训内容与方法的有效性以及阶段内新入职图书馆员选拔与培养的合理性等。考虑到多元素养的培养很难在短时间内体现出来，所以考核周期的设定不易过短，一学期或一年均可。考核的结果可以作为图书馆员层级晋升的直接依据，也可以作为图书馆员是否有能力参加CALIS专项培训的量化标准等。

其次，应明确具体的考核评价体系与评价方法。不同高校图书馆员的建设水

第四章 图书馆印刷型特色资源的建设

平存在差异,图书馆员多元素养考核的指标可结合图书馆的战略目标、岗位任务书规定的职责、当年下达的工作任务等方面灵活确定。具体的评价方法应进行多元组合,将图书馆员自评、服务对象测评、同行评议、校内专家测评、校外专家评价等综合起来,以此保证评价结果的全面性与客观性。只有绩效考核评价的方法多元,才能促使图书馆员更容易接受评价结果,进而结合评价结果完成后续的自我改善。另外,应明确地指出考核评价结果的公开形式以及考核评价过程的监督形式、监督部门,构建具体的考核评估反馈机制,即评价考核结果确定后,需要校、院两级领导及时地通过校内网、宣传栏等渠道将考核的具体结果公示,使考核结果透明,同时由二级学院领导以面对面或正式文件的形式向图书馆员反馈评价结果以及学校的态度,系统了解图书馆员的想法。在图书馆员对考核评价结果存在异议的情况下可有明确的渠道完成意见的"向上"传送,以此保证考核评价结果的公信力。在考核评价机制中,应以制度的形式明确地指出考核成绩优秀予以奖励,考核成绩合格进行续聘,考核成绩不合格进行整改,严重者直接解聘的考核结果效用,同时对具体的优秀、合格、不合格标准以及奖励的水平予以指出,提升图书馆员对考核评价的重视程度。需要注意的是,考核评价的目的并不是惩罚图书馆员,而是要提升图书馆员的多元素养,所以在考核评价后,结合具体的结果安排设计后期的培训计划是重要且必要的工作。

4.图书馆员激励机制

建立图书馆工作人员的激励机制,有助于激发他们增强自己的多元文化素质的动力。在具体建设中,一方面要明确规定激励对象是全体馆员,并以全体馆员为目标,以压力为导向,以"鲶鱼效应"的方式,从图书馆内部遴选、聘请优秀的馆员,并以之为榜样,激励其他"沙丁鱼型"的图书馆工作者积极地进行自我优化,增强自身的多元文化素质。

一方面,应丰富激励的具体方法,将目标激励、晋升激励、薪酬激励、弹性福利激励、荣誉激励等激励手段合理引入。例如,基于阶段图书馆战略目标、部门目标,确定每个图书馆员岗位的具体目标,并进一步确定岗位KPI,作为对每个图书馆员阶段评估的主要内容。再如,在图书馆内构建积极的、良性的、竞争的图书馆员文化氛围,在文化氛围的作用下,促使学科馆员自主优化工作,达到多元素养培养的效果。

另一方面,应具体地指出获得激励的具体路径及标准,在此过程中,图书馆应构建具体、合理且完善的从业资格制度与具体选拔机制,使馆员不仅需要择优聘任,而且使岗位流动化。只有真正专业能力强、综合能力突出的学科馆员可以得到与其能力相匹配的物质与精神奖励。在此过程中，可以将馆员的人才梯队培养层级体系融入具体的激励路径之中，把各层级对人才的要求作为人才多元素养自我优化的依据。例如，信息联络员、咨询员等都可以作为正式馆员前期的层级分解，只有具备前期资质，才能够参与激励选拔并获得激励，相关人员参与多元素养培养的积极性一定会明显提升。需要注意的是，激励机制中合理地融入约束条件，更有利于激励效果的发挥，所以应从约束角度说明不同阶段内难以达到激励标准会接受差异惩罚，如降级惩罚、延长晋升周期等，均是可采用的手段。另外，考虑到部分馆员因对个人未来的职业发展规划较为模糊，同时有一定的意愿脱离事业编制，进入市场中将专业知识转化为经济效益，所以，建议图书馆在馆员激励机制构建中，可以将"以团队项目形式对外公司运营"名额作为一种激励手段，鼓励馆员通过继续学习、自主学习等强化多元素养，进而有能力在图书馆的支持下，实现职业的"双发展"。

（六）优化图书馆各部门馆员管理

在具体的工作实践中，总有一些人认为图书馆工作技术含量低、工作清闲，不重视人员安排；在等级晋升、评选先进等方面，也不能给予服务人员正面肯定。

实际上，图书馆员在工作实践中有着得天独厚的优势：他们最熟悉图书资源，他们和读者打交道最多，他们掌握着图书馆资源建设的最详尽情报。只要站在时代的高度，提升自身服务能力，由"慵懒式"向"动力式""实力式"转变，图书馆馆员就能以自身的学识、能力、情怀担负起搭建信息资源与读者之间的桥梁的重任。

1. 危机感与创新精神并存

当今社会，信息传播中的传播主体、传播内容、传播渠道、传播对象以及信息接收方式都有数字化倾向。图书馆印刷型特色资源的优质管理需要现代化技术的使用及现代化服务方式的运行，这对习惯于实体图书馆服务的馆员来说，是不得不面对的难题和全新挑战。面对滚滚向前的社会发展洪流，是视而不见、得过且过，还是知难而进、迎头赶上，馆员必须做出选择。在全媒体时代，"傻瓜式"的馆员彻底失去了生存的空间，馆员要以强烈的危机感和使命感，脚踏实地，潜心修炼，与时代接轨，与读者合拍。

2. 增强馆员的责任感

爱岗敬业是每个行业工作人员都应该遵守的职业道德。图书馆员面临诸多难

第四章 图书馆印刷型特色资源的建设

题，例如，负责的区域广，工作内容琐碎，既要负责图书管理，又要服务读者，还要负责书库的卫生管理，工作量大，持续时间长，单调枯燥，体力消耗多；加之全媒体背景下的读者信息统计、阅读推广活动开展等工作，耗费脑力；多人轮休造成职责不好划分等。如果有责任心不强、生性懒散、态度消极、自私自利的人在其中滥竽充数，就会影响读者服务工作，且不利于馆员的团结。

图书馆要加强对馆员爱岗敬业的职业道德教育，要教育馆员热爱图书馆事业，尊敬自己的职业，要规范操作、认真细致、耐心和蔼、一丝不苟；要时刻记得自己是为人师表的教育工作者，时刻牢记"读者至上"的图书馆服务宗旨，要把对教育事业、对读者的爱落实在行动中；要有与时共进、不断学习、努力创新的进取心。以高校图书馆为例，馆员要在做好图书管理和读者的基本借阅服务的基础上，为大学师生做好借阅指导、阅读引导和学科服务，充分发挥图书馆印刷型特色资源和图书馆员的作用，在大学生完成学业、探索文化、提升各方面素养过程中，有决心、有能力发挥航标灯和引路人的作用。

3. 业务精湛

全媒体时代，资源丰富、排架有序、干净优雅、借阅方便、服务贴心的空间管理成为图书馆印刷型特色资源管理的主要特点，这无疑对图书馆员的业务能力提出了更高的要求。

馆员要熟悉印刷型馆藏，具有处理印刷型馆藏信息的能力；要熟练使用计算机，能独立、及时处理借阅过程中出现的各种技术问题；要熟悉本馆电子资源建设情况，能够实现实体空间与虚拟空间的灵活转化，为读者提供线下不足时的线上补充服务；要具备基本的数据收集、整理、分析、挖掘能力，分析了解读者的阅读倾向和潜在需求，为图书馆印刷型特色资源建设和最大化利用决策提供可靠数据；要具备特长专业的学科知识，参与学校重点学科教学、科研工作，为优势特色学科和科研探索提供定制化的高端知识服务；要具有阅读推广、阅读指导能力，开展形式多样的阅读推广活动，引导进行大学生读者深层次、系统性的专业阅读；要具备一定的交流能力、归纳推理能力和文字功底，要及时发现工作中出现的各种现象，并能通过纷杂的现象，究其原因，提出解决对策，为改进流通工作、优化读者服务、助力"双一流"校园建设提出合理化、前瞻性、建设性的建议。总而言之，图书馆员是图书馆知识服务的主体，是图书馆中最活跃、最具增值潜力的智力资源，是图书馆与用户之间沟通互动的执行者。

第五章　图书馆特色资源的保存与利用

本章分为图书馆数字型特色资源的保存与利用和图书馆印刷型特色资源的保存与利用两个部分，主要包括图书馆数字型特色资源、印刷型特色资源的保存，图书馆数字型特色资源、印刷型特色资源的利用等内容。

第一节　图书馆数字型特色资源的保存与利用

一、图书馆数字型特色资源的保存

（一）图书馆数字型特色资源保存原则

（1）针对性原则。图书馆要在发挥自身优势的基础上，针对性地进行资源选择，结合自身图书馆的馆藏特色、高校自身的学科特色、高校所处的地域特色，立足现有读者和潜在读者需求，针对性地面向教学和科学研究的需要进行数字型特色资源的保存工作。因此，图书馆数字型特色资源的保存要针对性地满足读者需求，在满足读者需求的基础上进行针对性的保存，实现图书馆的实用价值。

（2）科学性原则。图书馆数字型特色资源的保存要进行科学规划、科学指导，在实际保存工作中要对数字型特色资源保存的必要性和可行性进行充分的科学论证，确保图书馆数字型特色资源保存的科学性。

（3）可用性原则。图书馆数字型特色资源的保存还要坚持可用性原则，确保这些数字型特色资源的长效利用，这就需要在特色资源保存过程中根据数据和所要选择的软件做出合适的选择，针对不同的资源采取不同的保存方式，确保图书馆数字型特色资源的正常使用。

第五章　图书馆特色资源的保存与利用

（4）可靠性原则。图书馆数字型特色资源的保存要保证所保存的资源是安全可靠的和真实的。

（5）经济性原则。图书馆数字型特色资源的保存在坚持针对性的基础上，要通过最优理论和方法实现保存投入的经济性，扩大数字型特色资源的使用范围，提高对这些特色资源的服务质量，发挥图书馆数字型特色资源的最大经济效益。

（二）图书馆数字型特色资源保存流程

图书馆数字型特色资源保存的整个过程应经过特色信息资源采集、分类、标引、存储、长期保存等基本流程。

在组织结构方面，图书馆应成立数字型特色资源的制作、管理、维护和保存小组，其主要成员包括采集员、标引员、网络管理员等。

确定数字型特色资源的采集范围，在数字型特色资源保存对象的选择上应该考虑符合保存主题、研究参考价值、特色资源的纸本保存等问题，在标引和信息资源收集环节的质量控制等。

采集数字型特色资源，数字型特色资源保存工作应该采取选择性的采集、标引、保存和服务的方针，主要采用主题形式进行收集。

建立归档系统，通过分类、去重、标引、存储等处理，最终将数字型特色资源转移至有利于保存的存储介质之中。

根据数字型特色资源的现状，采取不同的保存方式，对相应的数字型特色资源进行长期保存，建立完善的长期保存机制。

（三）图书馆数字型特色资源保存策略

1. 完善相关法律

法律问题是数字型特色资源保存建设中必须关注的问题，要做好数字型特色资源的长期保存工作，就要建设数字型资源长期保存的法律保障体系。首先，需要由国家牵头来建立相应的法律保障体系；其次，在数字型特色资源长期保存的实践中，要加强《中华人民共和国专利法》《中华人民共和国著作权法》以及《中华人民共和国商标法》的推行实施，还要进一步完善著作权集体管理制度，加强与版权人的协作，加强专门的立法工作；再次，还要与国际规范保持一致，以避免数字资源在传播过程中出现的各种问题。只有如此，才能使数字型特色资源长期保存的法律法规更加完善和科学。

2. 加强保存技术

数字型特色资源的长期保存包括多方面的含义，基于不同的理解、不同的需求以及不同的关注层面，产生了各种技术和解决方案，这些技术实际上代表了数字型特色资源保存的不同策略。

（1）数据迁移保存技术。保持数字对象的长期可用性是数字资源保存的重要内容。迁移是广泛使用的一种数字资源长期保存策略，它根据软硬件的发展将数字资源迁移到不同的软硬件环境之下，保证数字资源的可识别性、使用性与检索性。

（2）数据仿真保存技术。仿真其实是生成一套用于模拟保存、访问数据的硬件或软件，有时只是模拟硬件或软件的一部分功能，预期重现数字对象的原始操作环境，其优势在于与操作平台无关。通用虚拟计算机是一种新的用于还原数字对象的方法，它并不依赖现有的平台和格式，这种方法唯一需要的就是仿真器。在图书馆数字型特色资源保存实践中，首先要编写一个格式解码程序，运行在仿真平台上，把保存内容转换成逻辑视图（数字对象的结构化描述），其次开发一个浏览器，这样就实现了对重点内容的保存。

（3）数据考古保存技术。从损坏的媒体、损坏或过时的硬件和软件环境中恢复数据内容，保证图书馆数字型特色资源的可读性与可用性。

（4）数据转换保存技术。把数字型特色资源的格式转换为通用的文本格式，利用通用的、开放的数据库管理系统，采用或开发对应的转换软件，保证图书馆数字型特色资源的可靠性。

（5）数字图形输入保存技术。这种技术能将所保存的图书馆数字型特色资源直接显示在自含屏幕上，并能执行原处理器软件说明，对源程序和数据采用仿真加以存储，缓存器可根据读者对原文献的要求实时显示有关数据。

（6）数据更新保存技术。通过复制将数据流从旧存储介质转移到新存储介质上，保护数据本身少受存储介质质量恶化的影响。更新是目前使用最为广泛的数字型特色资源保存技术，但是只有当原数据格式没有淘汰时才能被读出，而且如果新、旧软硬件环境不能兼容，则无法利用，就失去了保存的价值。

（7）仿写保存技术。将数字型特色资源文件设置为只读状态，读者只能从信息系统中读取信息，而不能对其做任何修改，可以有效防止读者更改数字信息内容，从而达到保护其真实性的目的。如果采用一次写入光盘方式的保存技术，就可以有效防止读者更改数字系统内容，从而保持数字型特色资源的真实性和可靠性。

第五章　图书馆特色资源的保存与利用

（8）系统还原卡技术。尽管读者可以随意对系统中的数字信息进行"增、减、改"，但一旦系统重新启动，数据又会恢复到原来的状态，从而保护了图书馆数字型特色资源的原始性。

3. 建立规范的管理机制

围绕图书馆数字型特色资源保存的对象和目标，参考国内外发展实践中的相关政策，制定图书馆数字型特色资源保存的战略规划和各项政策。建立规范的图书馆数字型特色资源的内容上传、存档、校验业务流程及系统部署，明确图书馆数字型特色资源提供方的法律权益及条款等。

4. 建立长期保存网络

从数字型资源的产生、发展、收藏及利用的过程来看，对数字型信息资源进行长期保存不应该单单是图书馆、各种文献信息机构的职责，生产数字型信息资源的机构如出版商等组织也应当承担一定的责任。所以，要做好图书馆数字型特色资源的长期保存工作，还需要推行多层面的合作机制，建设一个数字型信息资源长期保存的分布式网络，保证图书馆数字型特色资源的长期保存以及后续利用。

二、图书馆数字型特色资源的利用

（一）检索服务

图书馆数字型特色资源可以为读者提供检索服务，提供图书的简单检索和高级检索。简单检索提供按照资源类型的检索，包括学位论文、期刊论文、会议论文、多媒体资源、电子图书、课件、音频、多媒体、标准文献、网络资源以及检索字段。高级检索可以选择多个检索资源，输入多个检索词进行检索，检索速度快，检索结果精确。

（二）阅读服务

1. 对接读者需求——拓宽阅读资源供给边界

在新冠肺炎疫情常态防控背景下，图书馆线上线下相结合的服务指南，强调拓展阅读资源供给范围并扩大阅读推广活动规模，依据读者实际需求开展形式多样的阅读推广活动，将阅读推广活动规模科学控制在合理范围内；将线上阅读服务持续推进，加快图书馆网站、微信公众号和小程序等线上平台数字阅读资源的更新，推送优质阅读资源，丰富群众精神、提升全民素养。依托图书馆区域一体化发展与城乡帮扶政策和相关标准，将实力雄厚的图书馆拥有的部分智慧阅读设备下沉到不发达区域，通过基础设备的流通，拓宽阅读服务的覆盖范围。

图书馆的阅读推广服务是一种二级传播甚至是多级传播过程，且是双向传播。一是图书馆在传播过程中充当把关人角色与意见领袖角色，将图书阅读资源筛选、整合后以多样化的推广方式传递给读者，在阅读服务中充当"中间人"的角色；二是读者吸收从图书馆得到的阅读资源，经过自身思维与价值观的筛选与总结，对阅读资源进行评价与反馈，将需求向图书馆表达与反馈。未来应继续深入完善阅读资源供给、创新阅读推广方式，在优质阅读资源的特色化、多元化、泛在化、集成化和阅读服务的精细化、便利化、智能化建设方面下足工夫，加强基础设施建设与资源筛选推介。

阅读服务转型应充分利用阅读资源储备，借助智慧技术，由均等化服务转向以读者个人特征为导向的精准化服务；由单一个体阅读供给转变为读者自身和读者群之间的交流、互动，形成知识交流网络。图书馆在阅读推广过程中，将读者定位由服务使用者、服务接收者转向服务决策者身份；阅读资源供给内容由馆藏资源拓展为读者创建资源、馆藏资源和社会共享资源三者共同供给。从需求出发，主动拓宽阅读服务高质量发展范围、提升精确度与时效性；主动感知并挖掘读者潜在阅读需求，提高收集读者显性阅读需求的频率；从源头精准把握阅读资源供给方向，为读者提供优质、精细化的阅读服务。其中，数字型特色阅读资源是稀缺的、不可再生的，具有独特的学术研究价值，同时也为公众提供了无可替代的知识储备。数字型特色阅读资源是图书馆作为文化传承机构和文献服务机构的核心，特色资源的丰富程度决定了图书馆对读者吸引力的高低。因此，在完善基本阅读资源的基础上，特色阅读资源的完善也必不可少。顺应时代发展趋势，应依托5G、大数据、人工智能、区块链等技术，为广大读者提供更加精准的公共数字文化服务。通过智慧化阅读服务，不断扩大数字资源总量，创新资源样态，提升资源质量，培育打造数字文化服务品牌。

2.转型阅读空间——实现场景化阅读体验

阅读服务转型过程中，馆员应善于灵活运用新型信息技术，缩小读者对线上阅读服务与线下阅读服务的感受差距。重视读者行为与读者情感的分析与感知，为读者提供个性化的适应性服务，构建丰富的智能阅读场景并匹配读者的信息需求。在5G时代背景下，服务是个性化的、是智能的，随时空的变化而转变。

随着公众需求越来越丰富，图书馆阅读服务向图书馆提出了更加高效精密的服务要求。尤其是对视觉能力衰退的特殊群体而言，图书馆还应完善无障碍阅读工具的配备，新媒体阅读服务平台的无障碍阅读功能也应及时完善；以广泛开展理想信念教育、弘扬爱国情怀与奋斗精神为导向，图书馆应结合馆藏红色阅读资源，开展主题阅读推广活动，按照主题布置阅读空间场景类型。在场景中感知读者的需求，使图书馆及时掌握读者相关信息，当应对读者服务需求时可以提供"场景感知"式服务，快速了解读者各种基本情况，感知读者服务需求，感同身受地为读者服务。通过无线穿戴设备的使用，读者可在享受阅读服务过程中，丰富阅读感受、提升阅读效果。拓展阅读服务智慧应用场景，依托云计算、人工智能等新一代信息技术，推动阅读服务智慧化发展。运用人机交互、虚拟现实等技术，提供"沉浸式""体验式"阅读服务。

面向2035远景目标，图书馆应打造共享型阅读空间项目，科学合理规划阅读空间，从资源主题、元素集成、乐学共享等方面综合分析，合理设计空间的分区与布局，将空间功能由单一功能转变为融合功能，在同一空间范围内集成阅读、旅游、教学、众创、游戏等多功能文化空间，满足人们的多样化需求。

基于新型信息技术的发展，图书馆的空间建设在完善实体建筑空间的基础上，引入了创新性信息技术，如5G技术等，旨在实现智慧阅读服务转型，为读者提供"沉浸式"阅读的环境保障，从单一阅读功能向公共文化服务场所转型。聚焦数字化建设，优化直播平台，创新"线上+线下"服务模式，同步推动数字化阅读空间、智慧景区建设。同时，图书馆阅读服务应加快完善在官网平台配备无障碍阅读辅助工具的工作。

3. 强化行业合作——构建全链条参与模式

图书馆与社会力量应秉承"价值共生、高效协同、长期共赢"的合作理念，运用新技术、新机制、新模式，继续深化业务合作，促进科技与文化高质量融合发展。社会力量参与图书馆服务的方式包括通过政府购买服务方式参与图书馆服务；通过资本合作如兴办实体、资助项目、赞助活动、提供产品和服务等方式参与图书馆服务；社会力量参与图书馆组织的文化培训、阅读推广、辅助管理等文化志愿服务；等等。阅读推广志愿服务流程按照需求分析、计划制定、活动审核与落实、志愿者招募与培训、服务实施、监督评价、激励与绩效评估几方面展开。

图书馆应发挥馆藏阅读资源丰富的优势，促进资源的有效配置、为其他各机构的创新提供补充，形成合作主体间的资源与能力补充生态链；通过阅读推广服务跨界合作的优秀案例，间接地为其他机构进行宣传，带动其他行业的绩效发展，形成阅读服务产业链。集合社会力量共同参与搭建阅读服务供给平台，丰富阅读资源供给渠道，为精准化阅读服务转型提供动力。其中，在企业选择过程中可以注意，小型企业具有开发成本低、响应度高的优势，大型企业具有强大的行业影响力，有助于新服务的宣传与扩散。引进先进科技成果，提升图书馆服务效能，将实践中的优秀案例作为科技企业的宣传招牌，为企业带来更多的合作机遇，带动企业的绩效发展。

以面向乡村务农人员的阅读服务为例，应通过阅读推广活动重点宣传科学思想、培育绿色生态发展理念，邀请高校教授、专家走进农田进行科学种植指导，以村为单位组织观看生态保护纪录片、农业机械运用的线上课程；组织开展农业技术培训与技能竞赛、科学素质竞赛；与科研院所合作，开展田间科技小课堂等。城镇范围内，应加强与出版社、品牌书店、上网服务场所等的合作，联合开展阅读推广活动。在多元协同的合作机制作用下，政府应保证图书馆阅读服务资源供给的合理性，搭建各主体之间的合作平台，明确各主体间的合作边界，实现合作的有效性与价值最大化。图书馆应保障优质阅读资源的持续供给，保持阅读推广活动开展的频率与服务效能，切实提升读者的阅读素养。图书馆与企业、科教部门及其他各类公共文化场所积极合作，共建研学基地和精神教育基地，利用闲置场所定期开展主题阅读推广活动，扩大阅读服务与公民接触的范围，吸引更多的人产生阅读兴趣。

4.坚持以人为本——完善交流与反馈通道

作为面向读者的把关人，图书馆筛选特色资源内容为读者提供；读者也是图书馆阅读服务的把关人，选择满足自身需求的特色资源。

对阅读服务的把关应从资源、技术、空间、服务形式等方面进行：图书馆数字型特色资源内容形式的选择、阅读服务依托的新型信息技术与系统的使用与资金成本和服务效益的配比、图书馆服务空间改造的效能、服务形式的可持续性和读者服务满意度，重在基于把关人理论实现对服务质量的评估。原有的基于线性传播模式的"把关"方式已不适应当下的新媒体快速的、大量的、去中心化的传播特点，信息技术模糊了图书馆和读者的信息受众与传播主体的界限，任何一个拥有新媒体工具的个人、组织都能够阅读信息、制作信息、传播信息。不仅是图书馆数字型特色资源的利用要筛选阅读内容，读者同时也是阅读资源的筛选者与制作者，为图书馆提供阅读资源。

第五章　图书馆特色资源的保存与利用

现有的图书馆都有属于自己的微信公众号、微博账号、直播平台等，读者可以更加便捷地与图书馆互动交流并突破时间与空间的限制及时获取所需信息。推动图书馆数字型特色资源阅读服务向"以人为中心"发展，应该充分利用新媒体社交平台，完善读者反馈通道的建设，优先关注还没有开通读者反馈通道的图书馆；对于已经开通反馈通道的图书馆，应该重点关注图书馆长久的可持续发展。改变原有的将微博作为微信的第二个"根据地"的现状，充分利用微博平台的视频、直播等多种服务方式。以微博为例，微博即时发布、每日发博数量不限的特征，可以每日在不同时间段发布不同专题的阅读推广内容；微博评论功能可以作为公开透明的公众反馈通道，读者既可以在微博评论栏评论，也可以通过私信箱向图书馆发送反馈意见；微博直播通道可以作为图书馆线上展览、线上服务监督平台，直播馆内工作流程，让公众"沉浸式"体验图书馆的服务氛围。

图书馆数字型特色资源的利用还应发挥先进典型案例的示范作用，形成可复制的图书馆资源利用服务模式，将图书馆数字型特色资源的阅读服务模式广泛推广。形成"订单式"服务机制，注重读者反馈意见的收集，及时回复读者并制定阅读服务改善规划，提升新媒体平台的开发利用水平，改善现有的零散服务方式，参照优秀服务案例，在参照其优势的基础上结合自身资源特征完善自己的服务内容。

（三）个性化服务

所谓个性化数字型特色资源服务是指图书馆针对读者的需求一对一提供个性化服务。这种服务模式下，图书馆数字型特色资源的数据共享更有针对性，读者的体验感也是最好的。新一代的图书馆管理系统采用以服务为导向的架构，对原系统进行重新设计，重构并统一了图书馆对各类资源管理的工作流程，以软件即服务的云服务方式进行系统部署，通过开放性的 API 端口，做到多系统数据互通，支持多种元数据规则，数据管理十分规范。并且，升级后的数据存储是多节点分布式部署，稳定性强，维护难度也降低了许多。

个性化科学数据管理服务模式针对性最强，读者体验感最好。其能快速反馈读者问题，追踪读者研究进度，加快获取数据的速度的同时也增强了数据与研究需求的关联度。

1. 强调读者独特的偏好

图书馆个性化推荐服务首先要对当前的"供给"模式进行转型升级，由以往的只向读者提供图书检索、图书借阅等基础性服务，转变为以读者需求为导向，依托数据库资源，为读者输送多样化的推荐内容。读者使用图书馆的目的是各式各样的，在不同的时间和场景条件下，读者偏好也表现出极大的不同。例如由读者信息可视化的结果可知，读者的偏好大致可分为"务实型""青春型""消遣型""好奇型"等，根据这些读者不同的偏好，推荐不同的图书。"务实型"读者偏好经济和生活主题的书籍，注重阅读对提升自身能力的影响；"青春型"读者偏好两性、哲学、治愈、艺术、信仰、小说和心理主题的书籍，侧重于追求心理上的获得感；"消遣型"读者偏好科幻、推理悬疑、成长、魔幻、杂文、教辅、情感、历史和诗词散文主题的书籍，通过阅读来缓解压力、消遣时光；"好奇型"读者偏好战争、励志、旅行、音乐、美食、文学和科普主题的书籍，他们主要是通过体验图书馆服务从而达到满足自身好奇心的目的。

图书馆系统要更加关注读者日益增长的个性化需求和读者偏好的变化趋势，利用收集到的读者数据创建标签体系和画像模型，在了解读者自身兴趣偏好的基础上，主动向读者推荐其喜爱的图书资源以及其他阅读服务。例如"淘宝"购物平台的"猜你喜欢"一栏就是根据读者输入的搜索词条，通过后台系统的推荐算法向读者推送与词条内容相似程度较高的商品。

因此，随着科技的发展和社会思想的愈加多元，图书馆必须强调读者独特的兴趣偏好，改变传统的单向供给服务模式，实现图书馆个性化推荐服务向差异化、个性化方向的转型。要借助读者信息技术，了解读者不同的社会角色、信息需求和阅读偏好等特征，把握读者特征的变化趋势，进而适当调整个性化推荐服务策略，优化读者体验感并提高读者满意度。具体措施有如下几个方面。

①个性化广告推送。要充分利用图书馆设备的广告功能，通过构建读者信息模型，清晰地掌握目标读者的具体特征，有针对性地进行广告推荐，避免信息过载给读者带来困扰。例如图书馆的展示屏幕可以发挥线下广告宣传的作用，同时"城市传媒"公众号或"智慧书亭"小程序可以根据读者的浏览、查阅等数据向读者线上推送个性化广告信息，包括各类图书最新上架状态、图书销量排行榜单等。

②差异化图书产品推送。在当前激烈的市场竞争环境下，图书馆须了解并熟悉读者需求特征，并为读者提供量身定制的差异化服务，只有这样才能在日新月异的市场竞争中实现可持续发展。图书馆服务平台可以借助读者信息模型，将图书资源和读者需求有效连接，达到双向匹配、互动双赢的效果。例如，针对"务

第五章　图书馆特色资源的保存与利用

实型"读者喜爱经济和生活主题资源的偏好特点，向该类读者推送符合读者需求预期的"最爱图书书单"等，提高读者满意度。

③加强不同读者组的社交互动。读者信息技术就是根据读者兴趣偏好关联程度将读者划分成几个不同群组从而实现读者分类的技术。图书馆服务平台应充分利用读者信息模型可视化结果，向不同读者组推荐不同的内容，同时建立相同组内读者间的互动交流机制，加强读者与读者之间的交流，使其在享受图书馆服务的同时，满足自身社交的需要。

2. 关注读者的潜在需求

满足读者潜在需求是有效提升读者素质、挖掘读者需求、拓展新的市场空间的重要手段，其特征是以原创的图书引导满足不断变化的市场需求。相比于现实需求，读者潜在需求蕴含着巨大的开发价值，是图书馆长期发展战略规划中的重要组成部分。

读者偏好的互补部分是值得图书馆平台去关注并持续追踪的。根据读者特征，分别进行偏好互补推荐：向"务实型"读者推荐治愈、小说、心理主题的图书；向"消遣型"读者推荐励志、旅行、音乐、美食主题的图书；向"好奇型"读者推荐生活主题的图书。为读者进行偏好互补式的图书推荐，有助于帮助读者拓宽阅读视野，同时可以激发读者的潜在需求，引导读者进行多种类、多渠道书籍阅读，减少图书的闲置现象，降低运营成本。读者借阅或购买图书，针对的往往并不是图书，而是图书所含有的内容，一方面它可以为读者创造价值、提升其能力，另一方面通过阅读可以起到滋润内心、放松心情、舒缓压力等作用。所以，要找准读者的真正需求，图书馆系统不能仅局限于满足读者显性的现实需要，也要挖掘读者隐性的潜在需要。可参考以下措施。

①强化读者数据管理。读者数据包括静态数据和动态数据，静态数据主要包括读者姓名、联系方式等，动态数据主要包括浏览记录、查阅记录、交易记录等数据。图书馆系统要加强对读者数据的管理，合理利用数据，结合读者信息技术深入挖掘读者特征。另外，在"万物互联"的时代下，每天都会产生数以万计的数据信息，服务平台仅依赖个体独立的数据库资源，只能片面地读取读者信息，很难全方位定位读者特征。所以，图书馆平台要认识到自身获取数据的有限性，可以通过加强与其他互联网平台的合作来弥补这一短板，在保护读者数据安全的基础上，实现跨平台数据交流，以便准确全面地了解读者，为挖掘读者潜在需求提供数据支撑。

②丰富读者终端应用界面。现阶段，图书馆读者终端应用界面比较单一，仅能提供读者查找、借阅等基础性服务，因此要利用计算机技术，增添终端应用程序，为读者提供更多的、更丰富的可操作界面或栏目。例如：依据读者信息模型结果，在设置读者偏好推荐的基础上，创建读者偏好互补推荐模块，向读者推荐以往没有借阅过的互补类图书，并将读者对该模块的访问量进行分析，引导读者的阅读方向，激发其潜在的阅读需求。

3.持续改善读者分类信息

读者信息是指利用聚类算法、神经网络等算法，对收集整理的数据进行标签化处理，实现读者分类并将聚类结果以可视化的方式呈现的过程。读者信息模型由数据采集层、数据处理层、数据应用层三部分组成。其中，数据采集层是创建读者模型的基础，数据处理层是构建读者模型的关键步骤，数据应用层是搭建读者模型的最终目的。读者信息技术的应用为图书馆刻画读者面貌、精准抽取读者特征、把握读者需求动向提供了强有力的工具。读者的浏览、访问、查询等行为的发生以及兴趣、爱好、心理等因素的改变，使得读者数据处于动态更新的变化之中，因此，以读者数据为基础原料的读者信息并不是一成不变的，在图书馆读者个性化推荐服务中，持续改善读者分类信息是非常必要的。

从数据采集的角度出发，读者信息的完善是一个长期的过程，图书馆系统要多维度、多层次、多视角采集读者数据，不断更新系统数据库资源信息，扩大读者信息模型数据采集层范围，收集到的数据越全面，读者信息模型越精准，人物特征越丰富。随着大数据技术的发展，图书馆系统在收集数据信息的时候，不仅要统计分析读者姓名、联系方式等基本属性信息以及借阅内容、购买记录等行为信息，还要注意捕捉读者在特定场所下的心理、情绪等情感要素，从而使得读者模型更加立体、读者形象更加鲜活。

从数据处理的角度出发，要不断丰富图书馆读者信息模型标签体系，在结合现有标签的基础上，及时优化标签体系，为其增添新的内容；另外，伴随着图书馆系统的不断优化升级，海量的读者数据所需的处理时间延长、处理难度加大，图书馆应组建专业的计算机技术和数据挖掘技术团队，利用专业知识与技术，深入分析读者数据，开发数据价值。

从数据应用的角度出发，图书馆系统要打造切合读者需求的智慧推荐模式，利用读者在系统中留下的浏览、借阅痕迹，开展个性化推荐服务；同时要学会倾听读者的声音，加强与读者的互动交流，根据读者反馈的信息，不断修正完善图书馆读者信息模型。

4.建立读者反馈机制

图书馆数字型特色资源利用的个性化推荐并非单向的输送服务，而是读者与图书馆平台之间信息资源的双向匹配，读者的反馈对图书馆运营起到至关重要的作用。读者信息模型的优化以及个性化推荐服务效果评价都需要建立读者反馈机制，对读者的意见和建议给予充分重视，采取有效措施积极响应读者反馈，使读者参与到图书馆个性化推荐服务中来，提升读者体验感、提高读者忠诚度。目前，国内许多媒体软件都已开通读者反馈通道，比如，对读者在使用过程中遇到的问题进行调查，然后及时提供相应的解决办法等。

图书馆系统建立读者反馈机制首先要丰富读者反馈渠道，采取线上线下相结合的方式，了解读者真实的使用感受，为个性化推荐服务的持续改善提供依据。线上方面，可以借助微信公众号、企业官网、新浪微博等平台发放电子调查问卷，收集读者反馈意见，问卷内容可涉及读者对个性化推荐服务的满意程度、读者使用过程中常遇到的问题、读者对图书馆的新期待等；线下方面，可以采用电话访谈法、线下填写调查问卷等方法，与读者直接沟通交流。其次要加大读者反馈激励制度，提高读者参与度。许多读者对平台开展的调查反馈活动表现出积极性差、参与感低等现象，针对这种情况，图书馆要鼓励读者参与反馈，并建立相应的激励措施。例如：对积极进行反馈的读者采取奖励积分制度，一定数额的积分可以换取等价的图书；开展线下图书赠送活动，对参与到反馈调查活动中的读者免费赠送图书等。

图书馆应结合自身发展情况创新数字型特色资源的内容形式，深化内容，提供有自身特点的个性化服务，针对不同类型的内容以不同的态度推广和发布，优化图书馆数字型特色资源的个性化服务。对于图书馆数字型特色资源的内容，注重其内容的及时性和准确性，确保读者及时获知，以满足读者对这类即时性信息的需求；对于图书馆馆内资源推荐与介绍类内容，要注重内容的全面性和丰富度，从多角度出发，分门别类进行推荐；对于知识科普类、资源推荐类内容，要注重内容的连续性，开发相关专题内容，如历史文化传承等，注意定期定点地发布和更新，提高知识科普类读者黏度；对于读者互动类内容要注重趣味性，尽可能地吸引不同读者参与，促进线上线下互动的融合。

在满足以上基本要求之后，图书馆数字型特色资源的内容发布者要对图书馆数字型特色资源进行深层次加工，创新资源形式，不断坚持内容形式的多样性、与时俱进，满足读者的多元化以及个性化需求，助力图书馆特色资源的内容建设，积极分享各类信息资源，从而达到提升图书馆数字型特色信息资源利用率的目的，推动图书馆的发展。

在完善内容体系的基础上，在对于读者的个性化需求展开服务，依据自身情况满足读者的个性化需求。一方面，分时段发布个性化内容，另一方面，要注重对于数字型特色资源发布频率的把握。通过对相关信息的分析和合理切块，有重点地选择性发布，从而满足不同公众的需求。

要提高图书馆数字型特色资源发布频率，增加曝光度，要及时关注图书馆方面的热点话题，参与话题讨论，积极了解读者对于图书馆数字型特色资源的服务需求。在日常运营过程中通过电子问卷、互动问答、线下建议箱、线上意见邮箱等拓宽信息反馈渠道，从而对读者的具体需求进行统计整理，及时知晓读者在不同方面的需求，以便对运营策略做出动态调整。

（四）差异化服务

根据不同数字型特色资源的功能特性明确服务的侧重点，打造精细化、差异化的服务特色。首先，明确图书馆数字型特色资源利用的目标群体，面向具有不同个性化需求的群体提供针对性的服务。其次，利用不同的资源功能强化服务特色，例如利用微博平台的私信、话题讨论等特色功能加强与读者的交互性；利用微信公众号平台自定义服务菜单栏目，向读者精准化推送服务内容。基于图书馆数字型特色资源的基本定位，为读者提供差异化的平台服务内容，避免出现重复建设的问题，从而更好地发挥平台的使用效能。

不同的读者群体对图书馆数字文化服务平台的使用需求存在较大差异，无差别的平台推广策略难以吸引读者关注。可根据读者的需求差别，细分目标群体，采用针对性的推广策略。

随着数字技术的不断发展，读者的需求多变，图书馆为契合读者需求以及外部环境的发展，其平台建设类型也日渐丰富，为避免多平台间提供的服务呈现同质化现象，需基于各平台的功能和系统特性开展适合平台发展特色的数字文化服务。

第二节　图书馆印刷型特色资源的保存与利用

一、图书馆印刷型特色资源的保存

（一）图书馆印刷型特色资源的基本保存

印刷型特色资源是利用纸张为存储介质，以手写、印刷为记录手段而形成的文献资源，对任何种类的印刷型特色资源进行保存时，都应该遵循保存印刷品的最基本要求，该要求主要包括如下内容。

①及时加工入库。及时为图书馆的印刷型特色资源分配书库或阅览室进行保存，避免露天存放时间过长。

②防潮。印刷纸张吸湿性强，对空气湿度非常敏感。储存印刷型特色资源时要选择清洁干燥的地方，控制好书库和阅览室的相对湿度，且不能紧贴墙壁堆放。

③防晒。图书馆印刷型特色资源的材质含有木质素，要避免阳光直接曝晒，曝晒后纸中水分蒸发，导致材质变脆或者变形。

④防热。图书馆印刷型特色资源保存时温度不宜过高，尤其是铜版纸类，温度高时会黏结成块，变成废品，书库或阅览室的温度在18℃~20℃为宜。

⑤防折。图书馆印刷型特色资源较多时，需要堆放整齐，避免凸出部分破裂、起皱、变色等。

⑥防火、防盗。

（二）图书馆古籍特色资源的保存

对普通的图书馆印刷型特色资源进行保存时，采取上述基本保存方法即可，而对于古籍文献善本等珍贵的印刷型特色资源来说，由于其年代久远，受环境影响，易酸化、脆化、滋生虫霉，保存时需要考虑建筑环境、管理设备、温湿度控制、防虫防霉防蛀等方面的条件。此外，由于其具有极高的历史研究价值，在管理时还要制定严格的管理、服务和利用制度。

传统的办法是采用缩微、复制、再出版等方式解决古籍保存问题，但终究作用效果有限，不是最优解决方案。缩微影像需要专门的机器查阅，想要回看前文内容只能手动翻页，费时费力，会极大降低研究效率，复制或再出版的古籍副本也存在弊端，毕竟纸本资料存储和流通都不如电子文档方便快捷。因此越来越多的图书馆开始尝试采用扫描、拍照等数字化技术手段，用以解决古籍文献高质量永久保存问题。数字化技术的日益成熟，为古籍永续保存和管理提供了更加优化的解决方案，图书馆、博物馆、档案馆等单位都在积极开展古籍数字化工作，通过扫描、拍照等方式将馆藏的各类古籍资源转化为可以长久储存的电子图像文档。越来越多的图书馆开始基于这些数字化后的古籍图像文档，经过分类、整理、加工，构建各类古籍资源库或数据库，例如上海图书馆1955年主办"全国报刊索引"相继挖掘出版了"晚清期刊全文数据库（1833～1911年）""民国时期期刊全文数据库（1911～1949年）""字林洋行中英文报纸全文数据库（1850～1951年）"等珍稀数字资源。

区别于传统古籍数字化工作流程，基于数字人文方法的古籍数字化工作不仅需要将原始资料扫描成图像，更需要通过文字识别、深度学习等人工智能技术，将图像资料转化成文字文本，再对文本进一步清理编辑，整理成可以用于研究分析的全文本古籍语料库。这样做的优势在于，和图像相比，文字资料才是大众喜闻乐见的阅览方式，数字人文下的古籍数字化可以满足读者的常规阅览需求。另外，全文字的语料库能够完成复制、加工、编辑等多项操作，有利于研究者在此基础上开展相应研究工作，满足研究人员的多元化需要。数字人文下的古籍数字化流程包括扫描、识别、整理三个主要步骤。首先将原始资料扫描成图像资料，再通过人工智能的文字识别技术或其他技术手段，将图像中的内容转化为文本文件，并通过人工辅助，帮助完成编辑、校对等工作。与此同时，进一步通过标记处理和断词处理，对古籍文本中的人名、地名、时间、官职等关键内容进行标记，最终构成古籍数字人文研究基础的语料库。

①古籍图像扫描。古籍文献通常年代久远较为脆弱，扫描时可以选用冷光源扫描仪，减少光线温度对纸张造成的破坏。对于珍贵古籍资料，应当避免扫描过程中对文献实体的二次伤害，可采用A3或A2等较大版面的扫描仪，解决部分古籍尺寸过宽问题。古籍扫描后形成图像文档，为保证画面的清晰度，通常会设定分辨率较高的图像格式，这样一来文件所占内存空间就会变大，图书馆应当加大投入力度，添购设备解决电子文件存储问题。国内的超星公司和书生公司等专业的电子书公司已具备成熟的扫描技术和商业模式，可供图书馆借鉴。扫描中需注意以下三点：对一本古籍文献来说，需要对每一卷面进行扫描，因此得到的图

第五章 图书馆特色资源的保存与利用

像文件数量较多，为方便后面即将进行的图像处理工作，要确保扫描的每一页均为"等比例、高像素"；为保证电子版文献信息的准确性，扫描过程中一定要保证全面性，务必将古籍的每一版块包括封皮、封底、页眉、页脚等所有信息全部扫描在内；为避免后续整理扫描件遇到页码混乱等问题，扫描时必须按照一定顺序进行。

②古籍文字识别。深度学习人工智能等技术为文字识别提供了强有力的技术支持。目前的人工智能识别技术已经十分成熟，汉王OCR等文字识别软件已经可以达到99%的准确率，还支持仿宋、楷书、隶书、行楷等多种字体以及繁体字和英文的识别。北京爱如生数字化技术研究中心长期致力于古籍数字化工程，在线提供18个大型古籍数据库。其中，中国基本古籍库是综合性的全文检索版大型古籍数据库，分为哲科库、史地库、艺文库和综合库4个子库、20个大类和100个细目，精选先秦至民国的历代重要典籍，包括流传千古的名著、各学科基本文献以及拾遗补阙的特殊著作等。目前该公司主要对古籍采用人工录入和人工智能文字识别相结合的方式来完成数字人文下的古籍数字化保存工作，自主研发了古籍数字化录入系统和古籍数字排版再造技术；并且向图书馆提供数字图书馆建设的总体设计和平台开发、善本特藏的保护及利用和数据制作（图像扫描和文字录入）等相关数字技术服务。这些技术手段为图书馆古籍数字化提供技术支持，实际执行过程中图书馆应当根据自身需要选择合适的工具或者和第三方商业公司合作完成古籍数字化开发。在对扫描的图像文件进行归纳整理识别后，需要进行文字字符提取工作。通常情况下，图像中字符的提取主要包括两个步骤，即文字区域检测和文字分割。简而言之，文字区域检测就是为了准确判断文字所在的区域以及位置；而文字分割就是将单个文字分割出来，进而达到字符提取的目的。常见的文字提取方法有边缘提取、区域提取等多种技术。

③古籍文本加工。虽然目前人工智能等技术已经十分先进和成熟，但文字识别技术通常难以实现百分百的准确率，尤其是面对字体多变的古籍文本，因此要对文本文档进行编改校对。这一步不可避免需要投入大量人力，当然也有相应软件加以辅助。例如北京黑马公司开发的黑马校对系统，软件内含4800万条专业词汇和超过1000亿字的语料资源，是国际领先的智能校对软件，全国范围内超过96%的出版社、图书机构都在采用黑马校对。文本文档校对之后还需要进一步加工整理，主要用到的操作有断词和标记，断词是将长句划分为独立词组，是文本信息化研究分析的重要步骤。无论图像还是文本，对于计算机而言都是非结构化数据，要转为计算机可以识别的结构化数据则需要通过标记来完

成，如HTML（超文本标记语言）和XML（可扩展标记语言）都是常用的标记语言。古籍中大量人名、地名、朝代等信息要素对于研究分析来说有独特作用，研究者通常要对古籍文献的文本内容进行观察研究，因此古籍数字化的标记工作中还需要对其中的人名、地名、朝代等内容进行标记处理。手工断词和标记效率较低，使用工具则显得很重要。中国科学院基于多层隐马模型开发了ICTCLAS汉语词法分析系统，是集汉语分词和词性标注于一体的系统，并且系统源码和文档全部免费开源。此外，MARKUS是针对中文古籍文本开发的半自动标记平台，MARKUS内置了中国历代人物专辑信息和地理信息系统，通过专有名词字典可以瞬间完成文本中的专有名词标记，系统也具有手动标记和关键词标记功能。这些智能化处理系统将成为图书馆古籍数字化工作的重要辅助，断词、标记等技术不再是工程师和程序员的专利，一般的图书馆员只需要稍加培训便可使用这些系统平台完成相应文本的整理工作。

周志玉在《浅谈古籍文献的保护与利用》一文中分析了古籍文献工作的基本技术与方法，指出在信息资源扩大化的新形势下，需要更好地保护古籍文献，深入挖掘古籍的价值。刘捷、王智芹在《公共图书馆依托微信平台进行古籍阅读推广调查研究》一文中，以公共图书馆为研究样本，围绕微信平台对古籍阅读推广的作用进行全面的调查，指出具体工作中存在的困难，并提出古籍阅读推广改进策略。魏书菊、王杏允在《古籍丛书的开发与利用》一文中阐述了古籍开发利用的意义和价值，认为提高图书馆员的业务能力和思想意识是开发利用古籍文献资源的重点。

古籍文献具有特殊性，导致古籍的保护和利用之间存在矛盾，图书馆等古籍收藏单位往往对古籍呈现出"重藏轻用"的特质。通常对于馆藏古籍文献图书馆都会制定较为严格的阅览规则。例如，武汉图书馆古籍阅览室仅供专业人士或有专门需要者查阅；中国科学院国家科学图书馆古籍阅览需要提前告知所要阅读的古籍名称、版本及查阅原因，在工作人员确认可以提供服务后，读者需要持有介绍信及有效证件前来阅览；北京师范大学图书馆线装古籍仅限特藏阅览区指定区域阅览，线装普通古籍服务对象为硕士研究生及以上学历读者，善本古籍为博士研究生及以上学历读者，文物级别二级以上的古籍珍品原则上不提供阅览。由此可见，围绕古籍实体纸本所展开的存储和阅览的古籍服务模式远不能满足当代读者的古籍阅读需求。

古籍数字化的目的不仅在于保存古籍文本，更需要为学术研究提供相应服务。目前古籍数字化工作仅停留在图像文档的传统数字化阶段，缺少将图像文档转换成文本文档的后续步骤，无法对大规模古籍进一步深入挖掘，后续推广工作也难以推进。图像文档构成的古籍数据库不能对文献内容进行编辑加工，古文献的字体、语法、行文等与现代文献差别较大，在缺少注释和说明的情况下一般读者通常难以读懂。读者回过头来查看前文中某些内容也只能手动翻页，没办法定位检索，单就阅读而言就是极为不便的，更不用说后续的研究和推广工作。

当前，一般读者和研究者都不能满足于计算机图片浏览的阅读方式，古籍数字化工作不能止步于图像数据库和被动的关键词检索，应该使文本内容更加灵活多样，并且为读者提供对比、分析、关联等更加智能化的服务。图书馆应该采用基于数字人文的古籍数字化方法，将数字人文研究中的语料库构建过程引入古籍数字化工作，通过打造全文本的资料环境，为古籍后续研究推广工作打好前期的资料基础。

二、图书馆印刷型特色资源的利用

（一）图书馆普通印刷型特色资源的利用

因符合大多数人的阅读习惯，图书馆印刷型特色资源仍被广大读者所利用，对其进行组织、管理及开发，提高图书馆印刷型特色资源的利用效率，不仅可以满足广大读者的阅读需求，还可以提高信息服务单位的服务质量，为科研创新、教育创新、人才培养提供资源与保障。印刷型特色资源能够发挥多大作用，不仅与其自身的价值有关，也与管理、利用方式方法有关。

首先，要做好图书馆印刷型特色资源的采集工作。图书馆印刷型特色资源采购是一项复杂的决策过程，如何采集到既经济适用又信息需求量大、符合教学科研要求的印刷型特色资源成为一个关键问题。采访部门只有深入各学院进行走访调研，并且研究读者对馆藏资源的使用程度，同时让学科带头人及有关专家参与此项工作，才能保证重点学科文献的选订质量。只有科学地采集资源才能从源头上提高图书馆印刷型特色资源的利用率。

其次，对印刷型特色资源进行深层次的开发，特别是在电子信息资源的种类越来越多、对印刷型特色资源的冲击越来越大的今天，对其内容进行深层次揭示，才能最大限度地满足读者的不同需求，深层次开发包括专题文摘、论文综述、文献评论等。例如，面向科研人员的高校图书馆知识服务，要不断优化服务内容，使其贯穿科研活动的全过程。高校图书馆应基于科研生命周期理论，开展面向科研人员科研过程的高校图书馆知识服务，使其贯穿于科研活动的每个阶段并及时为科研人员提供学科前沿追踪、学科课题咨询、投稿指导和专利分析等服务。具体而言，针对科研人员，在科研选题构思阶段，要为其提供前沿动态分析、专利分析、学者咨询和基础资源类服务等；在项目申请阶段提供科技查新服务、项目申报指南服务、申报流程信息等；在科研项目实施探索阶段，要为其提供文献资源管理、数据分析与处理相关培训、实验应用指导等服务；在成果产出阶段为其提供学术写作、期刊投稿服务、出版服务、知识产权服务、读者科研培训服务等；在科研成果评价阶段，及时为其提供材料存储、专利申请、学科影响力评价等服务。高校图书馆要不断挖掘数字化环境下科研人员在科研过程中的新需求，不断扩展新兴的知识服务，如科研数据管理服务、学术出版及知识产权服务等，不断优化面向科研人员科学研究过程的图书馆知识服务内容，关注科研项目"后端"服务，开展开放存取出版支持活动、研究成果和数据的存储及共享等服务。

开展科研数据服务，贴合科研人员的需求。在当今数字化科研环境下，科研人员的科研数据量与日俱增，要想保证科研活动的顺利开展，研究人员需要对科研活动整个过程中的数据做好管理工作，同时也要对已经完成的数据做好保存及开放共享工作。科研数据管理服务是记录科研人员在科研过程中所产生的数据的重要手段，它已经成为当前高校图书馆的重要发展方向之一。它能够帮助科研人员快速了解所研究项目的数据来源等相关信息，能有效促进科研人员下一步科研活动的顺利展开。在对科研人员的数据需求进行挖掘后，首先要由馆员帮助他们制定好数据管理计划，之后开始对科研活动中所产生的多种数据进行搜集、整理、分析和整合储存，最终在获得科研人员允许的情况下，把整理出的科研数据分享至相关平台上，以供其他科研人员使用，这可以在一定程度上提升科研数据的利用率和影响力。

扩展科研评价服务内容，提供精准知识服务。高校图书馆开展的科研评价服务通常以馆员自身丰富的检索经验与计量分析能力为基础，依托图书馆购入的多种数据库资源，为科研人员提供科研绩效评价服务。目前高校主要采用的手段是查收、查引服务，通过论文的被引量和被收录情况来证明科研人员科研成果的影响力，这已经成为高校图书馆的一项特色评价服务。高校图书馆应该积极购买涉及新技术的查收查引系统，实现工作最优化，提升图书馆的服务质量。高校图书馆要及时完善科研评价服务的相关建设，为科研人员提供全面的评价指南和工具等，同时也要将科研评价引入科研技能讲座培训中去，帮助更多读者掌握其多样化功能，培养科研人员的科研评价能力。高校图书馆的科研影响力评价不应只是局限于单一的科研评价服务，更应该关注一些与其相关的其他部分，秉承为科研人员提供全面指导的原则，帮助他们了解到更多会影响到科研评价的行为，从而采取合理的行为方式去提升自身的科研影响力。

再次，还要实行灵活的图书馆借阅制度，这样不仅能够节省读者大量时间，还可以改善馆员与读者之间的关系，从而大大提高印刷型特色资源的利用率。

要开展馆际互借与文献传递业务，大大提高异地读者利用资源的范围，也使得本馆的印刷型特色资源更具收藏价值和意义。这就要求各个图书馆之间加强协作，建立联合目录。读者可以检索各图书馆信息资源的馆藏目录，了解借阅状态，还可以翻阅更为详细的资源主题内容。

最后，要对图书馆印刷型特色资源进行数字化处理，使这些特色资源跨地区、跨国家的多个数字图书馆相链接，实现信息资源共享。

（二）图书馆古籍特色资源的利用

卷帙浩繁的古籍文献资源蕴藏着巨大的研究价值。在开发的基础上，要学会科学、合理地利用古籍，让其价值得以充分发挥。通过对古籍文献的利用可以帮助人们了解古籍对于现代化建设的重要性，为经济发展提供科学的基础，促进传统文化的继承与传播。对于图书馆印刷型古籍特色资源的利用，要遵守如下的原则。

①保护性原则。保护性原则是古籍利用的起点和必要条件，在保护的基础上加以利用，采用各种措施让古籍载体受到的伤害减到最小，使其处于稳定的状态。针对古籍利用程度的不同，有针对性地对古籍进行分级保护，用科学、创新的方法保护古籍，坚持古籍利用的保护性原则。

②市场营销性原则。开发的目的在于利用，古籍的利用不仅要重视其内在信息，也要重视其经济效益。在传播、使用古籍的过程中，也要注重为读者及社会带来价值，将古籍的文献价值、学术价值、版本价值等与社会需求相结合，广泛开展古籍出版等项目，力争用较少的资源完成较多的工作，运用灵活的销售渠道进行宣传与推广。将学史、懂史、用史紧密联合起来，让古籍真正走进群众的生活。

③服务性原则。古籍的服务性原则是建立在以人为本的基础上的，用以满足人有限的物质自然性需求和无限的精神文化需要。古籍利于弘扬传统文化、增强人民的文化认同感和自豪感。在古籍的利用过程中要紧紧依靠服务性原则，让更多鲜活的古籍文化产品普惠社会。

④公平性原则。在社会主义新时代中，信息资源的公平性尤为重要。古籍是全人类共有的宝贵财富，获取古籍资源信息不因种族、性别、年龄、收入水平、职业、家庭背景、生活环境等不同而受到不同的对待，在古籍信息的获取机会上人人平等。古籍是社会发展的精神成果及物质成果，如果古籍资源信息不能人人共享，就违背了社会发展的宗旨。古籍的公平性原则也体现了社会主义制度的公平性、公正性。

1. 转变观念，培养专业人才

图书馆印刷型古籍特色资源利用工作的首要任务是转变传统的古籍管理观念，在行动前要树立正确的意识，这样才能发挥最大的效用。在传承珍贵文化典籍的同时，要转变一味地收藏、保护而不去利用的现状。一个学校的图书馆是信息服务的"心脏"，支撑着全校的教学与科研活动，为全体师生提供文献保障。古籍作为图书馆的重要印刷型特色文献资源，也应该被充分利用起来，不能"保而不用"。图书馆一直把为读者提供高质量服务作为工作原则，这也要求图书馆的管理人员要有服务社会、服务群众的现代服务理念，对待古籍既要加强保护，也要重视利用环节，让更多的读者可以体验古籍的魅力。

古籍自身所蕴含的丰富价值是区别于一般书籍的重要因素，古籍的管理者需要具备交叉学科的专业知识。随着读者阅读素养的逐步提升，时代要求古籍工作者不仅要有现代化的服务理念，还要掌握情报学、版本学、图书馆学、档案学等专业理论知识和古籍鉴赏、著录等基础知识。越来越多的新技术逐步应用到图书馆的实际工作中，数据分析、挖掘、检索等知识也成为检验古籍工作者专业素养的重要指标。

为了促进图书馆印刷型古籍特色资源利用工作的开展，需要将古籍管理工作人员培养成为既有较强的古籍利用意识，又具有信息分析处理能力的全能型人才。高校图书馆要积极组织古籍工作人员进行培训，为他们提供一个良好的互动学习平台，不断优化人才结构，提升古籍工作人员的知识储备，真正将古籍利用工作做好，及时解决古籍利用中出现的难题。现阶段高校图书馆古籍部人员较少，对此，务必要做到分工明确、权责到位，全方位地锻炼和培养古籍工作者，可以考虑成立不同的工作小组，如古籍开发组、古籍利用组、书库管理组、读者服务组等，不断优化管理结构，完善工作内容。

2. 创新古籍服务形式

一般来说，图书馆古籍部的读者可以分为两类人群：一类是仍然处于学生状态的文学、古汉语、历史学等专业的学生，还有一类是古籍相关领域的专家学者。古籍管理人员可以针对不同的读者群体有所侧重地提供有关古籍利用的服务。

对于学生来说，他们善于利用网络文献，具备数据检索的能力，但是缺乏传统古籍的相关专业知识。古籍管理人员要帮助学生打开研究视角，可以通过趣味答题的形式，帮助学生了解馆藏古籍分类及利用的方式等；做好咨询工作，根据学生的问题为其推荐学术价值更高的书籍，避免盲目查询。

然而对于专家学者而言，他们普遍更愿意查阅古籍的原始版本。这类读者掌握了大量的专业理论知识，但是对于电子资源的利用有所欠缺，往往容易忽视了数字化带来的高效与便捷。古籍管理人员应帮助和引导其利用网络数字资源，为科学研究做好基础的信息保障服务，同时可以提供部分便民服务，如电子资源下载、打印服务等。

图书馆古籍部服务人员要主动了解读者的阅读兴趣和倾向，通过问卷调查等方式了解不同读者的个性需求，以便提供精准化服务；要多多参与学术活动，关注前沿的学术科研动态，促进学术交流。

随着自媒体的广泛应用，读者的阅读习惯趋向广泛化、碎片化，越来越少的人会跑去图书馆借书来阅读，大多都会利用手机等阅读。图书馆古籍阅览室主要提供纸质阅读服务，不允许外借，这也给读者借阅带来了一定的阻碍。在加快古籍特色资源利用的数字化建设过程中，也要充分利用先进的信息技术，由被动服务转为主动服务，创新服务形式，实现多元化的古籍服务。

一方面，要与时俱进，运用互联网、大数据等先进技术，分析读者的需求，不断丰富古籍服务内容，如定时开办古籍文化知识趣味竞赛活动，普及古籍文化知识，让更多的学子了解古文化的魅力。可以通过运营微信公众号、微博等新媒体，将古籍相关知识结合社会时事和热点话题，个性化地推送给对古籍感兴趣的读者；还可以设置古籍文化专题，定期推荐优秀的古籍善本，让读者可以通过网络平台利用碎片化时间找到自己感兴趣的古籍文本，提升古籍的认知度和影响力。建立古籍爱好者的QQ群或者微信群，定期维护"古籍粉丝群"，采用线上、线下活动相结合的方式，便于及时解决读者的古籍利用等相关问题，加强与读者的黏性，营造良好的古籍学习氛围。

另一方面，要建设专业化的古籍管理团队，科学制定古籍人才培养方案，引进专业人员，实现古籍人才培养的系统化、科学化、专业化。

3. 加强馆藏古籍宣传力度

古籍管理人员要加大对古籍价值的宣传力度，让更多的人参与到古籍利用之中，加大古籍的社会影响力，营造学史、学古代文化的社会舆论氛围，调动人们的求知欲，让人们主动学习古籍、利用古籍。由于古籍部长期的自我封闭，宣传力度弱，读者往往是接触不到这些古籍的，久而久之古籍的神秘感会让读者觉得难以利用，产生畏难情绪。面对这样的现状，图书馆要勇于打开古籍部的大门，可以通过举办古籍、古文化等专题讲座、专题展览，普及古籍基础知识，介绍馆藏古籍在校内外的教学、科研中发挥的作用，让广大师生了解其现实意义；还可以将珍贵的馆藏古籍制作成册，进行宣传教育，向大众普及古籍知识，邀请师生入室参观，揭开古籍的神秘面纱，培养读者的兴趣；优化图书馆网站的主页设计，设立古籍专栏，将古籍修复、利用的过程以文字、动画、影像等方式展现给读者；根据实际情况，联系高校图书馆文史专业，开设古籍检索课程，让广大学子全面了解古籍检索的途径；最后，还要重视社会各界的力量，加强宣传教育，让广大群众了解古籍文化，进一步提高古籍的社会关注度，帮助人们更好地利用印刷型古籍特色资源。

4. 提高古籍数据库的质量

古籍作为一种珍贵的原始纸质文献，必然会随着时间的推移出现不同程度的老化、磨损、虫蛀等现象。我们建设古籍文献数据库不仅是对古籍的一种保护措施，同时有助于读者快速、准确地找到自己所需的古籍文献资料，高效地利用古籍。部分高校图书馆数字化程度比较低，现阶段已经初步建立了古籍书目数据库，收录了部分馆藏古籍，包含了一些善本和具有地方特色的文化典籍等。随着新技术在图书馆的广泛应用，高校图书馆要借助科学技术有序、科学、精准地挖掘古籍蕴含的文化内涵，逐步建设古籍全文数据库、古籍特色数据库，将古籍全文输入数据库中，完善网络信息资源，便于读者检索古籍资料。

（1）古籍全文数据库

在信息化时代，全文数字化已经成为主流，基础的古籍书目数据库已经无法满足读者的需求，越来越多的读者希望可以通过互联网直接阅读或者下载获取电子版的古籍文献资料。图书馆要加快古籍全文数据库建设的步伐，不断改良数据库的架构，统筹考量各部门的实际情况和读者需求，分阶段地开展古籍全文数据库搭建工作。围绕教学、科研活动，针对学校的文史专业和重点学科，扩宽古籍数据库的种类，为读者提供更多可以在线阅读的古籍全文，提升图书馆数字化的服务功能，这也是古籍利用的重要发展方向。如在古籍数据库中可以实现图像检索、字段检索、全文检索等，实现校勘、图文对照等功能，建立起可视化的图像与原始文献之间的联系，让古籍全文数据库成为一个动态有趣的知识库。

（2）古籍特色数据库

建设古籍特色数据库，对于图书馆来说虽然需要付出很多时间成本、人力成本、物质成本等，但却是极其有价值的一项工作。要立足当地的文化与民俗，依托图书馆特色的馆藏古籍，建立具有地区特色的数据库；可以联合具有同类特色馆藏的高校图书馆，联合共建，优势互补，避免重复建设；馆藏资源不同的也可以在技术、人员、资金等方面多渠道展开合作，共享古籍特色资源数据库的成果。图书馆可以从特色古籍资源、服务平台、推广应用、著录标引、数据库系统等多方指标衡量古籍特色数据库的价值，建设范围广、多功能的数据库。从数据库质量方面来说，重点要关注是否具有地区特色、所收集的古籍是否全面、著录内容是否准确、读者界面及页面设计是否合理、图片及视频质量如何、后期推广宣传是否到位等问题。

5. 古籍资源共享

图书馆要加强与其他地区高校图书馆之间的联系，推进古籍数字资源共建共享，不断壮大图书馆联盟，走共建、共知、共享之路。要加强对古籍的深度挖掘，从古籍善本中挑选出价值高、信息相对全面、有地方文化代表性的古籍，整理成全文数据库和特色古籍数据库。如果需要采购古籍数据库等资源，可以与高校图书馆联盟联合采购或者分工采购，不仅可以节约经费，降低采购成本，又能及时补充古籍资源，完善馆藏结构。

中国文化博大精深，数以万计的地方文献和民间档案记载着多种多样的文化资源，这些古籍文化资源最好的传播方式就是借助现代媒体平台。图书馆可以利用互联网构建地方古籍文化网站，利用文字、影像、图片等形式向广大网民传播丰富的当地文化，让更多的人了解和认识古籍独特的价值，同时也可以永久保存和保护古籍文献资源。该网站可以由多个模块组成，如地方建筑、地方人文、地方工艺、地方民俗、地方文艺等。图书馆要充分发挥互联网方便、快捷、安全、互动等优势，建立古籍资源网站，向社会提供多层次的古籍文化信息服务，让图书馆丰富的馆藏文化可以更好地服务于读者。

第六章　图书馆古籍整理工作相关知识

图书馆要对古籍进行整理并对内容进行研究才能使古籍价值得以发挥，这就需要图书馆整理古籍工作的馆员具有丰富的古籍知识，才能更好地做好古籍整理工作。

第一节　语言文字知识

一、古籍文字

汉字作为最古老的文字之一，是记录事件的一种符号，也是信息量很大的一种文字。汉字的发展体现了不同的时代文化，研究古籍汉字对于继承和传播古代中华文化有着重要的意义。古籍中的汉字多为表意文字，其形音义之间存在一定联系，见字可知其义。古籍汉字的书写形式是平面方形汉字，其笔画分布在一个平面方框内；从自身来看，古籍汉字的字形结构复杂，存在大量繁体字，字形线条较粗，字体大小不一，且异体字、形近字较多。古籍汉字中的异体字外形结构不同，但意义相同。古籍汉字中的形近字的部件相似，但意义不同。随着古籍汉字的演变，字形中的曲折线条变为方形折线，弧线变为直线，故而形成笔画，也降低了古籍汉字的繁难程度。因此，古籍汉字字形的简繁程度也反映了历史文化的变迁。

例如，商代甲骨文是目前所知的最早的成体系的汉字系统，其字形去古未远，较多地保留了造字之初的特点，对甲骨文的字形字义进行研究有助于我们更好地理解造字时的本义。同时，通过与出土文物的对比，我们也发现甲骨文的字形也蕴含着丰富的社会文化生活资讯，对甲骨文字形义的分析也有助于我们揭示字形中所蕴含的文化现象。正如于省吾之言，"不以古文字为依据，无以追造字

第六章　图书馆古籍整理工作相关知识

之原"。2020年国家发布了《国务院办公厅关于全面加强新时代语言文字工作的意见》，提出要坚持传承发展，深入发掘中国语言文字的文化内涵，加快语言文字科学研究，保护和开发语言资源。在甲骨文发现120周年时，习近平总书记也在贺信中提到，新形势下，更要确保甲骨文等古文字研究有人做、有传承。

汉字作为一种表情达意的符号，自其产生之始，异体现象就必然伴随存在。对于现代人使用汉字的便捷角度而言，异体字可视为一种赘余，但是在文字考辨、文学现象、古籍研究等文史学方面，异体字还是有其独特的研究价值。故而在研究古代的文学、文化时也应适当关注异体字的使用现象。任何事物都有广义与狭义之分，异体字现象也是如此，因此对异体字的定义、分类等问题，学术界历来说法较多且也存在着相悖的观点。例如，吕叔湘曾言："有些字只在用于某一意义的时候才有另一种写法，用于另一意义的时候就不能那样写。麻烦的是这种部分异体字。"又如裘锡圭将用法（音义）完全相同的字称为狭义异体字，将用法（音义）部分相同的字称为部分异体字，两者合在一起称为广义异体字。广义与狭义之分，对异体字之间的代替使用会产生一定的影响，这就值得对异体字加以关注。

古代的文人撰写序跋会时常使用异体字，其中一些文人在短短一二百字的序跋中使用了十多个异体字，还有些文人好选用一眼看去很难辨识的异体字。同一个现代的简体字用在不同的词组中，也许会对应多个不同的繁体字，也就会对应多个异体字，正因为存在着"一对多"的现象，所以今人对古籍中异体字的辨识也就会存在一定的差异。例如，国家图书馆藏本明刻曾可前辑《三袁先生集》五卷有《新镌玉蟠袁会元集》二卷，其中收录曾可前所作的《三袁先生集序》，序中有对袁伯修的一句评价"及生平著作，出入風儀"，其中"風"与"儀"二字就是异体字，"風"是"风"的异体，而对于"儀"字，钱伯城在《袁宏道集笺校（下）》中是将其视为"儀"字，也就是"仪"的异体字，但是在汉典等能查看较多异体字的网站上，"仪"并没有言字旁的异体字，其异体字均为单人旁。在汉语词汇中"风仪"与"风议"这两个词均是存在的，"风仪"指风度，仪容；"风议"的意思是任意或自由广泛地发表议论。若是选"风仪"来理解，那么《三袁先生集序》中的"及生平著作，出入风仪"这句话便是独指袁伯修个人的风度与仪容，并不能用来形容其文章作品的特点，因此若是选"仪"来解，那么"及生平著作"与"出入风仪"便存在矛盾点。而"风议"放入其中便较为通顺，此句可解释为：至于袁伯修生平所作的文章或书籍，其内容自由广泛，所论及之处多且宽。这也正与此序后句的内容相适应，"及生平著作，出入风议，洒洒数

· 121 ·

千百言,肆意冲口,对客立就,而华富温雅,卒泽于仁义,炳如也"。"洒洒"正是对袁伯修写作文章文辞连绵不绝的形容。另外,《诗经》中也有"出入风议"的用法,如《小雅·谷风之什·北山》中结尾之句:"或湛乐饮酒,或惨惨畏咎;或出入风议,或靡事不为。"《北山》中"出入风议"的意思是当时有的大夫放言高论,闲聊乱扯,带有一定的贬义色彩。虽然在这里"风议"带有贬义色彩,但其指言谈方面也可以是褒义的。又有章炳麟《国故论衡·论式》:"出入风议,臧否人群,文士所优为也。"在古人书写中,"风议"与其他词句搭配也较多。古人的序跋中有一些较难辨识的异体字,现今在确认其字时可能就需要借助组词或是联系前后字句意思的方式。古人对选用同一字的不同体字(异体)具有极高的严谨性。古人在用字时会考虑写作对象的身份地位,并由此选择符合其身份的字或词来陈述事件或进行描述。对古籍中所收的文人诗文集进行整理句读的过程中,不难发现一个问题,即在无扎实的古文字功夫的基础上对繁体古文进行整理,其实是一项较为艰辛的工作,尤其体现在对异体字的辨认方面,无法准确辨识异体字、通假字等,就无法准确理解古文的句意。故而在阅读整理古籍时应当要做到以古人的眼光看待并思考问题,以古人之思揣摩古人之意,同时也要注意并思考较少见的一些异体字是如何书写的,其与现代所用的简体字在某些方面是否还存在着关联或相似性,由此再去揣摩并确认字意与文意。

二、古籍书法与篆刻

在中国文化中,书法带有其深深的民族印记。同时,书法也从侧面反映着文人的精神与情操。清刘熙载在《艺概·书概》卷中言:"笔性墨情,皆以其人之性情为本。是则理性情者,书之首务也。"可见书法与人性合二为一,书法为心而画,具有一定的哲理性。古人在书写文章时对不同字体的选择,也可窥见其性情一面。古人诗文集前后序跋的撰写,在字体的选择上也并不绝对单一。

古文在书写或抄写过程中字体风格也是各异的。有的字体端正有力,有的字体横细竖粗、结构方正,有的字体方扁圆滑,有的字体潦草难识,这也可细微地看出书写者的笔迹或是刊刻者的刻功与心境是如何相照的,正所谓"见字如见人"。同时也可见明朝时期对书写及版刻字体的要求并没有那么严格,书法相对自由。明初"赵体""沈体""台阁体"书法弥漫,但一些书法家也还试图在书法上赋予自身个性色彩,在挥笔洒墨间找寻另一番心灵的栖息地。明初期,版刻字体多使用颜、柳、欧、赵的"楷体",但明后期随着文学复古运动的掀起,版刻字体也渐渐追求宋代字体的风格，趋于字形方正、横细竖粗的"宋体字"。"宋体字"的易学性、便书刻性及易识性，使其在版刻事业中也逐渐成为应用性主体字。虽然这种横细竖粗且字形方正的字在日本被称为"明朝字"，且版本学家张秀民在考察了几百种宋代版书后也发现此种字体在宋朝并无使用，应称其为"明体字"，但是如今"宋体"已成为公认的叫法，便不必再细究其名。

篆刻艺术的发挥也是值得关注的一个点。篆刻于先秦时期兴起，在唐宋时期衰微，又至明代复兴，清代达到兴盛。在古文中，几乎每篇序（叙）开头或是结尾都会印有一个或多个章印。印文内容大多是写序人的名、号、籍贯、字、斋号等，少数也有印上年号的。如朱荃宰《文通》三十一卷明天启六年（1626年）刻本，王在晋为其所作的《文通序》在文末处印有"王在晋印"的字样。印章所盖的位置也有选择，大多数会盖在序文题目下方或是序文最后，如郑以伟《至诚堂序》、叶秉敬《名岳虞公刻思聪录序》、徐可求《重刻思聪录叙》、胡来朝《贺先生思聪录序》，这些序文在开篇页就印有印章，印章所印刻的位置有在序文题目正下方空白处的，也有在正文内容中的，还有在序文最后撰写者的落款处也印刻两枚印章的。一篇序文中的印章数目有时不止一个，如明嘉靖二十五年（1546年）何城、李桂刻本《楚纪》，前面的李桂《楚纪前叙》开篇页就有三个印章。虽然大部分的跋文在正文前后都没有印章的存在，但并不绝对。一些跋文在落款处还是会印刻有章。如明嘉靖四十五年（1566年）蒋文化所刊何孟春《何燕泉诗集》四卷，其中蒋文化所作的《何燕泉诗集跋》就在跋文最后处印了一枚章；但明万历四十年（1612年）唐国达刻本张居正《张太岳先生文集》四十六卷附录一卷，其中所收的马启图《张文忠公诗跋》在跋文前后处就并无章印。序跋前后所印有的印章内容，除了名、字、号、籍贯、斋号之外，还印刻有自身官职等身份内容。如魏裳《云山堂集》明万历七年（1579年）魏文可刻本，其中所收的陈宗虞《魏顺甫先生诗文叙》只在序文最后印刻了"中宪大夫"与"同榜兄弟"字样的两枚印章，并无其自身姓名字号的印章。另外还有印有地理位置的印章，如朱荃宰《文通》在文末除了印有"朱荃宰印"，还有"白石山门"的印章字样。

三、少数民族文字与外国文字

在图书馆的古籍收藏中，有时也会遇到用少数民族文字或用世界各国语言记录的古籍，因此，从事图书馆古籍工作的馆员对于古籍中时而出现的少数民族文字和外国文字应有所了解。

第二节　古典文献知识

一、古典文献的纸张选择

冀淑英在谈到宋代以来刻书所用纸张及纸张在古籍版本辨识、鉴定中的作用时，说："关于印本和写本书的用纸，前人没有系统的调查研究资料可供参考，很多纸不知其名称，而文献中提到的纸又难以与实物相联系，鉴定时所能根据的仅是纸质的精细厚薄，颜色的黄、白或灰以及帘纹宽狭而已。宋代有的浙刻本用白麻纸，纸质较匀净，有韧性。四川刻本也用白麻纸，有些纸质较粗，甚至有透空小孔。南宋初期福建印书所用竹纸，质地细润，纸色较白，但以后多用黄色竹纸，因而从宋、元到明代，黄纸成为福建印本的特征。明代以棉纸为贵，棉纸有厚薄之不同，纸质细润，白棉纸印书成为明代特色。明末出现了开化纸，纸质细白匀净，清代以开化纸印书最名贵，连史纸、竹纸应用亦多。宋以后，还有用公文纸（公牍纸）和其他册子、信札等旧纸的背面印书的，这些公文纸如载有年月也可借以推断印本的大致时代。总之，书籍的用纸是识别版本的一项依据，但要多作比较，因为有的书刻印于宋代，后世仍可用其书版再印，而区别初印本和后印本，只能从纸张来判别了。"

此外，各图书馆所收藏的古籍中不乏抄本，而古代各时期抄本的用纸也有一定的规律。例如，唐代多用硬黄纸；宋代用藏经纸、罗纹纸和厚棉纸；元代用麻纸；明代用白棉纸，明晚期则用薄竹纸；清初是开化纸、连史纸、毛太纸并用，到了乾隆以后则多用连史纸和毛太纸两种。近几十年来新印线装古籍，则多用宣纸印制。

二、古典文献的印刷技术

印刷术与造纸的发明一样，是中国古代伟大发明之一。印刷术包括雕版印刷术和活字版印刷术。

雕版印刷术是指将文字反刻在整块的木板或其他材质的板上，然后加墨印在纸上的方法，也称作整版印刷术。现学术界一般认为雕版印刷术始于唐代初期，并在唐代后期逐渐流行。雕版印刷术自唐五代发明流行之后，至宋代进入鼎盛时期，如刻印精良的浙本、字大如钱的蜀本、行销四方的建本等，均十分有名。由于年代久远，现存世宋本不多，而北宋本更是屈指可数，现均成为各图书馆的珍藏。辽、金、元、明清各代，雕版印刷均有发展，并形成了各时期的特点。

活字版印刷术是中国北宋庆历年间的平民毕昇所发明的。活字版印刷术还包括木活字、铜活字、磁活字、锡活字、铅活字等。元代农学家王祯在泥活字的基础上，开始采用木活字印书，并在其所著《农书》的附录《造活字印书法》中记载了其所创造的木活字印刷工艺。1991年9月，宁夏考古研究所在银川贺兰县拜寺沟西夏方塔中发现了木活字版西夏文佛经《吉祥遍至口和本续》9册，皆为蝴蝶装印本。这一考古发现说明在元代王祯之前，木活字已经发明并使用。到了明代，铜活字开始流行，其中无锡的华氏和安氏即以铜活字印本著称于世。明代图书出版时依旧以雕版印刷为主，刻书则包括官刻以及私刻，私刻又包含坊刻与家刻两种，其中坊刻是由书坊出版发行，明代安徽只有徽州地区有坊刻。文集官刻机构为府、州、县署、儒学及官立的书院。据明代周弘祖《古今刻书》中所记载，万历前安徽地区官刻有89种，其中徽州府31种、庐州府15种、宁国府14种、太平府7种，以徽州府和庐州府官刻书数量最多。徽州府的官刻机构包括徽州署府和所辖6县县署，及新安郡斋、紫阳书院、县学等。诗文集序跋则可见诗集或文集具体刊刻者、刊刻时间、版本流传，这也是鉴定文献真伪的重要依据。在某些序跋中亦可见得诗文集是由官方刊刻的还是由家中亲人或后人弟子等刊刻的，抑或是由坊间商人为营利所刻。

明代安徽官方刻印之书是由安徽各地府署、州署、县署及所属官学及官办的书院所刻的，主要以经、史、子、集、方志、政书类为主。官方刻印本受国家支持，取资国库，主要目的也是进献朝廷以供欣赏。其中徽州府是安徽地区官刻的中心，徽州官刻机构有徽州府署和所辖六县县署及府学、紫阳书院、新安郡斋等，具体内容包括解经著述、新安理学家的著述以及府志县志等，刊刻目的也大多是宣扬政德教化、表彰地方官宦贤良、反映地方文化。唐代中叶以后，随着雕版印刷业的兴起，图书生产逐渐进入商品流通之中，刻书成为人们谋利的一个新行业，四川、江东等地出现了专门的书坊刻书。这类书坊或称为书肆、书堂、书铺、书籍铺、经籍铺之类，宋元以后更为普遍，汴梁、杭州、建阳、崇化、麻沙等地，书坊林立，刻书颇多，以致形成与官刻、私刻鼎足而立的我国古代雕版印刷业的第三大系统。明代城市的繁荣，手工业的发展，市民阶层的日益壮大，使坊间对书籍的需求量亦随之增大，且种类也已不再局限于经史子集，包含了话本、戏文、小说等体裁，一些专门刻印、出版、出售书籍的店铺数量也不断增多，这就促进了民间刻书业的发展。

安徽徽州地区得天独厚的自然地理环境又促进了造纸、制墨、琢砚等行业的蓬勃发展，从而又为刻书业的发展准备了充分的技术条件与物质条件。明前期，安徽地区的坊刻经营主体几乎都是刻工，他们大多是为了谋生，自刻自销，故规模不大，刻书质量不高，数量亦较少。自洪武年间朝廷免除书籍税后，明代安徽地区的刻书事业得到了很大的解放，坊刻在隆庆、万历后迅速崛起，主要集中在徽州地区，甚至一度超过官刻、私刻。汤胤绩《东谷遗稿》有孙继宗序："予之家子是为公让之婿，惧其没而无闻，往议于其弟胤嗣与其娃齐集夫昔时所作，题目《东谷遗稿》，请较于春坊左谕德敏政程先生之手，为之锓梓，以广其传，使人知武将中亦有诗文如此，足以名当时而垂后世云。"

有些文人为了增加经济收入，便将书稿交于书坊刻书发行于世。除了坊刻之外，更多的则是出家中后人，或是友人辑录梓刻而成的家刻。明代安徽地区的名儒士人都重视家刻家族名人传世之书。明代徽商群体的出现也改变了安徽地区家刻的模式，他们刻书一方面是为了自己欣赏，另一方面也面向市场，带有营利性质。徽商群体介入刻书行业，使刻书的范围不再局限于传统的儒家经典以及解经释义著作的图书种类。如汪道昆、潘之恒等人，虽已不再从事商业活动，但依旧以商人身份刊刻小说、戏曲等以满足市民的日常娱乐消遣需要。除了部分徽商，大部分家刻是出自名门之家，这些人或是家族文化底蕴深厚，且家中重视刻书，或是自己取得了一定的地位，且积累了一定的财富，故自家刻书。这类刻书并不为营利，而是在于传播文化，内容大多为先人、乡贤、本人及师友著述。

清代康熙末年内府的铜活字印本《古今图书集成》成为明清铜活字版印本的代表作之一。自19世纪中叶西方铅活字印刷术及石印技术在中国传播之后，便逐渐取代了中国传统的雕版和活字印刷。

三、古典文献的藏书类型

中国古代的藏书可以追溯到先秦，商朝和周朝已经出现了中国最早的藏书。在先秦已分别出现了官藏和私藏。自汉代以来，出现了许多著名的官府藏书楼；自明代以来，又出现了许多著名的私家藏书楼。就官府藏书楼而言，有西汉长安的石渠阁，有东汉洛阳的东观，有唐代的弘文馆、史馆、集贤书院，有宋代的崇文院和秘阁，有明代的文渊阁、皇史宬，有清代的四库七阁，即承德避暑山庄内的文津阁、圆明园内的文源阁、紫禁城内的文渊阁、盛京（沈阳）故宫内的文溯阁（以上为北方四阁）、镇江文宗阁、扬州文汇阁、杭州文澜阁（以上为江南三阁）。就私家藏书楼而言，明代是中国封建社会中取得较为统一稳定的时期，经济的恢复和发展促使文化进一步繁荣，士大夫阶层中有一股藏书的风气，私家藏书在规模和数量上都远超过宋元时期。根据《安徽藏书家传略》一书记载，明代安徽的藏书家多达 41 人，这些藏书者多为宦官大家或是名士，他们有足够的经济条件支撑，喜欢收藏书籍，将散落民间之书搜集到家中，大量的藏书为刻书业的发展提供了充足的书稿来源，促进了刻书及印书业的发展。

第三节　历史文化知识

一、天文历法知识

（一）阴历、阳历、阴阳历

阴历又称太阴历，以月球绕地球的运行为根据，伊斯兰教用的回历就是一种阴历。阳历又称太阳历，以地球绕太阳的运行为根据，公历就是一种阳历。阳历（公历）将传说中的耶稣诞生年定为公元元年，它始于公元 6 世纪，后为世界上多数国家所采用。阴阳历是调整阴历和阳历的一种历法。我国的旧历（农历）就是阴阳历。它既重视月相盈亏的变化，又照顾寒暑节气，年月长度均依据天象。我国在辛亥革命之前基本上使用阴阳历。

（二）纪年法

纪年法又可以分为古帝王即位年次纪年、年号纪年、干支纪年、星岁纪年和生肖纪年等。

（三）纪月法

古人有所谓"月建"之称，即将十二地支与十二个月份相配，以通常冬至所在的月份配"子"，称为"建子之月"。古人还常常以花草、四季次序、节气和古乐十二律为纪月之用，从而使十二个月份各自有了许多别的名称。

（四）纪日法

古人纪日的方法也很多，如曜日法、韵目代日法、干支纪日法以及一些传统节日与民间俗称等。

（五）纪时法

一日中的时段，古人曾经分成十时、十五时、十二时等，汉初改历，定一日为十二时。我国在汉代已经有了干支纪时法。清初引用西法，把一日分为24小时，并以一辰来称呼其中的每两小时，所谓小时正是时辰之半的意思。

二、避讳知识

中国古代对于君王和尊长的名字，避免直接说出或写出，所以采用改字、缺笔或空字等方法加以回避，叫作"避讳"。今人陈垣总结了历代避讳研究的成果，编撰了《史讳举例》一书，成为查检避讳字的专门论著。

三、人名知识

（一）姓氏

姓氏的起源很早，最初姓与氏是有区别的。姓是用来明血缘、别婚姻的。氏者，别其子孙之所分，表明氏是父系血缘关系的宗族的标号。先秦命氏之法，大致有下列几种：一为诸侯以受封的国名为氏，卿大夫以所赐的采邑为氏，也有以职官为氏的；二为诸侯的孙辈或子辈往往以祖父或父亲的字为氏；三为以居住地为氏。春秋战国年间，社会发生大变革，姓氏逐渐混同。延及西汉，姓已基本确定，一直延续到现在。

（二）名、字、别号

"名"是社会上个人的特称，古人始生三月而加名，这时的名是小名，也称乳名；成年之后，另立雅训以正名并用于社会交际，而小名仅留在家庭中使用。"字"往往是对名的解释和补充，是与名相为表里的，故又称"表字"。"字"是男女成年后才命名的，这表示他们已受到社会的尊重。"号"为人的别称，又叫别号。古人讳名，呼名显得唐突不敬，因立字以尊名，更立号以尊字，呼字号表示客气尊重。

第六章　图书馆古籍整理工作相关知识

（三）谥号、庙号

谥号就是中国古代帝王后妃、大臣鸿儒去世后，人们根据其生平事迹拟定的一个带有褒贬意义的特殊称号。庙号是中国古代帝王的专称。

四、地名知识

随着社会历史的发展，社会政治急剧变化，往往会发生更易地名的现象。社会经济的发展和自然环境的变化同地名的增加是成正比的。地名范围有两层含义，一是指地名不仅包括行政区划中的州名、郡名、道名、路名、省名、府名、厅名、县名以及军职名等，也包括地名中的城郭名、部落名、都邑名、市镇名、城堡名、关塞名、亭台宫寺名、山水河道名等，甚至还包括名胜古迹、工矿企业、建筑学校等。二是指地名所辖范围的变化，如古今行政区划名的实际管辖范围往往有所变化。这在古籍方志、谱牒等文献的著录和研究中都是会经常遇到的问题，需要我们对此进行考证和鉴别。

古代地名中，有不少别称、简称和旧称等，地名还可能会因避讳改名，造成了中国历史上一地异名的现象。与人名中有同姓名一样，地名中也有许多同地名的情况。即使是同一地区，同一地名的内涵也会有所差异。地名同时还具有历史、文化、地理、民族等特征。

五、职官知识

中国的职官管理制度在传说中的宓羲、神农、黄帝时代已开始萌芽了，到了夏商时代，职官管理制度开始逐步完备，如战国时代的相国制、秦国的廷尉、齐国的大理、陈国和楚国的司败等。秦朝创立了皇帝制度，并建立了三公九卿职官体系。隋唐时代，封建职官制度更趋完备。

查阅历代的职官资料，可利用《周礼》《汉书·百官公卿表》《后汉书》及以后正史中的百官志，南朝梁阮孝绪《七录》及以后历代书目中的职官部，《唐六典》《十通》中的职官类，以及各朝会要、会典等，也可利用《历代职官表》《清季重要职官年表》《清季新设职官年表》《清代各地将军都统大臣等年表》《辛亥以后十七年职官年表》等进行查阅。

第四节　检索查询知识

一、工具书的检索方法

（一）分类法

分类法是将工具书中的知识信息按学科和事物性质来加以分类的方法，与古籍工作有关的类书、政书、书目、索引等工具书多用此法。

《四库全书总目》作为一部我国古典目录学的典范之作，在对文献的分类上将先前的六分法转变为四分法，即将六部整理为四部，将四部分类法发展到高峰，促使我国古典文献分类方式发生并完成了较大的转变。《四库全书总目》将整部书目分为四部，并按照四部分类法的标准对文献进行编排，每一大类之下又分若干小类，其中一些较为复杂的小类之下再细分子目。每一大类、小类的前面都有小序，子目的后面有按语，简明扼要地说明这一类著作的源流以及设立此类目的缘由。另外，每类文献之后还都附有存目，存目中的书籍经过纂修官们的反复校订查阅之后，被认为价值不高或主要思想内容对当时的封建政治统治情况不利的篇目，都会从中摘除，不被纳入总目之中。《四库全书总目》的卷首还分别列出了乾隆皇帝下令的谕旨以及四库馆臣们进呈的表文和职名、凡例等，内容上大致记载《四库全书》和《四库全书总目》的纂修经过和编写体例等情况，使得每部书目的编排井井有条。《四库全书总目》综合吸取了前人所留下的精髓和经验，与此同时还做到书目的主体内容和形式与书名相吻合，即名实相符。在编纂编排的过程中特别注意"考校原书，详为厘定"，对书籍的分类编排合理恰当，根据每本书之类目和每本书的主要内容为书籍做严格有规律的划分归类。位列"经、史、子、集"四部之首的经部，因受当时社会环境和思想的束缚，将儒家经典作为封建社会封建阶级进行思想统治的手段或工具。因此，经部所收录的书籍内容大致都以儒家经典或历代著经为主，我国古代两千余年的经学发展状况基本在经部中做了较为全面的概述。位列经部之后的史部，收录的主要是与历史、政事、地理、职官、人物传记等相关的内容。位列四部第三位的子部，因刘向、刘歆父子在对书籍进行校正编目时，专门为春秋战国时期诸子百家设立了"诸子略"一类，所以收录当时各个学派的著作。之后随着书籍种类的增多，如术数方

第六章　图书馆古籍整理工作相关知识

技、释道、词曲、天文算法、医家、法家、艺术类等书籍的加入，使得子部的收录内容也日益丰富。四部中的最后一部为集部，此部类的形成与史部相同，经历了从秦汉时期，诗赋繁荣发展，《七略》"诗赋略"、《汉志》《中经新簿》到《七录》"文集录"，再到《隋志》在书目总分类中直接标出集部，集部就此便与经、史、子三部合为一体，成为当时乃至后代各朝古代典籍所征用的规范的书目分类体例。《四库全书总目》也在书中对集部所收录的各书籍的来源及流变情况做了较为详细的叙述。整个集部所收录的书籍以历代文学家的总集、别集以及诗文评、词曲类的著述为主。

《四库全书总目》虽为其自身严谨而全面地构建了一个特定的分类体系，将上万种书籍组织成为一个有机的完整体，但是，《四库全书总目》在其自身的分类体系中同样存在一些大大小小的问题。例如，某些文献中的部分类目设置不够妥当，某些类目的分类界限不够清楚明了，整理归类不够合理等。但以客观的态度从总体的视角来评判《四库全书总目》，其在文献的分类方法上所做出的创新深深影响了我国古典目录学的发展，且这一分类方法至今还在我国的部分古籍中被沿用。直到清朝道光年间，西学东渐使得以往传统的书目分类法无法适应新学发展的需要，才不得不对传统的书目分类法做出调整，从而逐步形成新的分类法。

由此可见，在古籍书目中多以经史子集四部分类法为主，但其分类的部目和序次多互有参差，其所收录的文献也多互有出入，可据以了解古籍的发展变化以及各种书目的分类和内容特点，以便即类求书，因书究学。如唐代杜佑的《通典》，在宋代的《郡斋读书志》中被列入子部"类书类"，在清代《四库全书总目》中则列入了史部"政书类"。这些不同，在古籍检索中需要加以特别的注意。

（二）声韵法

声韵法就是按照古汉语的声部、韵部以及声调编排知识信息的方法。中国古代的韵书多按此法编排，有些类书和辞典也用此法。声韵法又分为声母排列法和韵部排列法。声韵法对于今人来说不易掌握，但许多古代工具书多有新的整理本和影印本，书中大多增加了四角号码与笔画等索引，可以解决这一难题。

此外，工具书检索还有部首法和号码法。部首法就是按照汉字的偏旁分别部居、据形系联的方法，这一方法在古代字书中应用十分普遍。这是由于汉字是表意文字，其中形声字、会意字占了绝大多数，而部首偏旁又具有一定的科学分类的性质，读者可以根据部首比较方便地查到所需字词。号码法是用阿拉伯数字来代表各种笔形，然后按号码的大小排列知识信息的方法。号码法中常用的有中国字庋撷法和四角号码法。

图书馆古籍工作中的工具书检索方法除了以上介绍的几种外，还有汉语拼音法、注音字母法、笔画法与笔形法等检索方法。

二、重要检索工具书介绍

在图书馆古籍工作中，有一些经常需要查阅利用的工具书，对于这些工具书，每一位从事图书馆古籍工作的图书馆馆员均应对其内容有所了解并掌握其检索使用方法。此处重点介绍《四库全书》《四库全书总目》。

《四库全书》是清代乾隆年间组织编修的一部中国古代史上最大的丛书，其中所收录的书籍范围之广，上启先秦，下至清代，近乎囊括了中国古代所有的重要典籍，且将中国传统文化及其各个学科、门类涵盖于其中，几乎所有的文化学科都能从中找到其根源与脉络。《四库全书》亦称《钦定四库全书》，是由清高宗乾隆皇帝主持，纪昀、陆锡熊、孙士毅等360多位高官及学者编撰，3800多人抄写，于乾隆三十八年（1773年）开始编写，乾隆四十七年（1782年）完成初稿，乾隆五十七年（1792年）截稿，由于分"经、史、子、集"四个部分，故名为"四库"。《四库全书》共收录文献79300余卷，36000余册，近8亿字。《四库全书》中所记载的内容非常丰富，根据文献的内容来划分，共分为四部，即"经、史、子、集"。其中"部"下设有类，"类"下还设有"属"，全书共分为：4部、44类、66属。凡是被纳入《四库全书》中的书籍都要经过纂修官整理、校订、批阅之后，再经过最后一道工序——为书籍中的每篇文献都撰写一篇"提要"，作用是对文献的作者信息、版本信息、内容主旨、文字得失等方面做简要介绍。《四库全书》保存了我国历史上各个朝代的大量文献，所依据书籍的底本大多是珍本和善本及不少失传已久的版本，还有在馆臣们修书过程中新发现的和从古书中整理出来的版本等。《四库全书》的编纂无论是在目录学、版本学及校雠学等方面，还是在古籍的收集与整理方式上，都是其同时期典籍无法超越的典范，同时也对后世相关的学术研究产生了巨大的影响。从公元1782年初步修成《四库全书》，距今已有200多年的时间，且在此200年中再无第二部具有相同完备性的书目可与之相媲美。《四库全书》将华夏民族数千年的思考与智慧汇集成一股强大的力量，其作为记载中华传统文化最丰富、最完备的综合性典籍可谓是无可比拟的。

作为与《四库全书》具有血脉关联的清代大型官修目录著作——《四库全书

第六章 图书馆古籍整理工作相关知识

总目》,沿袭古代目录学"辨章学术,考镜源流"的学术传统,把《四库全书》中所收集、著录以及存目中的上万种书籍整理成一个统一有序的整体,对我国传统典籍的历史发展流变做了系统性、综合性的总结。其中每篇文献的核心内容以书目的形式体现,是了解、学习查找、利用《四库全书》所收录诸书及存目的重要途径。《四库全书总目》亦称《四库全书总目提要》或《钦定四库全书总目提要》,简称《四库提要》,是在清代《四库全书》纂修的同时产生的一部目录性著作,同时也是在其基础上完成的一部大型官修书目。具体各条目由四库馆中数十位各有专长的纂修官分别整理和撰写,撰写完成之后再交由上一层级专人进行考核删增,详加修饰润色、反复阅读确认之后而成,从开始纂修到撰写完成历时总长约20年。该书汇集了我国历朝历代经典文化典籍,是一部凝聚了众多学者共同心血的高质量、高水平的学术性目录专著。《四库全书总目》中总共收录书籍10254种,共计172860卷。其中收入《四库全书》的有3461种、79309卷,今"存目"6793种、93551卷。基本上包括了从先秦至清朝初年所有重要的书籍,尤其是对元代以前的书籍收录较为齐全,为我国收录书籍最多的带解题目录的书目。《四库全书总目》除著录书名、卷数和著者外,还附有内容提要和评论,且注明书籍来源,如采进本、内府本、敕撰本、进献本、《永乐大典》本、通行本等。提要部分通常有对著作者的简要介绍,对著作内容的概述,对著作文字增删的说明,及著作版本异同等情况。《四库全书总目》与《四库全书》的提纲分类方式一样,都以"经、史、子、集"四部为划分标准,部下再分类,即大类下分小类,小类下再分子目。每个大类与小类之前均写有小序,子目之后写有按语,目的是为此类著作的源流及划分方式的缘由做简要的说明。全书共分为4部、44类、66个子目,书中著录了大量清乾隆时期以前的各个学科、门类及其各个方面的文献典籍,且每部著作之后都附有详细的内容提要和对此著作的评论。《四库全书总目》的编纂是在总结之前历朝历代的目录著作经验的基础上,将古典目录学中的"条其篇目,撮其旨意"的著录方式贯穿其中,且对每篇文献的提要的撰写方式做了规定,即"每书先列作者之爵里以论世知人,次考本书之得失,权众说之异同,以及文字增删,篇帙分合"。这一做法使得《四库全书总目》的各篇文献提要在吸取前朝历代精髓的基础上又有其创新之处,并不是对前代书籍解题部分做照搬照抄工作。《四库全书总目》在为文献撰写提要的同时,专门根据各部书籍的实际情况,对需要着重叙述或评论的内容有特殊的解释或说明。《四库全书总目》的编纂不仅仅是对我国历朝历代典籍文献的收录、保存与传承情况所进行的一次全面而系统的梳理和总结,更是对我国古代文明与传统文化的一次

· 133 ·

完整的集中展示。同时，《四库全书总目》的编纂，又是在《四库全书》的基础上为其所做的一次更为专业而便捷的精炼工作，将《四库全书》中所收录的书籍内容与基本信息集中精炼简化、系统分类，并以目录的形式将这些信息进行展示，将我国古代先辈们的智慧结晶凝聚于其中，是研究我国历朝历代传统文化的一部极好的查考书目，也为人们了解探索我国古代传统文化提供了一个很好的平台。

《四库全书总目》按种类大致可分为刻本、影印本、整理本3种。刻本中较具代表性的主要有浙刻本和粤刻本两种。浙刻本即武英殿本、浙江杭州本，粤刻本即同治七年（1868年）的广东本。浙刻本对殿本中的许多讹误、错漏之处进行了校正。粤刻本则是以浙刻本为底本，在此基础上进行复刻形成的，且在某些个别字句上的校改工作又是以武英殿本为依据进行的，在校改过程同时将殿本中的部分错误之处摘抄了过来。浙刻本与粤刻本相比，虽同样存在一些错漏之处，但错字相对来说少一些。影印本主要有中华书局影印版（以浙刻本为底本），1965年出版，共上、下两册；中国台湾商务印书馆影印版（以武英殿本为底本），1983年出版，共5册；民国十九年（1930年）大东书局石印缩印殿本版，中华书局1964年影印第1册。整理本主要有河北人民出版社出版的《四库全书总目提要》、上海古籍出版社出版的《四库全书总目汇订》及海南出版社出版的《四库全书总目提要》等。

此外，检索工具书还有《贩书偶记》《增订四库全书简明目录标注》《中国丛书综录》《中国地方志联合目录》《中国古籍善本书目》《古籍新书目》《辞源》《汉语大字典》《十三经索引》《中国版刻图录》《中国历史纪年表》《中西回史日历》《中国人名大辞典》《室名别号索引》《中国古今地名大辞典》等。

三、古籍汉字图像检索技术

古籍汉字图像检索技术包括古籍文献图像预处理、检索特征提取、古籍汉字图像索引以及古籍汉字图像匹配与检索结果排序等环节，涉及图像处理、特征提取与模式匹配等多个领域。

（一）图像检索技术

近年来，随着计算机在各个领域的广泛应用，图像检索理论和技术日益受到人们的重视。

第六章　图书馆古籍整理工作相关知识

图像检索技术可以分为基于文本的图像检索（Text-based Image Retrieval，TBIR）和基于内容的图像检索（Content-based Image Retrieval，CBIR）两种类型。TBIR利用传统的文本检索技术对图像进行标注或描述，存在主观性强、工作量大、查询效率低等缺点。随着图像数据的增长，TBIR难以满足大规模图像数据集的检索任务。CBIR检索方法与TBIR存在很大区别，它首先提取图像的颜色、纹理、形状等视觉特征或它们的组合特征，并以特征向量的形式表示，然后通过特征匹配来检索获取相关图像。其关键步骤为特征提取，合适的特征提取方法可以提高检索的效率。传统的CBIR广泛使用基于单一特征的检索方法，但由于图像本身包含丰富的信息，无法有效描述和区分各种图像。为了解决上述问题、提高检索精度，人们在特征提取中引入了特征融合技术。

有学者提出了一种融合颜色、形状和纹理三种特征的图像检索方法。首先，将颜色矩和颜色直方图相结合以提取图像的颜色特征，其次，利用泽尼克矩提取图像的形状特征，并利用灰度共生矩阵的四个不相关参数分析纹理信息，最后，融合三种特征实现图像检索。也有学者提出一种用于医学图像检索的多特征融合方法。首先，利用小波分解得到原始图像的多分辨率子图；其次，提取子图的特征包、纹理和局部二值模式特征并进行加权融合，实现医学图像检索。这种多特征融合方法提高了模型的检索精度。也有学者提出一种融合局部特征和全局特征的图像检索方法。首先，通过基于颜色强度的局部差异模式（Color Intensity-based Local Difference Patterns，CILDP）提取图像的全局特征；然后，利用词袋模型（Bag of Words，BOW）提取图像的局部特征；最后，将图密度算法用于CILDP特征和BOW特征的融合，实现图像检索。也有学者提出一种结合视觉特征和文本特征的图像检索方法。首先，将查询图像分为文本和非文本两类；其次，采用文本词袋和视觉词袋模型分别存储文本和视觉特征；最后，利用典型相关分析方法将文本和视觉特征进行融合以实现图像检索。还有学者提出一种基于自适应加权融合特征的图像检索方法。首先，提取图像的低层特征时应的英文（边缘直方图描述符、词袋、颜色布局描述符）和高层特征（Convolutional Neural Networks，CNN）；其次，利用主成分分析法对高层特征进行降维；最后，自适应加权融合四种类型的特征，提高了检索模型的效率。

综上，CBIR得到一定的发展，但没有通用的检索模型。由于古籍汉字的特殊性，上述方法在应用于古籍汉字图像这一特殊对象时，难以达到理想的效果。但上述工作对于古籍汉字图像检索有着重要的借鉴意义。

（二）汉字图像特征提取技术

传统的汉字特征提取方法主要采用结构特征和统计特征。结构特征包括特征点、笔画和部件等特征。统计特征包括弹性网格特征、方向线素特征、Gabor 特征、矩特征等。

刘斌等人提出了一种结合小波变换的 Zernike 矩特征提取方法，利用二维小波分解、提取文字图像的低频子图，并利用低频子图的 Zernike 矩特征进行识别分类。该方法具有较低的时间复杂度和更高的识别效率。闫文耀等人提出一种用于汉字书写质量评价的 Gabor 特征提取方法，在五个尺度上提取横、竖、撇、捺4 个方向的 Gabor 特征，以均值和方差为统计特征进行汉字书写质量评价。模糊集理论对不确定问题较好的表述能力，使其被应用于手写汉字的识别和检索工作中。魏玮等人提出了手写汉字双弹性网格模糊特征提取方法，首先对汉字图像划分弹性网格，然后利用网格字块间的相关模糊性提取图像特征。该方法提升了手写汉字的识别效果。冉耕等人提出了重叠模糊规范化汉字双弹性网格特征提取方法。首先将对角网格进行规范化，然后利用模糊函数刻画重叠区域的重叠程度，提取模糊化特征，该方法提高了网格边缘特征的鲁棒性。也有学者提出一种手写汉字的模糊图像对齐方法，利用模糊熵对图像对齐程度进行评估，该方法可以获得较高的分类精度。刘兴长等人将方向梯度直方图和模糊支持向量机相结合并应用于西夏文字识别技术，改进了模糊支持向量机的隶属度函数，提出一种多超平面的模糊支持向量机模型，提高了文字分类能力和识别效率。传统的汉字特征提取方法给古籍汉字图像检索提供了借鉴，但由于古籍汉字结构复杂多变的特殊性，传统的特征提取方法难以提高古籍汉字图像的检索效率。故将对偶犹豫模糊集引入方向线索特征提取方法，利用其能够更全面表达不确定信息的优势，提取更复杂、更稳定的古籍汉字图像特征，改善检索模型性能。

随着深度学习的发展，其被应用于提取汉字特征中。在 ICDAR-2011 和 ICDAR-2013 手写汉字识别竞赛中，取得冠军的队伍都采用深度学习的方法。有学者提出一种快速、紧凑的卷积神经网络对手写汉字进行分类。首先，利用低秩扩展来分解卷积层以达到加速的目的，并且使 CNN 模型更加紧凑；然后，使用自适应下降权重删除每层的冗余连接和减少模型参数，该方法提高了汉字识别效率。也有学者利用一种高效的 CNN 结构提高汉字图像的识别效率，此网络结合了紧凑结构设计、级联模型和量化的优点。首先，利用 Fire Module 设计了计算

第六章　图书馆古籍整理工作相关知识

和存储效率较高的 CNN 框架；然后，通过加权平均池化平衡了卷积神经网络中的准确率和参数数量，减少了汉字图像分类的时间并使用了较少的存储空间。也有学者对 Google Lenet 进行三个版本的调整，将其应用于手写汉字的识别工作。版本 1 对输入层和输出层进行改进，避免不必要的特征信息丢失；版本 2 应用了批量归一化和卷积层分割技术，减少了参数的数量和计算成本；版本 3 对网络的深度进行改造，提高了手写汉字的识别率。一种高识别性能的深度卷积神经网络结构，将全局加权输出平均池化引入卷积神经网络，在相同的计算成本和更少参数的情况下提高了手写汉字的识别精度。

综上，深层学习特征有助于提高汉字识别和检索的效率，但由于所采用特征忽视了浅层网络的细节信息，造成特征信息的丢失，往往会影响检索效果。针对这一问题，利用离散小波融合网络来对古籍汉字图像进行特征提取，通过离散小波变换将浅层网络的细节信息融入深层网络特征，并利用融合特征进行相似性计算，实现古籍汉字图像检索。

（三）对偶犹豫模糊集

在分析多属性决策问题的过程中，模糊集理论表达模糊信息的单一性会造成信息丢失，故犹豫模糊集被提出并得到广泛应用。由于多种不确定性的存在，人们对犹豫模糊集的扩展进行了大量的研究，对偶犹豫模糊集（DHFS）、区间值犹豫模糊集、毕达哥拉斯犹豫模糊集、概率犹豫模糊集等相继被提出。其中，DHFS 融合了多属性评价信息的隶属度和非隶属度，对不确定问题的表述更全面，并且具有良好的对称性。对 DHFS 的研究包括两个方面：理论研究和应用研究。

① DHFS 的理论研究。DHFS 作为多属性决策问题的有力工具，在理论上得到国内外学者的关注，并对 DHFS 的距离测度、集成算子等方面展开研究。有学者提出了一种基于距离测度的多属性决策方法。首先，构建最大偏差优化模型，利用新的距离测度计算未知的属性权重；然后，通过对比备选方案的贴近系数进一步得到最终结果；最后，以航空公司服务质量评估为例说明该方法的有效性。也有学者提出了几种对偶犹豫模糊集的距离度量和熵度量方法，避免了数据扩展的过程，在一定程度上解决了信息损失问题。还有学者扩展了一些新的 DHFS 距离和相似性度量，设计了两种基于 DHFS 的熵测度，并利用这些新的信息测度来处理多属性决策问题。

② DHFS 的应用研究。随着 DHFS 的发展，DHFS 被应用于数据分析、决策、模式识别、工程管理等领域。有学者研究了 DHFS 的相关系数在工程管理中的应用，根据定义的 Shapley 相关系数和建立的规划模型，设计了权重未知的 DHFS 环境下的聚类分析算法，以房地产投资风险评估为例说明了聚类算法的实际应用。也有学者研究了基于 DHFS 的运输问题，通过考虑决策者交付货物的能力，利用对偶犹豫模糊数来建立数学模型，设计了一种算法来计算包含一些限制的对偶犹豫模糊运输问题的最优解。

综上，DHFS 可以灵活地表达多属性决策问题中的不确定性和复杂信息，并且得到了广泛的应用。将其引入古籍汉字图像的特征提取中可提高所提取古籍汉字图像特征的表述能力，进而改善古籍汉字图像检索的性能。

第七章　图书馆古籍保护的意义与途径

古籍作为不可再生资源，具有重要的文史价值，保护古籍对于提高我国文化软实力、弘扬优秀中华传统文化具有重要的意义。通过了解图书馆古籍保护现状，可为创新图书馆古籍保护策略提供参考依据。本章分为图书馆古籍保护的意义、图书馆古籍保护的现状、图书馆古籍保护的途径三部分，主要包括全面提升古籍修复能力、加大古籍保护宣传推广力度等内容。

第一节　图书馆古籍保护的意义

一、有利于传统文化的传承和发扬

古籍是古代传统文化的结晶，是古代文人的智慧成果，记录了当时特定环境下形成的特定文化。因特定时代的独特性，每个时代的书籍内容都大不相同，现代的人们要想了解以前的社会就只能通过这种方式。因此，图书馆对古籍进行保护、保存不仅可以让人们了解当时的社会，还能够让这些传统古籍和传统文化得到保护和传承。

二、有助于历史科研工作的开展

时代是进步的，时间也是往前走的，这决定了时间具有不可逆的特性。我国历史悠久，在漫长的发展过程中出现了诸多优秀传统文化。要想对这些文化和传统有更加深入的了解，就只能借助对古籍进行研究的方式。每个年代的书籍都可以体现当时社会的发展状况，除此之外，还可以通过古籍了解当时社会的风俗习惯、人文地理等。这为历史学家和科研人员的研究工作提供了充足的历史证据，非常有利于科研工作的开展。

三、对学者具有一定的教育意义

古籍保护工作除了可以促进科研工作的开展，其本身还具有重要的教育作用。书籍本身就是教书育人的介质，图书馆进行古籍保护工作可以保护好其本身所蕴藏的信息。人们在对这些书籍进行阅览的时候就可以学习其中的优秀文化，这些优秀的文化可以提升大家的文化涵养，从而对人们起到教化的作用，帮助人们形成良好的思想观念。

第二节 图书馆古籍保护的现状

一、古籍修复工作尚存不足

对于大多数图书馆而言，在古籍修复人才、修复的硬件设施和修复用纸方面还存在一些不足之处。

（一）古籍修复专业人才缺失

根据《图书馆古籍特藏书库基本要求》，影响古籍保护的主要因素有温湿度、照明和防紫外线、防虫防鼠等。温度过高会致使纸张脆化，而相对湿度过高的话，纸张容易出现褪色、粘连等现象。古籍原有形态的损坏会影响古籍的价值，古籍的版本价值也会相应减小。古籍的破损形式很多，古籍修复工作专业性较强，这就要求古籍修复人员不仅需要具备熟练的操作技巧，还要掌握古籍的版本知识，熟悉古籍的装帧形式及其特点，熟悉各种材料的纸张的特点和各个时代纸张的特性等。

自"中华古籍保护计划"开展以来，培养古籍修复人才的意识逐渐增强。2009年12月，原文化部办公厅确认12家单位为"国家级古籍修复中心"，包含国家图书馆、山西省图书馆、中山大学图书馆等，以期各馆注重古籍修复工作，加大人才培养力度。随后，为了提高各馆工作人员的修复能力，国家古籍保护中心多次开设古籍修复、少数民族古籍修复等培训班。以郑州大学图书馆为例，该馆共有5位老师参加过全国古籍普查培训班以及修复班，其中副研究馆员2名、馆员3名。古籍修复技艺传习所也采取"师带徒"的模式进行人才培养。随着

第七章　图书馆古籍保护的意义与途径

培养古籍修复人才意识的增强，人才缺失的状况有所转变。古籍修复人才队伍从2005年的不到百人，发展到现在已经超过1000人。

然而，面对大量有待修复的古籍，目前的修复人才队伍仍然难以完成重任。举例来讲，南京大学图书馆馆藏古籍约40万册，约有1/3的古籍需要进行不同程度的修复，而该馆只有一人具有丰富的古籍修复经验；山东大学图书馆藏古籍总量约70万册，有近1/3的古籍急需修复，然而，该馆修复工作人员仅有6名；贵州省图书馆有4名修复人员，成千上万的破损古籍有待修复。

总的来说，各馆修复人员的修复任务巨大，难以完成。举例来讲，郑州大学图书馆古籍馆藏量约为19万册，目前并没有专门的古籍修复人员；包含河南省图书馆、河南省社科院、郑州市图书馆在内的16个图书馆，馆藏古籍总量近120万册，善本古籍约有7000册，古籍修复人员却仅有3位。

据统计，目前全国古籍总量约为5000万册，有待修复的古籍超过1/5。全国范围内古籍破损数量巨大，古籍修复人才缺失严重这一问题急需解决。

（二）古籍修复设施有限

在调研过程中，将部分图书馆的修复室的硬件设施与国家标准《可移动文物保护修复室规范化建设与仪器装备基本要求》（GB/T 30238—2013）进行对比发现，一些图书馆的修复室虽已配备了一定数量的基础设施，如压书机、修复台、工具箱等，达到了基本的修复条件。但是与标准化的古籍修复站进行对比发现，现有的仪器设备还是相对有限。

从调查结果中可以看出，在大多数图书馆中，显微镜、酸碱度测试计、电子天平、测厚仪、普通冰箱等必备的基础设备，修复室中均没有配备，而备选的基础设备，如环境气体测量仪、高温电炉、台钻等也没有配备。这就造成了纸张的厚度、pH酸碱度、纤维品种的检测都无法顺利进行。这给古籍修复带来了诸多的不便之处。在设备有限的情况下，为了完成一些古籍的修复，工作人员只能专程奔赴当地的古籍保护中心进行检测。这在一定程度上会延长古籍修复的时间，降低工作的效率。同时，在长期缺乏设备的情况下，也容易造成部分修复师会直接凭借古籍修复的传统经验进行配纸、染色，不利于古籍的科学性修复。

（三）古籍修复用纸紧缺

中国古代有"纸寿千年，绢保八百"的说法。合适的修复用纸在古籍修复过程中起着至关重要的作用，它不仅可以提高古籍修复的质量，还可以延长古籍的寿命。但是，在各地区的图书馆中，修复用纸的储备情况并不乐观，尤其是一些偏远地区的图书馆普遍存在古籍修复用纸数量不足的情况。

有些图书馆的古籍修复区会设置多个纸张陈列柜，存有不同种类的修复用纸。但总体来讲，所存修复用纸长期存在匮乏现象，一些图书馆仅存有薄皮纸、超薄皮纸、吸水纸、毛太纸、玉扣纸、封皮纸等基础的修复用纸，在数量上也远远达不到长期修复的标准。同时，通过访谈的方式了解到，现存修复用纸主要是向上级领导申请所得，且每次申请的数量有限，这从源头上阻碍了修复用纸的数量和种类的增加。

此外，在部分图书馆中，针对修复用纸的存储问题，主要采用申请用纸和自行购买相结合的方式，逐渐增加修复用纸的种类，进一步满足修复的需求。据此，其他图书馆也应加大对修复用纸的资金投入，积极学习一些优秀古籍保护中心的丰富经验，逐步改善古籍用纸匮乏的情况。

二、保护环境尚未完全达到行业标准

图书馆作为古籍保护的重点单位，可以通过建设标准化书库以期改善古籍的保存环境，但在建设过程中往往会存在一些问题。

以郑州大学图书馆为例，该馆拥有两个书库——珍本书库和古籍书库，总占地面积460平方米。作为"全国古籍重点保护单位"，该馆需要承担起责任，尽可能完善书库环境，延长古籍寿命。

结合国家图书馆制定的《图书馆古籍特藏书库基本要求》，根据以下六种因素进行书库的标准化评定，分别为温湿度、消防与安防、防虫防鼠措施、装具配备情况、照明及防紫外线、建筑要求。目前，郑州大学图书馆珍本书库配备有樟木书柜、恒温恒湿空调机组、温湿度检测仪器、过滤紫外线的照明设备、空气净化器、烟感温感检测器等设施，基本符合要求。但是，郑州大学图书馆南校区古籍书库尚未完全达到标准。书库虽单独设置，古籍却直接摆放在书架上，并未配备书柜，致使古籍直接暴露在空气中，容易沾染灰尘，而灰尘会吸附霉菌，这也容易对古籍造成损害。

除此之外，其他图书馆等古籍藏书单位的书籍保存环境也不尽如人意。例如，福建师范大学古籍书库配备有空调机组，但由于机组老旧，无法持续稳定保障书库温湿度达到标准；书库并未安装空气净化系统，导致书库内部各种气味混杂。不少基层图书馆由于经费短缺等问题，也难以满足书库的国标要求。例如，辽阳、丹东、大连等15家图书馆（博物馆）的卫生条件普遍差强人意，书库中灰尘较多，容易损害古籍。部分库房建筑条件不足，存在漏水问题，容易导致古籍粘连、字迹褪色等问题。绝大多数古籍书库难以达到恒温恒湿要求，有的古籍甚至并未摆放在书架上。以南通市的图书馆古籍书库为例，大部分图书馆并未单独设置古籍书库，而是从普通书库中隔出一间房作为古籍书库。

有专家称，若敞开古籍特藏书库大门，让灰尘等直接与古籍接触，古籍的寿命至少会缩短20年。古籍的老化速率与温湿度、紫外线含量、灰尘等因素有直接的关系，良好的保存环境有利于古籍寿命的延续。

三、古籍保护宣传力度不够

一些图书馆为进一步宣传古籍知识、发扬传统技艺，立足实际需求、面向大众，持续开展与古籍保护有关的系列体验活动。但是，在对这些系列活动的体验和调查过程中也发现了一些不足之处，需要进一步改善。

（一）古籍技艺体验创意不足

开展古籍技艺体验活动是传播古籍知识的一种重要手段，在古籍的传承、保护中起着至关重要的作用。通过调查发现，部分图书馆会举办系列古籍体验活动，活动类型相对固定，主要是雕版印刷、活字印刷、石刻传拓、线装书制作和修复实践。

但是，通过对比调查发现，还有一些图书馆在"互联网+"的大背景下，正依托馆藏资源大力开发古籍体验平台，不断创新古籍技艺体验服务。例如，河南省郑州市图书馆除了举办常规活动，还借助现代科学技术构建读者数字体验平台，让馆藏古籍"动"起来、"活"起来，让大众真正感受到河南文化的博大精深。该馆充分挖掘馆藏古籍资源，尤其是注重对馆藏善本、地方文献的整理与开发，如"中原文化源"互动体验平台、"中原贡院时空"VR、"八斗高才生"多媒体抢答系统等，都是通过图文、声像、动漫、三维立体等多种形式将古籍内容呈现给读者，利于读者深度了解河南文化、传承中原文明。相比之下，目前大多数图书馆的古籍体验活动主要侧重于传统技艺的体验和弘扬，缺乏高科技的融入以及对馆藏精品内容的深挖，亟须进一步的改革与创新。

（二）古籍展览效果欠佳

古籍展览是卓有成效又影响深远的古籍宣传方式之一。把古籍当作物质载体时，可侧重于展示古籍的装帧方式、修复方法；把古籍当作精神载体时，可侧重于展示古籍的版本源流、文本内容，所以，古籍展览类型多样、内容丰富、作用巨大。

通过实地调查可知，一些图书馆会设文献展览区，包括多个小型陈列柜和多个大型陈列柜，但展出的文献十分有限，仅为为数不多的影印品、整理出版的古籍成果，甚至部分陈列柜一直处于空置状态，未放入展品。同时，这些图书馆举办的古籍展览还存在一些不足。首先，场地固定，古籍展览均在馆内举办，未与其他图书馆合作，受众群体十分有限。其次，次数较少，展览时间短，因此，无法满足广大读者长期看展的需求，不利于珍贵古籍的宣传与普及。此外，在场地面积和条件设施的限制下，大多数的古籍展览规模相对较小，其陈列柜个数相对较少，无法满足大型展览的需求。

（三）古籍文创产品开发滞后

古籍文创产品的开发是让古籍"活"起来的有力实践。2016年，原文化部确立和备案了36家图书馆作为文创产品开发试点单位，由此拉开了各大图书馆全面开始文创工作的序幕。

与此同时，开发与馆藏古籍相关的文创产品也逐步成为热点。例如，国家图书馆结合重特大展览、面世稀缺的善本古籍，开发出永乐大典主题、庆赏升平主题、四库全书主题等系列产品，类型丰富多样，设计精致巧妙。如"永乐大典封套"源于《永乐大典》第二千四百六十卷。"初，始也"，借此将"初"裁切并移动到信纸上，象征一切源于初心的开始，寓意十分美好，产品颇受欢迎。还有甘肃省图书馆的《阅微草堂收藏诸老尺牍》仿真件、上海图书馆《江流记》《进瓜记》四色笔记本、山东省图书馆《木兰秋狝图》书灯等。这些馆藏丰富的图书馆逐渐开发系列文创产品，大大提升了馆藏特色古籍的知名度。

但是，对于大多数的高校图书馆而言，对于古籍文创产品的开发会显得相对滞后，往往难以开发出邮票、藏书票、手账、明信片、书签、印章等多种多样的古籍文创产品。并且，古籍文创产品开发滞后是众多图书馆共同面临的问题之一，资金、人员、技术等因素严重限制了图书馆文创产品的进一步开发。

四、古籍保护数字化建设不到位

古籍保护分为原生性保护与再生性保护。原生性保护通常指对古籍进行妥善保管、及时修复；再生性保护是指利用现代化技术将文献内容以另一种载体形式呈现，如影印出版、数字化等。古籍的数字化工作是指将文献的内容转换成计算

第七章　图书馆古籍保护的意义与途径

机可识别的电子数据，进而实现古籍的影印、编辑、索引等相关加工处理工作。数字化的结果可分为两种，形成书目数据库或者全文数据库。进行古籍资源数字化工作，不仅可以方便读者查找、获取全文，还可以减少对古籍实体书的损害。因此，在某种意义上来说，加强古籍数字化建设就是对古籍的有效保护。

一些图书馆在古籍的数字化开发过程中注重资源的共建共享，从书目到图像数字化，再到古籍数据库，给广大读者了解馆藏古籍提供了诸多便利。但在调研过程中也发现了一些需要改进之处，如古籍的信息检索、专题数据库的深度开发等，这会对古籍保护工作产生一定程度的影响。

（一）古籍著录标准不一

古籍数字化是一项科学系统的工作，需要规范化操作。虽然国家图书馆近几年来陆续发布了一系列元数据的著录规则，如《古籍著录规则》《古籍元数据标准》《中国古今地名数据描述规范》等，但在各馆的数字化进程中，往往会根据自身的具体情况设置标准。哪怕在古籍普查中，对书目的基本信息的著录也会出现细微的问题。

举例来讲，一些图书馆在对子部佛家类文献的索书号进行登记时出现了多种类型，有的通过善本、普本进行区分，但也存在只写了这是属于子部、佛家类的情况，至于该古籍是否为善本，需读者进一步查询善本目录或询问相关人员。同时，还存在索书号直接以《大藏经》1、2等进行区分的情况。总之，通过调查分析可以发现，在对古籍进行著录时，其标准的统一度有待加强。究其原因，主要是因为古籍普查普遍历时较长，由多人经手进行普查登记，难免存在纰漏之处。

（二）古籍共享程度较低

古籍数字化的主要功能之一是给广大读者提供网络资源，使读者能够更加快捷、方便地查阅古籍，不受地域和时间的限制。但通过实地调研发现，一些地区的数字图书馆的古籍资源共享程度相对较低。首先，在其官网上并不能直接查询到馆藏古籍的具体信息，这是在信息检索方面存在的最大不足之处。读者需亲自到该馆的古籍部使用专门的电脑进行查阅，了解馆藏古籍的书目、图像等。同时，如果需要翻看古籍原书，读者同样需要亲赴该馆的古籍阅览室。两者相比之下，亲赴馆内查阅古籍的电子资源并没有给读者带来实际的便利，只是降低了原古籍的使用率，对古籍原本的保存与保护起到了一定的作用。

在调研中，除了对古籍的信息检索受到时空的限制外，还发现古籍数字化平台的运营稳定性较差，例如，在春节期间，一些专题数据库变得难以打开。虽在假期结束后平台已恢复正常，但这十分不利于读者在春节期间查阅资料，无法及时为读者提供对应的服务。同时，在平台正常运行的情况下，较多数据库需要读者到馆内办理读者证，并开通账号，才能查阅相关资料。如未注册读者证，仅注册试用账户，也存在不稳定性。此外，查阅有些文化专题，在正常情况下还需要远程访问时登录账号和密码才能进行正常访问。在这层层设置中，无疑加大了读者查阅资料的难度，不利于古籍保护数字化建设工作的有效开展。

第三节 图书馆古籍保护的途径

一、全面提升古籍修复能力

自"中华古籍保护计划"开展以来，图书馆的古籍保护工作迎来高速发展的黄金期，但取得可喜可贺成就的背后也存在着一些不足。现就针对图书馆存在的问题提出相应的建议，以期图书馆的古籍保护事业能迈上一个新的台阶。

近年来，许多图书馆的古籍修复工作在稳步推进，但依旧面临着修复人才匮乏、专业仪器设备有限、修复用纸紧张等问题，这也是众多图书馆需要共同解决的难题。究其原因，与经费的多少、政策的扶持以及对古籍修复的重视程度息息相关。修复人员的修复能力的全面提升需要各方面的努力，并采取相应的措施。

（一）培养古籍修复专业人才

随着培养古籍修复人才意识的增强以及相关工作的开展，目前，我国已拥有千名以上的古籍修复人才。然而，面对大量破损严重、亟待抢救的古籍，培养应用型修复人才的计划仍是十分重要的。

目前，我国主要采取以下三种方式进行古籍修复人才的培养。第一，由院系开设相关专业培养修复人才。经统计，全国共有35所院校开设文物修复与保护专业，如四川文化产业职业学院、北京艺术传媒职业学院、河北东方学院、开封文化艺术职业学院等。第二，古籍修复技艺传习所采取"师带徒"的方式培养修复人才。目前，全国共计成立30多家古籍修复技艺传习所，传习所聘请古籍修复领域的专家担任导师，在实践中带领学徒掌握相关古籍修复知识。第三，开设古籍修复技术培训班，由国家古籍保护中心开展。2019年，国家古籍保护中心主办的"第三期全国西文古籍修复技术研修班"，共有38名高校、公共图书馆工作人员参与学习。

目前，古籍修复人才稀缺，有待修复的古籍数量巨大。三种修复人才培育模式并不能满足需求。院校开设相关专业，教学正规，但是会受到软硬件设备的制约，如修复材料、修复工具短缺的问题，实操设备的不足会影响教学质量。目前国家古籍保护中心开设的修复技艺培训班，培训的主要是目前各馆的工作人员，并不能实现批量培养学生为社会输送古籍修复人才的目的。目前，全国各地开设的近30家古籍修复技艺所采取的"师带徒"模式也存在同样的问题。

为了达成批量培养古籍修复人才的目的，可以采取各省古籍保护中心与院校合作办学的方法，做到优势互补。该方式已有成功案例：2014年11月，国家古籍保护中心与中山大学达成合作关系，签署了联合培养图书情报专业硕士协议；2015年，中山大学图书情报专业中增加了"古籍修复与保护"方向，正式招收研究生。国家古籍保护中心与中山大学联合办学，可以为社会输送高质量古籍修复人才。

由此可见，针对古籍修复人才相对匮乏的现状，可以采取古籍保护中心与高等院校合作办学的方式，完成古籍修复人才的培养，由古籍保护中心修复领域的专家讲解相关修复知识、带领学生进行实际操作，并且帮助提供相应的修复材料、修复设备，由院校提供修复场地、安排相应的教学计划。该举措可以节约资源，实现理论教学与实训修复技能紧密结合的效果。

（二）完善古籍修复设施

部分图书馆古籍修复的基础相对薄弱。一直以来，图书馆的古籍修复仪器设备主要来源于上级分配，部分由图书馆自己购买，并存在缺少专业仪器设备等问题。

各图书馆应努力向国家级的古籍修复中心看齐，进一步完善修复设备，真正达到《可移动文物保护修复室规范化建设与仪器装备基本要求》（GB/T30238-2013）中的相关标准。具体可采用以下举措。

首先，从以往的古籍修复经验中进行归纳，整理出修复过程中必备的专业设备，如酸碱度测试计、测厚仪、普通冰箱等，这些是日常修复工作中必不可少的设备。

其次，从馆内的实际情况出发，根据每年的经费，再决定购买的力度，若经费充足，可考虑多引进专业设备，包括显微镜、电动切纸机等，从而全方位提升古籍修复的科学性；若用于购买古籍修复设备的专项经费较少，购买力度有限，可根据实际需求优先购买必备品，或向上级领导进行申请，逐步完善古籍修复设施。

总之，从经验性修复到科学性修复的过渡中，齐全的古籍修复设施起着十分关键的作用，应不断完善设施，提升修复水平。

（三）构建小型古籍纸库

在古籍修复的过程中，选择合适补纸的重要性不言而喻。第一，古籍破损部位的连接、补缀、托裱等，都需要补纸。第二，需要遵循"整旧如旧"的原则，根据每一部书中纸张的厚薄、颜色、质地、帘纹，甚至密度来进行选配，程序极其烦琐，但又不可或缺。但一般图书馆中仅存的十几种补纸是远远无法真正达到该修复要求的，在后续发展中，需加强对补纸的重视度，增加补纸的种类，并可仿照浙江省图书馆的"浙江省古籍修复材料中央库"以及天津市图书馆"古籍纸张信息数据库"的建设，逐步构建小型的古籍纸库，形成规范化、智能化管理。具体来讲，可以采取以下措施。

首先，清点现存的修复用纸的数量、质量、规格、品种，并做好相应的档案记录，再根据修复需求，自行购买或向上级领导申请，增加纸张的种类和数量，至少应涵盖皮纸、竹纸、封面纸、宣纸这四大类常用补纸。

其次，构建小型的纸张实物库，将纸张分门别类地存放在现有的陈列柜中，并对其进行规范化管理，做好入库、出库时的记录与清点，还要注重修复用纸的日常盘点，尤其是要设置纸张数量的警戒线，例如，当纸张数量小于15或者10的时候，说明库存已经不多，需要进行补充。

最后，尝试建立古籍修复用纸的数据库，实行智能化管理。在该数据库中，应包括纸张的基本信息、供应商信息、工作人员信息，以及出库、入库的记录，能够帮助修复人员快速寻找匹配度最高的纸张。在条件允许的情况下，还可对古籍书库中的某类文献进行批量检测，并做好记录，存储在系统中，有助于修复人员更科学、精准地了解馆藏古籍的纸张情况。

总之，构建小型古籍纸库不仅有助于提高古籍修复质量与效率，还能帮助判定古纸的年代与地域，利于更精确地进行版本鉴定工作，实乃大势所趋。

二、优化古籍保护环境，适当考虑古籍寄存

大部分古籍以纸张为载体，容易受到光照、温湿度等因素的影响。因此，为

第七章　图书馆古籍保护的意义与途径

了最大限度延长古籍寿命，图书馆等藏书单位需要营造良好的保存环境。如特藏书库需要配备恒温恒湿监测仪器、空调机组、具有锁具的书柜，需要采取相应的紫外线隔离措施，需要达到消防、安防等标准。

（一）优化古籍保存环境

1. 重视建筑设计与使用情况

《图书馆古籍特藏书库基本要求》明确规定："图书馆古籍特藏书库应单独设置，并自成一区。"在"全国古籍重点保护单位"的评定标准中，该条件也占据重要地位。严格意义上，"古籍特藏书库应单独设置"是指书库中只存有线装古籍，并不包含其他类型的文献。例如，影印古籍纸张多为机械纸，酸化现象比较严重，书籍酸化现象也容易传染。库房建筑一般来说不宜进行改动，会消耗大量资金，因此，书库建设需要从密闭性、保温隔热等方面综合考量。

在选择图书馆书库位置时，应注意符合书库不设置于建筑物顶层及其上层的标准；确保书库单独设置，其中不设置其他用房以及通道，古籍书库窗户采用具有优良的密闭性和保温隔热的双层玻璃，供暖采用空调系统。

2. 减小强光和紫外线的影响

古籍多以纸张为载体，纸张的主要成分为纤维素，光照可使纸纤维遭到破坏，影响纸张的耐久性。光照越强对古籍的损毁程度越大，会使得纸张变黄发脆，甚至会使古籍的字迹褪色。紫外线作为波长最短能量最大的光，对文献纸张的破坏性最强。

因此，古籍特藏书库对于光照有明确规定。书库采光分为自然采光、人工照明两种方式。采取前者，需要具备一定的隔离紫外线措施，如遮光窗帘、防紫外线玻璃等。采取人工照明的方式，建议选用乳白色灯罩灯具，从而减少紫外线对于古籍的损害，同时需要保证灯具位置与易燃物的距离不小于 0.5 米。

一般来讲，建议图书馆珍本书库采取人工照明的方式，确保书库所处位置以及内部设施可大幅减少太阳光中紫外线对于古籍的损害。人工照明的灯管采用具有过滤紫外线功能的荧光灯，且与书柜垂直距离大于 0.5 米。保证书库绝大部分时间不开放，使得该因素对于古籍纸张的影响降到最小。

3. 注重合理的装具配备

古籍特藏书库应配备书柜、书箱，阅览后应保证书柜处于关闭状态。这样可以有效减小古籍暴露在灰尘中产生的影响，同时可以起到防虫的作用。灰尘中具有腐蚀性和营养性的颗粒长久沉积形成的污垢层容易繁殖微生物，为细菌、真菌等古籍书库中的有害生物提供繁殖、生长的条件。除此之外，应保证书箱或者书柜之间的空气流通。

一般来讲，建议珍本书库的古籍配备原有函套，平时放置于具有锁具的书柜中。书柜应为樟木材质，以期起到防虫、驱霉、隔潮的作用。书柜的排列要具有一定间隙，保证空气的循环以及流通。同时，要确保书库具有较高的密闭性，有效减小空气中灰尘的浓度。

4.控制好温湿度条件

古籍文献的保存不仅与光照有关，还与保存环境的温湿度情况密切相关。特藏书库温度建议控制在16 ℃～22 ℃，温度过高，会使得纸张变脆、开裂，同时，也会加速霉菌的生长以及繁殖。20 ℃～35 ℃为霉菌生长繁殖的最适宜温度，在该温度区间内，温度越高，霉菌生长繁殖速度越快，对于古籍的破坏也就越大。因此，为了延长古籍的使用寿命，可适当降低库房温度，但最低温度不宜低于0 ℃，以免因为阅览室、书库温度差异过大对纸张造成影响。

相对湿度应控制在45%～60%。相对湿度因素对于古籍影响更大，湿度过高，可能会引起纸张纤维素的水解，致使古籍出现褪色、粘连等现象。

为了保障书库满足温湿度等要求，更大限度地延缓纸张衰老，图书馆应购置温湿度监测仪器，记录书库的温湿度变化情况，并根据数据相应调整书库内温度、湿度控制设备以维持书库温湿度的相对稳定。

一般来讲，建议图书馆珍本书库配备恒温恒湿空调机组，由此满足书库温湿度处于相应范围并保持相对稳定，并对书库的温湿度条件进行实时监测及记录。

5.做好虫霉防治措施

虫霉是危害古籍安全的重要因素，做好虫霉防治对古籍保护至关重要。随着科学技术的发展和环境保护要求的提高，古籍保存、保护，尤其是古籍虫霉防治工作面临着新的要求。

针对古籍存放的特殊环境和使用的具体现状，以有害生物综合治理的"预防为主、防治结合、综合防治"为原则，优化古籍虫霉防治方法，并明确其适用范围，旨在为图书馆开展古籍保护工作提供科学的、可操作的指导。

（1）古籍虫霉的预防措施

第一，接收入库前的预防方法包括以下几个方面。

①虫霉检查。接收古籍时，应逐册检查古籍以及装具是否有虫霉病害。

虫害检查可采用观察搜索法和震落法等方法，检查是否存在害虫卵、蛹、幼虫或成虫。

霉菌可通过裸眼检查，应检查古籍纸张表面、装订和修复等位置是否有霉斑、菌落或菌丝。必要的时候，可进行活性检查。

②虫霉处理。对于有虫霉迹象的古籍，应先进行杀虫除霉处理。

古籍在杀虫除霉处理后，应在缓冲间隔离存放14天。

经再次检查确认无虫霉后，方可入库上架。

第二，古籍整理、阅览和修复过程中的预防方法包括以下几个方面。

①整理、阅览和修复区环境的温湿度和空气质量要求应符合相关规定。

②整理、阅览和修复区在没有存放古籍时，可采用杀虫菊酯等进行杀虫处理。

③修复用具和材料在使用前均应进行虫霉检查，必要时进行杀虫除霉处理。

④待修复的古籍如已被虫霉感染，应按照上述的虫霉处理方法进行杀虫除霉处理。

⑤修复所用的工具、设备和装具应定期进行除尘去污和高温消毒处理。

第三，古籍保存过程中的预防方法包括以下几个方面。

①新建库房及改建后的古籍库房在启用前，可采用杀虫菊酯等对库房环境进行杀虫处理。

②古籍库房的温湿度和空气质量要求应符合相关规定。

③古籍库房应保持密闭，门窗应少且无缝隙、无破损，所有窗户都应安装纱窗。

④古籍库房的空调和其他机械进风口都应安装新风处理系统，以保持古籍库房内空气洁净。

⑤每年至少对古籍及其装具，以及库房的风口、门窗、管道进行一次虫霉抽查，必要时采取处理措施。

⑥古籍库房及柜架内若放置驱虫、防霉药剂，应避免与藏品直接接触。

（2）古籍害虫的除治措施

在推进图书馆保护工作的实践中，需要优化古籍害虫的除治措施，具体来讲，主要包括以下两类方法。

第一，关于物理除治方法，主要包括以下几种。

①冷冻杀虫法。根据《图书冷冻杀虫技术规程》给出的要求执行。重要提示：带有彩绘插图、木质装具和象牙装具等的古籍慎用。

②气调杀虫法。少量古籍可放入专门容器、高阻隔复合膜内密闭；大批量古籍可置于专用空间或整库密闭，多次抽取其中空气并置换气体，应使容器等内含氧量低于 0.2%，密闭 14 天以上进行杀虫。

抽取容器等内的空气前，应清理真空泵的过滤器；禁止向容器等内加入二氧化碳，以免对纸张造成伤害。

古籍杀虫后，应在缓冲间放 14 天，经检测没有活虫后方可入库。

第二，关于化学除治方法，主要包括以下几种。

①菊酯类触杀法。该方法属于微毒类除治方法，其使用要求如下。

杀虫剂主要成分应为富右旋反式苯醚菊酯和生物烯丙菊酯。

菊酯类杀虫剂应稀释后采用极细雾化方式作用于空置库房、装具和书架等。

雾化剂漂浮时间应不低于 30 min。

库房杀虫后，应进行强制排放及空调抽风 12 h 以上。

不能直接接触古籍表面。

该方法适用于处理比较严重的古籍虫害。

②环氧乙烷熏蒸法。该方法属于中毒类除治方法，需要专业人员操作，其使用要求如下。

熏蒸室温度应维持在 29 ℃以上，相对湿度应维持在 30%～50%。

环氧乙烷极易燃烧，应以 1∶9 的比例与二氧化碳混合使用。

环氧乙烷在常温常压下的用量为 400 g/m^3，一般应熏蒸密闭 24～48 h。

使用真空容器熏蒸杀虫时，使用剂量为 150～300 g/m^3，密闭 10～24 h。

环氧乙烷气体熏蒸时古籍之间应留有足够的空隙，采用真空容器处理效果更好。

人对环氧乙烷每日连续接触的极限是 50 ppm，操作人员应严格防护并做好尾气处理。

该方法仅适用于处理特别严重的古籍虫害。

③硫酰氟熏蒸法。该方法属于中毒类除治方法，需要专业人员操作，其使用要求如下。

使用剂量为 10～40 g/m^3，密闭时间为 48～72 h。

杀虫后应充分通风，采用气相色谱法或卤素灯测定残留量，低于 5 mg/L 后工作人员方可进入。

应在专用的密闭性良好的消毒室或容器内进行杀虫处理。

该方法仅适用于处理特别严重的古籍虫害。

第七章　图书馆古籍保护的意义与途径

（3）古籍霉菌的除治措施

在推进图书馆保护工作的实践中，需要优化古籍霉菌的除治措施，具体来讲，主要包括以下几种方法。

第一，手工清除法。可将古籍置于干燥通风处，待菌丝干燥后，用宽软刷在发霉的纸张上轻刷，或用低压真空吸尘器，将霉菌刷入或吸入吸尘袋，并轻敲发霉的书页，以防霉菌嵌入纸张或织物的纤维内部。

该方法适用于处理局部、轻度的古籍发霉。

第二，酒精擦拭法，其使用要求如下。

①擦拭时视实际情况，用脱脂棉等蘸75%酒精擦拭。

②使用前需测试酒精是否会引起字迹褪色和纸张脱色；擦拭后的酒精棉花球应及时更换，避免交叉感染；注意防火。

该方法适用于处理局部、轻度的古籍霉斑。

第三，环氧乙烷熏蒸法。该方法属于中毒类除治方法，需要专业人员操作。而其操作方法及注意事项同古籍害虫除治方法中的环氧乙烷熏蒸法。

该方法仅适用于紧急情况下处理大批量的古籍发霉。

6.做好消防与安防措施

作为古籍保护的重点单位，维护古籍的完整是图书馆的重要责任。古籍具有不可再生性，价值会因其内容的不完整性而降低，同样也会因表面的损害致使其价值降低。因此，古籍书库甚至图书馆都应设置完善的消防以及安防设备，保证古籍的安全保存。

一般来讲，要求书库应设置有水灾、火灾自动报警系统并且设置可靠的防盗系统。具体来讲，可将图书馆珍本书库门设置为防火防盗门，内部设置烟感温感报警器，一旦确认火警，报警器会发出火警信号并启动蜂鸣器报警，同时启动气体消防措施；书库内应设置防盗措施以及安全监测系统保证古籍的安全。图书馆管理人员应定期对古籍书库进行消防安全自检，书架间要留有足够的消防通道。

（二）适当考虑古籍寄存

标准化书库的建立，需要一定的资金投入，经费充裕才有利于更好地开展古籍保护工作。因此，图书馆应设立古籍保护专项经费，用于更新、完善古籍书库的硬件设施。书库达到标准，才可以延长古籍文献的自然寿命。

事实上，大多数图书馆都存在经费紧张的问题，可专门用于古籍书库的经费更为短缺。如果各古籍收藏单位按照标准化书库进行构建，一次性投入会非常大，并且后续的维护、管理要求较多。

因此，图书馆可以考虑古籍寄存方式，使馆藏善本古籍得到较好的保存条件。古籍寄存指的是将古籍书库条件较差、短期内难以得到根本改变的图书馆馆藏珍贵古籍寄存到保存环境较好的图书馆中。古籍的所有权不因保管单位的改变而转移。

由此可见，图书馆可以有效采取古籍寄存这一方式，减少古籍分散收藏而造成的巨大浪费，达到保护古籍的目的，同时缓解多数图书馆经费紧张这一局面，实现资源的共享。

三、加大古籍保护宣传推广力度

近几年来，一些图书馆积极响应传承与弘扬优秀传统文化的号召，开展系列古籍体验活动，组织古籍讲座，普及古籍知识，提高人众的古籍保护意识，但同时也面临着活动创意不足、文创产品开发滞后等问题。针对该情况，我们需要进一步加大对古籍保护的宣传推广力度，助力古籍传承性保护长远发展。

（一）完善古籍保护宣传推广活动策划

随着公众精神文明需求的不断提升，以古籍保护为主题的文化活动也要与时俱进。图书馆以及相应地区的古籍保护中心在进行活动策划时，要从活动选题、时间、场所、受众和组织方式等维度进行创新，逐步提高策划水平，丰富策划内容。

1. 以重要时间节点为依托，策划各类推广活动

在重要时间节点策划活动是十分重要的，如在"国际博物馆日""文化和自然遗产日""中秋节"等时间节点，结合传统文化习俗和本馆自身特色举办各类古籍保护宣传推广活动。紧跟时事热点推出古籍保护推广活动会起到事半功倍的效果，是塑造古籍收藏单位良好形象和扩大影响力的重要途径。这里以国家博物馆、国家图书馆为例进行具体说明，以此为鉴，进一步推动各地区和各高校图书馆的发展。

国家博物馆在每年的"国际博物馆日""文化和自然遗产日"期间，都会结合实际情况，面向社会公众开展系列活动。如开展传统文化互动体验活动，举办专家咨询公益活动，在博物馆内外张贴摆放宣传海报，发放书籍或宣传手册，开设专题网页等。

第七章 图书馆古籍保护的意义与途径

国家图书馆在"文化和自然遗产日"宣传"非遗保护"的理念、实践与成果，策划了一系列具有互动性、体验性的推广活动，通过展映、展示、讲座、互动、竞赛、进校园等活动方式，向群众普及非遗保护理念，展示我国优秀的非物质文化遗产，推动中华优秀传统文化走进公众的生活。并且，在非遗展映中，宣传非遗保护成果，放映相关纪录片作品，既宣传了本馆的工作成果，同时也为观众们准备了相关的活动，普及了非遗保护知识。端午节之际，国家图书馆还准备了诗词音乐会，结合民谣、吟唱以及传统乐器的现场演奏，将"端午""诗词""非遗""音乐"等多种元素结合起来，加深了观众的视听体验。

2. 打造特色古籍专题展览

在"册府千华"系列展览、"我与中华古籍"系列宣传推广活动的蓬勃开展下，我国的古籍类展览也迎来了繁盛期。但在调研中发现，承办古籍展览的多为大型博物馆与图书馆，如国家典籍博物馆、天一阁博物馆以及各省级图书馆等古籍收藏单位。对于一些高校图书馆以及地级市图书馆来说，往往承办的古籍类展览规模较小且次数少，十分不利于馆藏古籍资源的宣传与推广。为此，这些图书馆应在现有的基础上，积极学习优秀案例，不断将展览办大办精。

一要依托馆藏资源，策划专题展览。例如，举办古籍保护成果展。目前，古籍保护工作已遍地开花，形成了以图书馆为首的古籍保护体系，取得了不错的成果。通过古籍保护成果展，可更直观地让读者真正了解古籍保护，走进古籍保护，提高对古籍保护的重视度。

二要借助科学技术，提高展览规格。首先，在以往的展览中，展览的场地固定于某一图书馆馆内，受众有限。在今后承办的展览中，可依托图书馆完善的总分馆体系，走进各分馆进行巡展，让更多的读者能够看到展览，感受古籍的魅力。其次，不仅线下要举办展览，还要在线上举办展览，利用微信公众号、数字图书馆官网，进行展览展示，突破时空限制，让读者能随时随地借助各平台进行观展。

3. 推广经典阅读活动

在图书馆的职能和服务内容中，阅读推广是一个重点，而经典古籍阅读的推广是一个较难突破的点。古籍阅读本身需要阅读者有一定的文言文理解基础，所以这对于大多数读者而言并不适合。因此，在推广古籍阅读时，首先要缩短古籍本身与非本专业读者的距离、降低阅读的难度，把握大众的心态，如在出版经典古籍时在注释和文本策划上下功夫，可以添加一些背景信息、图片，甚至给晦涩的字配上注音，更可以在书上用"扫一扫"的方式让读者观看视频，方便读者理解古籍中每一句的丰富内涵。

在古籍阅读的推广中，图书馆不只是推广古籍阅读的参与者，也是推动者和引导者。图书馆结合馆藏古籍资源，策划体现自己馆藏特色的活动，进行有导向性的阅读推广也可以借鉴央视传统文化节目的创新推广策略，如大受好评的《国家宝藏》《炮火下的国宝》和《典籍里的中国》，通过文物或者古籍文献本身的开发，演绎文物和古籍背后的真实故事和相关历史背景。例如，2016年央视的《中国诗词大会》一经推出就引起了强烈的社会反响，在2017年春节期间强势回归后掀起诗词背诵热潮；2018年《经典咏流传》用"和诗以歌"的形式让传统经典诗词与新时代流行元素相结合，挖掘诗词背后的深厚内涵，讲述文化知识、阐释人文价值。

在古籍阅读的推广中，将古籍经典的背景信息和其中流传的故事挖掘出来，丰富古籍文献的形象，让读者感到它不只是距离我们的几百年的冰冷纸张，它们背后曾是有温度的人和故事，拉近读者与古籍之间的距离。

4. 积极扩宽受众群体

古籍保护宣传推广活动要积极争取读者的支持和喜爱，打破读者对古籍的刻板印象——认为古籍是只有专家学者才能看懂的。因此，在策划活动时，在内容和活动体验方式上要走"文化亲民"路线，要丰富有趣、浅显易懂，不但要有内涵而且要接地气。如"古籍修复技艺进校园"活动，该活动的定位人群为在校师生和普通公众，通过古籍专题展览、古籍修复体验、古籍书页抄写、主题讲座等，让更多的人能够进一步了解、感知、熟悉古籍保护的内涵、知识，感受优秀传统文化的魅力，培养青年人的古籍保护意识。

还有，天津师范大学图书馆的老师们带领着学校蕖葭读书社和古籍保护学社的同学们重摹《诗经》，辑录成属于天津师范大学学子的《诗经汇钞》，让古籍经典在我们的笔下传承和延续。特藏部的老师将抄写的纸张，经过压平、裁切、装纸捻、上书皮、缝线、贴题签等一道道工序后装订成册，并制作了精美的函套。

5. 古籍保护宣传推广融入新技术

古籍收藏机构应将新技术作为信息传播的重要方式，将数字技术、人工智能技术等运用到古籍保护宣传推广活动中去，补充现行的推广技术和手段，运用多媒体平台展现古籍数字资源和古籍保护相关的影视资源，借助图画、声音、视频等多媒体信息，打造立体式、多感官的古籍沉浸体验。

第七章　图书馆古籍保护的意义与途径

例如，重庆图书馆在"重图古韵"系列经典文化活动中，大胆使用新技术，积极开发文创产品。重庆图书馆的文化创意产品灵感来源于馆藏书画、古籍等珍品，通过文创产品的展示，将古籍元素以及其中的传统文化底蕴完美再现。在"重图古韵"的宣传推广活动中，图书馆还积极使用VR（虚拟现实）技术，构建沉浸式体验空间，创造交互式情景体验。VR+古籍保护推广是网络环境下新技术的完美产物，是促进与观众互动的新知识媒介，是视域融合知识传承和精神交流的人机交互新平台。在重庆图书馆构建的情景体验中，以传统印刷工坊为背景，再现传承千年的古代发明、工艺流程。观众可以看到古代活字印刷使用的火炉、鬃刷、字、模等工具，根据软件的引导提示，参与活字印刷过程，体验和了解活字印刷的关键制作流程，感受印刷术的发展历史，传递中华传统文化中的"匠人精神"。将新技术融入古籍保护宣传推广活动中，增强了人们在展览中的体验，加深了人们对古籍保护和传统文化的认识深度。

6. 发挥宣传推广主体的能动性和创新性

古籍收藏机构要发挥古籍保护宣传推广主体的能动性和创新性，不仅要积极参与国家图书馆和各省级古籍保护中心主导的宣传推广活动，也要进行自主开发，积极策划古籍保护相关活动，发掘公众和新闻媒体的新闻点和兴趣点，拓展公众接近古籍的新渠道。

此外，古籍收藏机构除了以自身为主开展古籍保护宣传推广工作，还要主动与其他专业人士和部门协调配合。一是与其他图书馆、博物馆和非遗中心、非遗传承人、相关领域研究人员一起合作，优势互补；二是整合文化共享工程和数字图书馆推广工程、数字博物馆的古籍资源，向更多公众普及并讲解如何使用相关资源；三是将古籍保护宣传推广融入社会、社区、学校的交流推广，将"古籍保护"带入社区，也将传统文化带进人们的生活中，通过这种以点带面的形式，拓展宣传推广领域，组织引导社会群体感受古籍保护知识和优秀传统文化，将古籍保护传播"触角"深入社区、企业、学校和家庭，增强对古籍收藏单位形象及文化的宣传。

7. 升级古籍互动体验服务

目前，开展古籍修复、雕版印刷、碑帖传拓等互动体验服务，已成为大多数图书馆的常规性活动，甚至形成图书馆的品牌活动之一。但是通过调查发现，这些活动主要侧重于对传统技艺的宣传，与高科技结合度较低。而在《"十三五"时期全国古籍保护工作规划》中，还提出应运用数字化、信息化、网络化等现代技术手段，采取线上线下相结合的方式，加强对中华优秀古籍多媒体、多渠道、多终端传播。为此，在图书馆的后续发展中，应依托馆藏资源，借助高科技建立多种形式的体验平台，真正做到让"书写在古籍里的文字活起来"。

一要将古籍资源转化为可视化的内容，以图文、声像、动漫等形式进行立体展现。此外，也可构建古籍知识答题平台，定期发布古籍知识的相关题目，并向答题分数较高的读者颁发奖品，以此来调动读者的积极性。

二要努力做到线上线下同步发展。依托互联网技术，使读者能够既在线下参与游戏互动与体验，也能够通过微信小程序或扫二维码等方式实现线上参与，不受时空的限制，从而全方位提升读者的参与度。

8.加强古籍文创产品开发

近年来，在党中央"增强文化创造力"的号召下，各级政府十分重视文化创意产业的发展。同时，在《"十三五"时期全国古籍保护工作规划》中也明确提出鼓励符合条件的古籍收藏机构发挥古籍资源丰富的优势，开发古籍类文化创意产品。图书馆应义不容辞地担负起开发文创产品的责任，摸索出适合本馆的发展模式。

一要多方联系，加强合作。图书馆在依托馆藏特色资源，自主开发的基础上，还应寻求与社会力量进行合作，通过联系相关文化企业等，共同设计文创产品，丰富产品类型与创意。例如，由校企双方共同开发某一主题的系列产品，由图书馆提供素材，文化企业进行产品的设计，联合开发出与该主题有关的明信片、手账、邮票、信封、书签等产品。

二要坚持创新，打造精品。在对文创产品的设计过程中，要注重打造馆藏"明星"产品，避免同质化产品的开发，例如，可从馆藏古籍中的文字、书画、钤印等内在元素出发，寻找创意灵感，进行设计。尤为重要的是，唯有具有高科技含量的产品，才能给用户带来全新的体验，也能让古籍文创产品走向更远的地方。

三要开阔渠道，增加效益。在文创产品的开发过程中，往往会遭遇到资金不足等难题，所以，在此情况下，可立足馆情，增加文创产品的销售渠道，不仅可在图书馆内的文创用品店进行售卖，还可通过线上商店进行销售，从而通过扩宽销售渠道，形成良好的资金链，促进文创产品的可持续开发与利用。

（二）拓宽古籍保护宣传推广渠道

古籍保护宣传推广需要古籍收藏机构本身的推广和大众媒体推广相结合，相

第七章　图书馆古籍保护的意义与途径

互补充。在大众媒体推广中，需要新旧媒体相互融合，取长补短，实现媒介、受众、社会之间有效整合。

1. 古籍收藏机构自身进行宣传推广

古籍收藏机构自身对古籍保护进行宣传推广是十分必要的，具体表现如下。

一是古籍收藏机构本身具备的参观环境和优质服务能为古籍保护起到很好的宣传推广效果。活动现场工作人员或展览讲解人员亲切的服务和耐心的讲解，会吸引到更多公众，直接得到观众对活动建议和评价的传播反馈。

二是针对展览和活动的馆内宣传推广，古籍收藏机构要有自己的设计部门，经过专业人员的内容设计和形式设计，推出一系列宣传内容。可以在图书馆的大屏幕播放展览的时间、主要内容以及古籍精品；也可以选择馆前的空地或广场上周边的展示板进行宣传，吸引来往人群的注意；还可以在场馆周围的小宣传栏上悬挂宣传海报；在部分社区、公立图书馆投放宣传彩页等。

2. 利用大众媒体进行宣传推广

（1）以传统媒体的公信力强化古籍保护的宣传推广

在我国的社会制度下，传统主流媒体始终保持着良好的公信力、影响力和权威性，舆论引导能力极强。因此，要争取与媒体单位如中央级媒体、省级媒体的深度合作，加大对古籍保护的宣传和普及力度，促进民众对"古籍保护"的认可。如《国家宝藏》《典籍里的中国》《炮火下的国宝》等节目，以丰富的视觉形态、浅显易懂的解读方式，推动了古籍保护在社会各个阶层、年龄阶段、不同文化教育背景尤其是年轻人一代中的传播，为古籍保护和优秀传统文化的传承开拓了更广阔的空间。

（2）依托移动互联网平台的数字传播与推广

在移动互联网时代，信息的生产和传播迅速便捷，使人们进入移动阅读时代，广大读者可以随时通过互联网接收信息，呈现出碎片化的特点。人们利用碎片时间阅读、收听、观看成为信息接收的普遍形式，古籍收藏机构在传播信息时，要使内容短小精悍，有利于受众在短时间内有效地接收信息。

因此，要积极推进图书馆官方网站、微博、微信公众号平台的建设，利用其传播速度快和人们碎片化阅读的特点，促使其成为古籍保护宣传推广的重要渠道。举例来讲，"中华传统晒书活动"的系列活动中，浙江图书馆举办的"棹湖孤山　问津瑯嬛——庚子晒书雅集"，邀请浙江省古籍保护工作专家吴格先生进行题为"藏书家与藏书保护"的讲座，与六位浙江古籍收藏家围绕珍贵古籍畅谈古今，以现场直播形式，与不在场的大众跨越时空分享古籍知识，传播古籍保护方式，彰显古籍保护的传承延续精神。

这场活动由《中国文物报》《光明日报》《中国旅游报》等媒体及浙江卫视等省内媒体进行全程直播、跟踪报道，并通过直播平台，让公众能够跨越时空"参与"到晒书活动中，开启了古籍保护新的传播方式。

（3）借助自媒体平台的互动传播与推广

在新媒体环境中，公众不仅是信息的接收者，也可能是信息的传播者和生产者。每一个传播主体都可以通过在自媒体平台中发送图片、文字、短视频等来分享内容，表达观点，从而使信息得到多次的再传播，扩大了信息传播的覆盖面。

人们在体验、感受古籍保护和优秀传统文化活动的过程中，随手通过微博、微信等自媒体分享照片、视频，记录感受体会，在线交流和转发，有效地扩大了古籍保护的传播面。

因此，图书馆要积极利用自媒体平台，吸引年轻读者的参与和支持，使他们成为古籍保护宣传推广的主力队伍。

一是在公众号中添加古籍保护知识版块，如古籍科技保护、古籍修复小常识的科普专栏，将古籍保护工作的小故事以及成果展示出来，言语尽量简单易懂，内容要丰富有趣，还可配上视频与插图讲解，帮助理解。

二是将古籍元素创意添加到表情包、漫画等表现形式中，与广大读者进行良性互动。

总的来说，图书馆这一古籍收藏机构可以利用自媒体平台，跨越时间、空间普及古籍保护的知识，进行古籍保护多维度传播和创新性发展。

（4）深化跨界融合的传播与推广

在传统媒体时代，落后的传播技术和较长的采编时间会影响信息的时效性。较传统媒体而言，新媒体利用网络技术、移动通信技术使信息传播主体的多元性、信息发布的即时性、表现形式的多样性成为现实。

因此，深化传统媒体和互联网媒体融合，实现古籍保护的全媒体高效推广是十分必要的。如"册府千华　守望文明：泰山·黄河·孔子——山东珍贵古籍展"，该活动不仅以互联网宣传（光明网）为主要渠道，还与当地媒体（济南日报等）、古籍行业专业媒体以及参与活动的古籍收藏机构共同合作宣传，以达到最好的推广效果，让更多的观众获得宣传信息、了解并加入古籍保护中，让有着数千年文化历史的珍贵古籍"活"起来。

四、重视古籍数字化保护工作

在"互联网+"的大潮中,古籍数字化建设已成为每个图书馆古籍保护工作中的重心。对图书馆而言,从书目数字化到数据库的建设,古籍数字化建设已初具雏形,同时也面临着标准不一、共享程度较差等问题,需要加大人力、物力与财力的投入,进一步加快数字化进程。

(一)统一古籍著录标准

我国古籍藏量丰富,但分散于全国各地的收藏单位,包括各大高校图书馆、公共图书馆、博物馆等收藏机构,若需将古籍统一起来,进行书目、影像、全文的数字化,需要制定统一的数据格式要求,避免出现标准不一的混乱情况。

自古籍普查开展以来,古籍的著录形式逐步规范化,在具体实践中,图书馆能够以《全国古籍普查登记目录审校要求》《古籍普查登记表格整理规范》为依据指导本区域内的数据统校和登记目录的编纂。

此外,在调研中还注意到,许多图书馆的影像数字化主要由外包公司进行,为此,统一标准迫在眉睫。

一要制定标准。首先,各省级图书馆应根据国家图书馆发布的系列古籍著录标准,制定出对于本区域内各图书馆对于古籍书目、图像、全文数字化的相关标准。其次,图书馆应根据上级的方案,制定适合自己的工作细则。由上至下,逐层推进,进而统一标准,进行规范化操作。

二要统一规划。在设备、技术等不齐全的情况下,数字化外包具有一定的可行性。无论是由一家公司还是由多家公司外包,都应该有统一的规划,避免标准不一的情况出现。同时,在各图书馆进行数字化时,应有馆内工作人员负责对接、监督,真正做到保质保量。

(二)提高古籍共享程度

实现古籍数字资源的共建共享是数字化建设中的一大目标。2007年,在《国务院办公厅关于进一步加强古籍保护工作的意见》中,就提到:"要整合现有资源,建立面向公众的古籍门户网站。要采取有效措施,向社会和公众开放古籍资源,发挥古籍应有的作用。"但在实际工作中,部分图书馆依旧存在信息检索不便、平台运营的稳定性差等问题,严重影响了古籍资源的共享共建。

针对该问题,各图书馆应联合古籍部和信息部,共同提高古籍的共建共享

程度。一要完善信息检索服务。最重要的是读者能够通过信息检索，查询到馆藏古籍的基本信息，包括已有书目和图像数字化的古籍，在条件允许的前提下，逐渐取代赴馆内、打电话、查询纸质目录等不便捷的查询方式，真正实现电子化查询。二要维护平台的稳定性。图书馆的官网应全年对公众进行开放，尤其是在节假日，应避免出现无法进入页面的情况。同时，在对古籍数据库的查询中，对账号和密码的层层设置也应降低要求。可实行电子读者证制度，让未到该馆开通读者证的读者，可通过网络自行注册开通，从而能够顺利访问相关数据库，不受时空的限制，最大限度地为读者开放古籍资源。

总之，在"互联网+"时代，图书馆应借助科学技术，提高古籍的开发力度，完善古籍数字化服务，让更多的读者能够足不出户享受到丰富的古籍资源，进一步推动古籍的宣传普及。

（三）深化专题数据库建设

古籍专题数据库是对馆藏特色古籍的反映。在印发的《"十三五"时期全国古籍保护工作规划》中，提出要借助互联网、大数据、云服务等高新技术，率先对馆藏特色文献和珍贵古籍进行数字化，加快建立中华古籍数字资源库和中华古籍综合信息数据管理平台，扩大古籍数字资源开放，促进资源共享，提高利用效率。为此，各大图书馆纷纷挖掘馆藏资源，在数字化进程中建立相应的数据库。

一些图书馆的古籍专题数据库建设相对薄弱，在此情况下，可参考建设相对优秀的同级图书馆，进行改进。首先要挖掘馆藏特色资源，基于本馆的古籍文献建立数据库。其次要逐步向全文数据库发展，学习数字化建设完善的图书馆的优秀经验，从书目到图像到全文，逐步递进，提高技术水平，更好地为读者服务，提高古籍资源的利用率。此外，还需加强合作，联合开发。

（四）辅助做好图书馆网络平台建设

为了保证公众的使用体验，图书馆应该与相关部门协作，反映并改善官网网络不稳定的问题，深入探究为什么在网络稳定的情况下，网站页面却不能做出快速及时的反应。在相关部门的帮助下，确保上网查找古籍信息的公众拥有良好的使用体验。

此外，若想提高古籍数字资源服务水平，我们还要从资金、与外部资源的合作以及发展趋势上全面思考今后的去向。资金不足是国内古籍存藏机构面临的普遍问题之一，在等待资金拨付的过程中往往会耽误规划好的古籍工作，然而资金

第七章 图书馆古籍保护的意义与途径

往往只能解决燃眉之急，面对浩如烟海的古籍贮藏，现有资金又是杯水车薪。所以，图书馆主动争取支持也是一个重要的资金获取手段。其中最有效的便是申请并参加古籍保护科研项目。

图书馆员可以在本馆的古籍保护工作中获得灵感，申请全国高等院校古籍整理研究工作委员会相关项目，促进古籍保护与修复工作"实践—科研—再实践"的良性循环。图书馆在与出版社合作，出版本馆精品图书，扩大自身影响力时，国家相关科研项目的基金补贴也是其工作强有力的后盾，在出版的筹划过程中，可以留意国家古籍整理项目的补贴，在提高自身出版品质的同时，尽力申请项目基金以获得支持。此外，国家相关古籍保护项目不仅限于科研、出版领域。据悉，国家艺术基金艺术人才培养资助项目同样包含古籍修复、书画装裱人才的培训等形式。图书馆员可以积极搜索相关资源，参报这样的活动，以此扩大知识面、提高技艺水平，并结识前辈与同行，以便于后续工作上的交流。虽然这不是资金支持层面上的项目，但是馆员的自我提升依旧是图书馆无形的财富。

2020年年初，新型冠状病毒肺炎疫情的暴发不仅导致全国复工迟缓，而且延迟了各高校的开学时间。基于此，各级地方图书馆与高校图书馆纷纷开放了本馆的数字资源，此举不仅造福于有需求的社会各阶层，而且为需要查阅相关资料却无法返校的学生提供了便利。这得益于平日里图书馆对数字资源库的重视，数字资源的重要性由此可见一斑。数字化阅读在未来虽然不一定会完全代替纸质阅读，但是数字化阅读成为潮流已成为板上钉钉的事实。

为适应数字化阅读大潮，笔者期望各高校图书馆在古籍数字资源库建设上，有一天能解决版权、管理、经费等问题，将其他古籍数字资源库不具有的特色馆藏书影上传入库，成果共享，甚至联合打造古籍数字资源库，对丰富中华传统文化宝藏贡献一分力量；甚至可以开拓思路，与出版机构合作，拓展双方新的业务范围——出版社可以承接古籍数字资源库的建设工作，并通过高校古籍数字资源库的平台，采取知识资源付费的形式，吸纳会员，为双方创收，以助力古籍保护工作的开展，促进古籍数字资源库的后续开发，从而取得良性循环发展，抓住机遇，使被束之高阁的古籍也可以进入寻常百姓家，这不失为一件互惠互利的事。

第八章 图书馆古籍开发的意义与途径

古籍开发有着重要的现实意义,古籍内容是古人社会状况、文化程度、民风民俗等的记录,可作为学者研究的重要资料。但在图书馆古籍开发实践中存在着一些问题,基于此,需要不断完善古籍开发的策略,促进古籍开发事业的发展。本章分为图书馆古籍开发的意义、图书馆古籍开发的现状、图书馆古籍开发的途径三部分。主要包括重视满足读者需求、重视古籍的保护和修复等内容。

第一节 图书馆古籍开发的意义

一、服务教学和科学研究

古籍作为高校图书馆的重要馆藏,为学校师生提供了丰富的学习资料,也可以为科研工作的顺利开展起到非常重要的支撑作用。图书馆工作人员应对古籍进行合理的开发,为今后的教学和科研提供更加完善的资料。

以郑州大学为例,该校目前开设了古代文献学、历史文献学等相关学科,古籍中记录的史学、天文学、医学、哲学,或是诗词、小说等内容,都可以成为师生研究当时文化的宝贵资料,图书馆古籍部门也是学习实践的最佳场所。

郑州大学成立了《周易》与古典文献研究所,为了切实做好古籍保护和合理利用,该研究所广泛开展古籍整理与研发工作,近年来发表论文《高校读书节的设立和运行状况调查分析》《中国图书馆碑铭序记初探》《论汉代第四种宇宙模式——〈尚书考灵曜〉"地动说"的正"本"与清"源"》《谶纬天学与先秦齐文化》《论汤一介先生的中国哲学史方法论思想》等50余篇,出版及参编著作9部,包括《郑州大学图书馆馆藏古籍善本图录》《读经阅典》《周易注译》《河南省辛亥革命人物传略》《清代河南碑刻资料》等,主持参与项目10余项,如国家社科基金重点项目"基于读者需求的图书馆阅读推广活动与服务创新研究"、国家社科基金项目"我国图书馆事业发展中的社会捐赠研究"、国家清史纂修工程"文献·清代河南碑刻资料"项目、省教育厅项目"创新时代高校图书馆参与古籍修复人才培养模式构想"。

由此可见，古籍的合理开发可以为研究提供基础，研究成果也可促进教学和科研工作的深入。

二、促进地方特色经济开发

古籍中有关地理情况、自然资源、地方文化等的记载，都可以作为重要的参考依据，促进当地资源的开发并助力地方经济发展。合理地开发古籍，不仅可以服务教学与科研工作，还可以帮助人们获取发展社会的重要资料。

丰富的地方文献资源，可以为研究当地文化提供详细资料，同时也是了解各地地理情况、经济发展制约因素的文献保障。以郑州大学图书馆为例，该校研究馆员赵长海老师与郑州大学图书馆合作开办河南文献研究室，收藏的河南地方文献十分丰富，数量达4万余种。图书馆自建有河南地方文献数据库，读者可以免费进行阅览。加强地方文献开发的力度，挖掘古籍资源，可以促进经济的发展。又如，甘肃省图书馆的专业人员通过查阅相关古籍文献，编写了《甘肃省特产资料汇编》等50万字的资料，为政府部门决策人员提供了数据以及依据，使得当地经济逐渐发展起来。

不仅如此，古籍文献中记载的独特地方文化优势、历史名人逸事、名胜古迹等文化因素，同样可以催生当地旅游经济。例如，孔子诞生于山东曲阜，该城市也因此享誉世界。在曲阜的大街小巷、商店中也不乏带有孔圣字样的商品，"孔府家酒"更是饮誉世界。又如，陕西省相关县志中有很多关于古道方面的记载，如《陕西通志》《关中胜迹图志》等，对上述古籍中古道方面的内容进行合理开发，各县进行相关的宣传，可以吸引游客前来旅游，并通过该方式促进经济发展。

三、弘扬优秀传统文化

虽然时代在不断地变迁，但中华民族的优秀传统文化依旧影响着每一个人。充分利用高校馆藏的古籍资源，不仅可以服务教学和科学研究、促进地方特色经济发展，还可以继承和弘扬中华民族的优秀传统文化，实现民族团结。

古籍是古人智慧的结晶，是我们学习和发展前人思想的宝贵财富。《增广贤文》中的"力微休负重,言轻莫劝人""心术不可得罪于天地,言行要留好样与儿孙",《道德经》中的"天下难事,必作于易;天下大事,必作于细""自天佑之,吉无不利",《论语》中的"不在其位,不谋其政""三十而立",无不教会我们做人的道理。

以郑州大学图书馆为例,该馆馆藏古籍《三茅宝卷》上卷主要讲述了三茅真君的出身故事,借助故事描述达到劝人为善的目的。如规劝人们孝敬父母、兄弟之间相互和睦、为人勿做坏事等。我国古籍中有关人生哲学这一方面的记载屡见不鲜。例如,"己所不欲,勿施于人""富贵不能淫,贫贱不能移,威武不能屈"等,体现了严以律己、宽以待人、坚持自我的精神,反映了做人应该具备的良好品德。

综上所述,通过古籍的整理及开发,可以达到文化传承的目的,让读者一睹前人智慧。

第二节　图书馆古籍开发的现状

一、缺乏资金,设备不足

大多数高校都属于事业单位,资金来源主要依靠国家财政拨款,经费短缺是当前面临的主要难题。另外,高校图书馆的资金多用于购置文献资源、数据库及现代信息技术设备等,用于古籍保护与开发的专项资金少之又少,没有了经费的支持,只能将有价值的古籍资源进行简单的收藏。在当代社会,古籍的开发,特别是基于新兴技术来开发文献典籍,没有资金支撑是难以继续的。古籍的修复、设备的购置及人员的培训无一不是一笔巨大的支出,资金的匮乏使古籍开发工作难以继续,在这种情况下,高校不妨找寻更多的资金来源方式。

二、管理观念落后,管理模式僵化

部分高校对待古籍的管理理念仍然是"重藏轻用",管理观念落后,往往更加看重古籍文献资源的收藏与保护。"坐冷板凳"的工作状态,一方面养成了古籍工作者一丝不苟的工作态度,另一方面导致其思维模式僵化。古籍特藏书库常年紧锁,只有相关工作人员可以进出,古籍阅览室也仅供本校教师及研究生使用,其他读者如有需求,需要经过大量的申请及审批,富有研究价值的古籍文献

第八章　图书馆古籍开发的意义与途径

资料就这样被束之高阁，无法满足读者用户的研究需求。

部分高校古籍管理观念的落后直接导致了管理体制的僵化，一些工作人员仍然认为古籍部的主要职责是保护与收藏，将古籍善本视为"镇馆之宝"，忽视了"藏"与"用"的关系，担心拓宽了古籍服务方式后若读者增多，会不利于古籍的保护，于是选择按部就班地提供被动式服务，这与读者的要求产生了一定的差距。管理者片面地强调"藏"，以至于将很多对古籍感兴趣的读者拒之门外。另外，相关领导对古籍的利用不够重视，缺少资金的支持，使馆藏古籍无法发挥真正的价值。

三、缺乏规划，保护不力

部分高校在古籍的开发过程中保护意识不足。现阶段，许多古籍工作人员的办公室与存放古籍的阅览室是连在一起的，虽然这样更加方便工作，但不利于古籍的保护。笔者在调研中发现，古籍工作人员在工作中存在具有较高的自由度、行为不规范等问题。古籍管理人员考核制度和行为规章没有真正起到制约作用，对于工作人员在管理中的不规范行为也起不到应有的约束作用。虽然部分高校古籍阅览规则中明确规定了古籍的阅览不可污损折叠，但是只将古籍阅览规则挂在了古籍特藏部的办公室的墙上，未张贴在阅览室中，导致古籍在阅览过程中还是存在很多因为使用不当而造成的不可弥补的损失。

笔者在调研时发现，一些教师指出了学校古籍分散收藏的不便之处，不仅不利于古籍工作人员的管理，同时对于查阅古籍资料也有诸多不便。古籍部对于何时可以将古籍归于一处没有具体的工作规划，对于古籍数字化开发工作也没有明确的安排，缺乏古籍开发的长期规划与近期目标，古籍开发缺乏统一协作能力，数字化投入与产出不平衡，开发工作进度缓慢。

四、缺乏人才，专业性不强

许多高校的古籍部工作人员在本专业上都有较高的水平，具有丰富的实践经验及专业知识，但缺乏一定的开发能力及营销技巧。受多方面因素的影响，多数古籍工作人员只能依靠自己钻研学习，参加培训的机会较少，对于古籍的深度开发等相关知识知之甚少。

众所周知，工作人员的综合素质对古籍开发有重要且直接的影响，工作人员不仅要掌握校勘学、历史学、版本学、目录学等专业知识，还需涉及数据分析、计算机技术等知识领域。另外，工作人员能否在第一时间解决读者在利用古籍文献时遇到的困难也与工作人员的业务素质、创新意识、综合能力密不可分。

现阶段的古籍部仍然处于一个比较封闭的环境中，工作人员的热情度不高，缺乏创新意识和服务意识，相关人员的思想素质与综合素质有待提高，急需能兼顾人文和技术双重要求的复合型人才。

五、速度较慢，开发不够

一些高校的古籍开发工作主要体现在书籍及期刊出版、古籍数据库建设两个主要方面。在国家和社会的倡导下，一些高校积极参与了国内一些重要图书的出版工作，开发了馆内一批有价值的典籍，有的是将古籍整理后出版，有的是将古籍影印出版，如影印《京口三山志》十卷50套、扫描馆藏典籍建成当地的文化典籍数据库等。但就现阶段开发的古籍数量相比于馆藏资源来说，开发数量还是太少，速度较慢，开发的潜力很大。

六、数字化程度低，效率不高

现阶段，部分高校的古籍开发工作主要围绕建设古籍书目数据库和古籍全文数据库展开工作，整体的数字化程度比较低，还属于开发的初级阶段。

古籍的数字化工作大多停留在揭示文献的形式上，对古籍文献资源缺乏深层次的开发利用，检索形式不方便，实用性差，存在著录内容和检索字段不全、缺字少字、拍摄照片不清晰的现象。一些高校也曾尝试过购买大量的影印古籍，但是受限于技术与资金，始终达不到理想的效果。此外，高校基于目前自身的技术能力，无法完成大规模的数字化项目，同时，缺乏专业团队的指导以及数据分析、处理的设备等。

七、服务意识欠缺，服务模式单一

部分高校的古籍服务意识欠缺，仍然处于一种图书馆可以提供哪些服务，读者就只能接受哪些服务的落后管理模式。由于管理者大部分是学校教师，很多学生出于尊敬以及"自力更生""得过且过"的心理，对古籍服务没有什么要求。大多数高校现阶段主要的服务手段是闭架阅览服务、数据库阅览服务及咨询服务，馆藏古籍一律不予外借、复印及扫描，管理比较封闭，虚拟馆藏服务开发程度较弱。馆员主要承担管理、安保、上架等基础工作，服务单一、无法满足读者的需求。古籍读者相对集中，主要分为学习型用户与研究型用户，针对这两类用户的阅读需求，多数高校现阶段还无法实现个性化的古籍信息服务，缺乏有效的学科服务、课外指导等优质服务。长此以往，读者会逐渐流失，古籍部门的存在价值逐渐弱化，最终会被时代淘汰。

八、缺乏宣传，认知度低

宣传古籍资源是为了帮助人们更有效地利用古籍。一般来讲，高校的古籍馆藏资源是其独特的馆藏之一，如地方志、手稿、宝卷、札记等，都是本地区珍贵的文化遗产。但是笔者在调研中发现，很多学生对于古籍知之甚少，对古籍的认知度较低。古籍善本仍然处于"养在深闺人未识"的状态，很多珍贵的古籍被束之高阁，价值得不到真正的利用，这与部分高校古籍工作人员宣传力度不足与长期的自我封闭不无关系。

第三节　图书馆古籍开发的途径

一、重视满足读者需求

首先，古籍阅览室应该向所有读者开放，只有读者走入古籍阅览室，亲身体验才能发现问题、提出问题，为今后图书馆的古籍开发、保护和管理工作指明方向。因此，无论是学生、研究人员还是工人、白领，无论是初中、本科还是硕博士学历，图书馆都应该极力欢迎他们到馆阅读。尤其是只对硕士及以上学历的学生开放的高校图书馆也应该允许本科生阅读古籍。另外，高校图书馆也应该有更加强烈的社会责任感，意识到其存在不仅仅是为高校师生所用，应适当地对外开放。一些省市图书馆并没有落实好古籍保护和开发的政策，在此方面有优势的高校图书馆应该根据本馆的情况，对校外读者开放古籍。有条件的高校图书馆就要开放，提高自身责任意识，与公共图书馆相配合，发挥图书馆的职能，宣扬古籍文化，服务市民。

其次，可以对读者的借阅体验与满意度进行跟进调查，详细记录他们曾经阅读过的古籍，并将这些古籍分类，总结出读者需求量大的版本或类型，为图书馆后期的读者服务打好实践基础，增加或减少开放的版本或者类型的数量；将读者在使用过程中提到的问题记录下来，利用技术手段进行改进。同时，要对读者需求如开放的版本、范围、手段等进行调查，在现阶段允许的条件下，尽量更新技术、增强开放理念来满足读者在古籍方面的合理需求。

二、重视古籍的保护和修复

在加快高校古籍开发的工作中，也不能忽视对古籍的保护，要在保护的基础上进行开发。由于在上一章节已进行过具体介绍，这里仅就其中的几点重要内容进行简单阐述。

重视古籍的保存和修复，建立标准的古籍书库和修复室。

古籍工作人员要树立责任意识、服务意识，切实认识到古籍的价值性和珍贵性，认真负责地做好古籍开发工作，并且要确保古籍的完整性。高校在场地和资金上应给予支持，尽快将分散的古籍归于一处，进行有效的保护，便于古籍工作人员开展古籍开发工作。

立足高校实际发展需求，合理规划古籍开发，统筹各部门协调发展，建立长期古籍开发的规划，制定短期工作目标，整合古籍资源、技术资源、人力资源等，全面协调发展，使投资回报率达到理想状态。要注意在开发的过程中，尽量减少数字化的使用次数，最大限度上降低对原始典籍的损害，在保护的基础上进行开发。

明确古籍工作的重要性，不断探索古籍开发工作的途径与方式，更好地开发古籍。建立一个适合保存古籍的环境，《图书馆古籍书库基本要求》对"古籍书库的建筑、消防、安防、文献保护和安全相关的基本条件以及图书馆古籍特藏书库的温湿度、空气净化、光照和防紫外线等"都提出了相关要求。图书馆应以《图书馆古籍书库基本要求》为依据，严格按照标准要求科学化、制度化管理古籍书库，做好日常维护工作，如加强温湿度的监控，保持书库的恒温恒湿状态，通过播撒药物来遏制虫、霉等有害生物的生长繁殖，定期清扫书籍，做好书库及书柜内的吸尘、除尘等。

提高馆员的保护修复水平。国家应该重视起古籍修复专业，多在高校开设相关专业，加大招生力度，并保证学有所用。图书馆可以推荐馆内工作人员参加培训，到水平高、实力雄厚、古籍修复已取得良好效果的图书馆学习，也可以外请一些专家教授到馆对工作人员进行培训；可以与高校合作，定向培养古籍保护修复专业的学生，引进更多的专业人才。馆内工作人员也要自我学习，并且善于总结，将知识与经验相结合，把古籍的保护与修复工作做好做牢。

增强读者的古籍保护意识。图书馆应不定期开展相关活动，使读者了解保护古籍、修复古籍的整个过程。读者在使用古籍的过程中，肯定会遇到很多问题，因此图书馆可以设置读者与专家人员的沟通交流日，由读者提出问题，专家进行解答。另外，图书馆也可以模拟出破损的古籍，在场为读者演示修复古籍的方式方法，使读者认识到面对不同的古籍应采用不同的修复方法。通过这一系列的活动，读者能够提高对古籍的保护意识，能够从容面对在古籍使用过程中出现的突发事件。

三、逐步解决资金问题

（一）争取学校领导的重视和支持

在部分校领导的观念里，图书馆是一个无足轻重的部门，古籍部更是被边缘化，经费的短缺在很大程度上是由这种现状造成的。要想解决高校古籍管理部门经费不足的问题，首先要让校领导充分认识到图书馆及古籍的重要性，取得他们的支持。

《普通高等学校图书馆规程》中明确指出，高校文献的购置费应该占据学校教育事业费的5%左右。图书馆馆长应积极向校领导及时汇报馆内财务状况，积极宣传图书情报的重要意义，反映古籍工作现阶段的困难，要求古籍开发专项费用随着教育事业费的增加而有所增长，争取从科研及其他收入中提取部分作为古籍开发的经费。要让全校师生充分认识到古籍的价值和作用，了解古籍的重要性，加大对古籍的宣传，让古籍服务学习与科研。另外，古籍相关部门要经常向领导汇报工作，用数据来说服领导，可以经常邀请古籍领域的专家、教授参加座谈会，指导古籍相关工作。让高校领导及专家学者了解到古籍管理部门现实存在的困难，通过他们的间接呼吁引起校领导的重视和支持。

（二）拓宽资金渠道，多方筹集资金

1. 申请专项资金

申请专项资金是开发工作开展的必要条件。开发工程是一项需要资金长期投入的工程，购买开发系统、技术培训、系统维护、技术更新等都需要庞大的资金支持。

古籍开发费用的支出主要用于基本建设及运行维护，包括数据库建设、古籍数字化工作和开发系统的购买及维护等，这些都是目前高校古籍开发费用的主要支出。高校资金主要依靠国家政府的财政拨款，目前也仅有几所大型的收藏单位如中国国家图书馆等享有国家财政的专项古籍保护经费，大部分图书馆并不具备

这样的条件，只能依靠公认的方式向更高级别的机构申请资金，从而获得一定的拨款。

但是随着古籍开发工作的深入开展，优化高校古籍开发系统成为当务之急。古籍工作人员应积极向校方说明古籍开发工作的困难，要求拨付专项资金且专款专用，将古籍开发经费纳入学校的季度财政预算。也可争取科研经费及计划外创收的支持。

搞好科研工作需要有充足的图书文献资料作为支撑，学校可明文规定从科研经费中抽取一部分用于图书资料费，弥补古籍开发专项资金的不足。由于学校每年都会通过多种途径进行计划外创收，无疑会占用计划内学生的图书经费，因此应从创收中提取一定比例的经费用于古籍开发建设。

2. 呼吁社会捐助

要想真正发挥古籍的价值，充裕的资金是基础保障。古籍开发工作向来就不是一个图书馆可以独立完成的，如何拓宽获取资金的渠道是古籍工作者要重点考虑的问题。

首先，要加大对古籍宣传的投入力度，让更多的人参与到古籍工作中来，让不同的社会群体都了解古籍的价值和独特的魅力，提高人们古籍开发的意识，让古籍真正融入公众的日常生活，营造学习古籍、开发古籍的社会氛围。

其次，要积极争取社会上的捐赠，包括古籍文献档案、古籍修复设备、资金等。高校应联合企事业单位和社交媒体共同营造鼓励社会捐赠的社会环境，要充分利用高校图书馆的人力、物力优势，利用高校在社会上的影响力，主动与有关出版商、技术商、数据库供应商、系统运行平台运营商、服务供应商、社会团体及个人联系，争取多渠道筹集经费，形成可持续化、多渠道的投资模式。高校古籍部还可以考虑举办"开放日"活动，让群众真实地体会到古籍带给人们的历史厚重感，同时在知识产权许可的范围内让社会有偿使用古籍，这样不仅可以获取经费，还扩大了读者群体。

最后，高校古籍工作人员可以多多参与社会公益活动，发挥自身的专业优势，为群众讲解古籍专业知识，揭开古籍的神秘面纱，加深与群众的交流，扩大图书馆古籍管理部门的社会影响力，弘扬民族文化。

（三）做好动态调整，合理利用有限资金

由于古籍开发是一项持续性的长期工作，而学校用于古籍开发的资金却是

有限的，因此，要始终遵循统筹规划、注重特色、协调发展等原则，做好动态调整。紧抓主要矛盾和次要矛盾的主要方面，落实到古籍开发工作中，助力学生的专业知识学习，培养其科研能力，辅助相关专业教师的教学工作。要减少重复资源，节省部分资金为购入开发系统做准备。在购买设备及数据库时，控制非联采资源的涨幅，提高资源利用效率，降低成本。

四、完善管理方式及制度

虽然图书馆文献的开发目的都是服务读者，但由于古籍文献的特殊性，古籍管理不能与其他书籍管理方式相同。因此，古籍部门应该制定具有古籍特点的管理方式及制度。

（一）采用分级管理方式

在制定古籍管理政策之前，一定要将古籍普查工作做到位。古籍普查工作的目的是详细记录我国现有的古籍种类、版本以及破损情况等信息，而这些信息对古籍的分级管理有着至关重要的作用。此时就强调了古籍普查工作的重要性，此项工作一定要专业和细心，精准的古籍信息有利于为后期古籍保护和管理工作打好基础。

确定好古籍信息后，根据《古籍定级标准》分析古籍藏品的版本价值，该标准将具有珍贵价值的善本划分为一、二、三级，各级之下再依据一定的规则划分等次。图书馆可以将古籍的价值、破损等级与读者的古籍需求相结合，对古籍进行分类管理，例如，可以分为普通古籍阅览室、古籍专设阅览室、珍藏善本阅览室等。普通古籍阅览室可以放置一些古籍的重印版、整理出版的古籍和影印版的古籍，以满足兴趣型读者或学习型读者；古籍专设阅览室存放一些线装古籍、保存较好的善本古籍，提供古籍的原本等以满足研究人员的专业需求；珍藏善本阅览室保存的是严重破损的古籍和由于其他原因不能对外开放的古籍，对此阅览室的保护和管理的要求更加严格，可以将其电子版或其他的版本形式放到普通古籍阅览室管理。这样做是为了将不同等级的古籍图书区分开来，为具有不同借阅目的的读者提供不同的服务项目，使其查书、借书更有针对性。将具有不同专业水平的工作人员安排到不同的阅览室中，使其术业有专攻，更能发挥水平，不会造成人才的流失与浪费。

（二）合理规范管理制度

古籍室也应该根据读者的保护水平、工作人员的专业技能情况和馆内的藏书情况，完善目前的阅读规则，继续强调读者在阅读古籍时的责任。例如，在阅读时一定要保持阅读环境的整洁，不能将水杯等放置在书桌上；阅读时要戴上手套和口罩，防止汗水和唾液带来的不利影响；不能在书籍上乱写乱画等。这些规定不但要强调，更要细致地执行下去，对于在读者阅读过程中发现的违纪行为要及时制止，不但要教育，行为严重的还要罚钱。制定处罚标准也是管理中重要的一步，金额可以根据修复古籍的成本来设定。只有这样才能让读者在使用古籍的同时保护古籍。

图书馆对工作人员应该严格要求，激发他们保护古籍的热情。合理制定相应的岗位，实行责任承包制，每位工作人员都有自己的工作任务和工作职责；将工作人员的工资绩效与日常工作表现挂钩，进行模范标兵的评比。对古籍保护意识强、修复能力强的工作人员进行嘉奖，精神与物质奖励齐头并进，不断提高工作人员的责任意识。

（三）完善有偿开放标准体系

在各图书馆倡导免费阅读的大环境下，古籍部门也应该践行这一方针政策，阅读古籍、提书尽量采取不收费的政策，但只能在馆内阅读，不能将古籍带到馆外。虽说我们要保护古籍文献的版权，收取版权费和保护费，但是版权都已经过期，而保护费更是由图书馆、文化相关机构出资的，所以更不应该收取费用。但是，如果在读者复制、传递文献的过程中确实存在一些必须收费的项目，如复制费、装订费、委托费等，这些费用也不能盲目收取，要与市场价齐平。图书馆应制定合理的收费标准，可以通过立法和监督的形式来加快有偿开放标准的建立和实施。

在国家收费标准文件还未下达之前，当地政府应该有所行动，根据当地情况，明确收费的标准、收费的管理方式、收费过程中的监督体制、资金流动过程以及相关问题的法律责任。对已经建立好的阅读复制收费体系要不断地完善，加强对图书馆收费情况的监督管理。

图书馆要坚持以读者为本的原则，在当地政府以及高校的领导下，考虑当地的经济发展水平、读者的收入和消费水平，制定出能让读者最大限度满意的古籍阅读和复制的收费标准，最后报请相关部门批准。在这个过程中，文化局、图书馆、物价局等单位也需要多方合作、强强联合，可以以召开听证会的方式，听取读者意见、处理读者提出的问题，以保障读者的参与权与监督权，只有读者满意，这个政策才能有效地实施下去。

制定好收费标准后，图书馆要将收费标准公示在图书馆官网等相关网站上，将整个制定过程公开化。图书馆还要增强法律意识，自觉接受读者和相关部门的监督，严格在法律框架内对服务进行定价、收费、调整和管理，做到定价有依据、收费有凭证、使用有章程、管理有制度；图书馆更要正确引导读者对图书馆古籍服务收费工作的态度，对读者存在的疑问进行耐心详细的解答，并且不断接受监督和建议。

五、完善古籍开发人才队伍

图书馆对古籍开发工作人员的专业化程度要求普遍较高，古籍开发工作人员不仅要有扎实的理论知识，还要有丰富的实际管理经验。古籍的整理、编目、修复、开发等工作都需要有专业的人员来进行。

近年来，中国国家图书馆会定期举办全国范围内关于古籍修复、古籍开发等有关内容的培训，高校要积极响应，认真组织开展人员培训工作，不断提升工作人员的专业素养，优化完善部门组织结构，培养专业开发人才。

另外，高校开设了历史学专业、图书情报专业、古汉语专业等相关专业，可以从中挑选对古籍工作感兴趣的学生进行重点培养，他们具有一定的学科知识，了解古籍开发的重要性，经过专业的短期培训，可以参与到学校古籍工作中来，将理论融入具体的实践活动，搭建了学生与古籍沟通的桥梁，能够对后期兼职队伍的壮大起到积极带动作用。学校要综合考量多方实际因素，考虑开设资源开发等课程，培养高素质人才，为古籍开发提供后备人才。

六、充分揭示古籍馆藏及内容

（一）分编馆藏古籍，编制古籍目录

为了有效开展古籍整理与开发工作，高校首先要对馆藏古籍进行充分的揭示，参照《古籍著录规则》，对古籍进行著录。现阶段，一些高校图书馆在古籍分类上比较笼统，粗暴地将古籍分为"文化典籍""古籍珍本丛刊""善本书目提要""珍贵古籍图录""宝卷文献"等类别，不便于古籍的利用，读者查找古籍文

献比较烦琐。对此，高校可以考虑借鉴《中国图书馆图书分类法》中的方法进行分类设计，让每一本古籍的内在价值得到及时充分的开发，准确地揭示其外在特点，以便充分开发古籍的价值。编制古籍目录有利于揭示及宣传藏书，可以全面、整体、高效地反映出所收藏古籍的总价值。

高校图书馆要不断规范著录内容、优化著录格式，开发出书本式、机读式古籍目录，满足读者的检索需求。为了更好地为读者服务，高校图书馆要有针对性地开发古籍，如编制专题目录《经学目录》《子学目录》《名人传记目录》等。

（二）编纂古籍索引

为了帮助读者在较短时间内找到自己需要的古籍，确定阅读重点，高校图书馆应加强编纂古籍索引，揭示古籍的内容。古籍索引将典籍中的文字著录成清晰、简单的条目，并且标注了文献的来源，可以帮助读者缩短查找文献的时间，让读者从古籍图书中可以快速地找到一件事、一个人、一句话。读者根据检索词，能够快速、精准地检索出自己需要的文献资料，缩短了时间，提高了效率。

现阶段，从高校古籍数据库中查找资料需要从头翻到尾，费时费力，如同大海捞针一般。针对这一现状，高校图书馆要重视开发古籍的索引，有效提高古籍数据库的利用率，为打开古籍宝库付出努力。

七、进行深层次开发

高校图书馆要在继续完善基础性开发的基础上，进行深层次开发。复制或揭示馆藏古籍文献资源的基本内容，以便于检索与传播利用，使其有序化，对有价值的古籍进行标点、断句、校勘、注释等；可以根据古籍的特征将古籍分为不同种类；在科学、准确的基础上影印、索引，编制出重点目录、分类目录、主题目录、联合目录等，也可以编制成古籍综述、文献赏析等；出版古籍是基础性开发工作的具体成果的表现，高校可以继续出版注释本、翻译本的古籍，出版的形式有很多种，如影印出版、电子出版，还可以利用仿真技术原版复制出版，扩大了古籍传递范围；加强对古籍进行二、三次文献的编纂，编制各种不同的专题书目文献等，如地理、人物、事件、物产、族谱等；对于有些装帧形式比较特殊的善本，可以采用原版复印出版的方式，既保留了古籍特色，又使古籍得到了开发利用。

高校图书馆主要服务的对象是具有较高文化素养、从事科研或教学活动的师生，随着科技与教育的发展，师生对图书馆提供的服务质量也会有更高的要求。因此，高校图书馆要与时俱进，不断加强自身的软、硬实力，为学科发展、教学研究保驾护航，提供更加全面的高质量服务；在有效提取古籍内部信息的基础上，关注某一个或某一类主题的古籍，进行翻译汇编，如挑选本地民俗类的古籍，将其定为主题，把不同古籍中比较相近、相关或相同的描述汇集后编纂出版，开发本地民俗关联数据库等。

高校图书馆应根据教学与科研的需求，为用户提供研究性情报服务、定题跟踪服务等古籍相关服务，多做些古籍"突破性"工作。随着时代的发展，信息技术普遍应用于古籍数字化开发中，从基础的篇目、书目数据库逐步向较高层次的全文数据库及特色数据库过渡。高校图书馆应让读者可以近距离地查阅古籍，促进古籍的广泛应用。在古籍的深层次开发中构想出的智能化古籍数据库，通过计算机技术可以自动校勘、分词标引、断句标点、注释、编纂、今译等，让古籍的开发工作向更高层次发展。

八、积极推动古籍资源再生

（一）积极开展古籍整理出版工作

《古籍保护条例》（征求意见稿）指出，古籍有现代版本或其他载体版本形式的，应当优先提供阅览。对于有条件的高校图书馆，开展古籍文献出版工作，生成古籍出版物不但可以保护好古籍原本，还可以照样将古籍文献的内容带到读者面前，出版的数量不但可以增多，内容的表现形式也可以多样化，不会再存在一书难求的情况。尤其对于保护环境、修复能力都比较差的中小型高校图书馆，可以加大资金投入，购买最新的出版古籍，这样能很好地保护古籍，不需要出库也能满足读者的需求，是一个非常好的解决"藏与用"矛盾的方法。

古籍出版除了要出版一些破损严重、不能让读者看到的古籍图书外，还要根据读者的需求出版不同类型的古籍图书。例如，笔者通过对读者需求的调查发现，大多数读者对经史类古籍更感兴趣，基于此，可以多出版此类古籍，以满足读者学习古籍文化的需求。在保证内容真实可靠的同时，可以采用一些方式将枯燥难懂的古籍内容生动形象地展现出来。例如，对青少年来说，古籍内容可以以漫画的形式表现出来，引起他们的阅读兴趣；对成年人来说，古籍内容要真实有趣，还要有相应的古文解释。

在推动古籍表现形式多样化的同时，最重要的是注意古籍出版物内容的真实性。古籍文字都很复杂，蕴含的意思也比较多，因此，出版之前要请专家学者对内容进行鉴别，确定表达的是否为其真实含义。

（二）加快古籍资源数字化建设

当今，最方便的阅读方式就是网络链接阅读，读者点开链接就可以随时随地地进行阅读。古籍文献也应该有这样的阅读方式，读者进入图书馆网页就可以看到影印版或电子版的古籍，这也就是我们所说的古籍数字化。古籍数字化的实现，跨过了时空、地域与身份层次的限制，有利于更好地实现古籍的开发与利用。

1.明确数字化古籍开放获取资源建设思路

图书馆信息资源现状是信息资源建设的现实基础。调查数据显示，我国部分图书馆数字化古籍开放获取资源存在揭示名称混乱、缺乏深度等问题，究其根本是缺少对资源的深刻认识。因此，有学者认为，明确数字化古籍开放获取资源建设思路，寻找服务定位，可从以下几个方面进行。

第一，明确数字化古籍开放获取资源在数字图书馆信息资源建设体系中的定位。信息资源建设是图书馆提供服务的重要途径。古籍是1912年以前成书的内容、反映和研究中国传统文化的文献资料和典籍的资源统称。古籍开放获取资源既是古籍数字资源，又是开放获取资源。

第二，确定资源建设目标。数字资源是以数据库、网络站点等形式存在的，信息资源建设的目的是对资源进行采集、组织、揭示及利用。应确定资源建设目标，对资源的科学价值、使用价值做出明确要求，衡量资源广度和深度，根据用户需求和馆藏特色进行资源采集。明确资源类型是组织的前提，通过科学的分类，进行知识结构化重组，将零散的信息资源有序组合，形成专题分类，深化资源结构。

第三，加强平台建设。网络平台是信息资源建设的最终成果，揭示方式是资源呈现的直观表现，通过列表的方式进行资源罗列是初级的资源整合方式，图书馆需更加重视开放获取的古籍数字资源特性，进行深层次开发和远距离获取，形成专题性资源，促进资源利用进入良性循环。另外，应加强网站技术性建设，进行响应式设计和服务功能升级，完善用户个性化服务体验，提升用户满意度。网站是图书馆开展网络服务与数字服务的重要窗口，是提升服务水平的重要途径，是优化服务效能的重要平台。

2. 提高资源建设质量，优化资源结构

一般来讲，提高资源建设质量，优化资源结构可以从以下几个方面着手。

第一，推动古籍数字化工作进程，遵循"边建设边服务"原则。针对数字化古籍开放获取资源完成度低、收录范围有限等问题，有学者提出从易到难、逐步开发的策略，遵循"边建设边服务"原则，采取流水线作业、同时展开的工作方式。可将古籍数字化工作分解为多个子项目同时进行，将完成修复的古籍纳入整理定级阶段，梳理完成的古籍纳入编目阶段，编目完成的古籍纳入数字化处理阶段，逐步有序推进古籍数字化工作，扩充资源内容，同时有序开展已有资源的服务与利用。

第二，严格按照国家标准规范进行资源建设。针对古籍原件处理方式不统一、信息要素不对称等问题，图书馆应严格按照行业标准规范进行古籍数字化处理。在《图书馆馆藏资源数字化加工规范 第3部分：图像资源》中对馆藏资源数字化加工做了明确规范，包括图像加工级别及技术参数、加工前期处理与数字加工设备选取、数字图像采集与后期处理、元数据加工与命名规则、质量管理等。中国国家古籍保护中心制定的《古籍书影拍摄相关规范与样例》对相机选择、书影拍摄、书影命名、书影制作等提供了参照标准及样例。

第三，以用户需求为导向，优化资源配置。国内大多数图书馆数字化古籍开放获取资源均为全图像型古籍数据库，此类数据库仅提供古籍原貌图片浏览，与全文检索和图文对照型数据库存在较大差距，所提供的服务内容不同，涵盖的信息量不能同日而语。因此，建议图书馆根据自身条件，持续推进古籍原件数字化工作，填补图文对照阅读的空白，以满足用户需求，优化资源配置。

3. 完善数据库功能建设，开展专业创新服务

古籍文献电子化有两种方式：一是对纸质版的古籍文献进行扫描，形成电子版古籍，这样有利于保存和后期出版的准备；二是利用数码拍照的方式，将纸质古籍拍摄下来，将图片制作成缩微胶片或者缩微文献。这两种方式是比较快捷的电子化处理方式，是对古籍文献的再生保护，这种保护方式既能保护原本，又不会耽误读者的利用，甚至对读者来说，提供了更为公平和便捷的阅读方式，也能有效地解决目前古籍文献关于外借需求的矛盾。

另外，图书馆可以根据当地实际情况，将颇有盛名的文化特色与现阶段馆内存有的古籍文献相结合，确立特色馆藏，建立属于本馆的特色数据库。同时图书馆可建立古籍文献联合书目数据库，将这些古籍文献的信息登记到数据库检索网

站中。网站的设计既要简单,又要对某些古籍名字有准确且详细的解释,这样读者便可以通过网络进行检索,不但得到的古籍文献内容很全面、详细,而且能具体了解馆内现有馆藏,使借阅更加有针对性,同时可节省时间。针对普遍存在的需要到指定图书馆借阅古籍的看书难情况,各图书馆古籍部也应该逐渐完成资源共享工作,将馆际互借落到实处,利于和便于读者的使用。

具体来讲,在图书馆古籍开发实践中,完善数据库功能建设,开展专业创新服务可以从以下两方面着手。

从专业服务方面着手。通过问卷调查了解到,因古籍的特殊性和专业性,存在字体差异,不乏生僻字、古今异义等问题,用户对专业辅助工具有所需求,因此在完善数据库功能建设上,可适当增添专业辅助功能,为用户提供专业服务。如《广州大典》提供常用字典功能,运用此工具可直接输入汉字、拼音进行精确、模糊检索,输入汉字检索时针对生僻字还设置了笔画输入、部首输入等方式。《广州大典》还建有纪年换算功能,用户根据选取条件进行检索,可实现朝代年号与公元纪年、干支纪年与公元纪年的相互换算。据调查,一些图书馆多购买"书同文古籍数据库"作为补充资源,其具有收录资源丰富、功能开发完善的特点。该数据库针对用户群体的特殊性开发了适宜阅读的网页小工具,包括三维助检子系统(可查询历史人物、历史地名、历代官职)、字频查询(查询某字在《四部丛刊》和《四库全书》中出现频次)、关联汉字查询(查询某字的简繁体关联字)、联机字典(查询某字读音、释义)、成语典故、元数据查询(查询书目、作者信息),为阅读古籍提供便利,也为学术研究提供支持。

从创新服务方面着手。图书馆可通过不同的资源组合方式和技术手段实现服务模式创新。例如,世界数字图书馆所提供的"时间线"和"互动式地图"服务。"时间线"服务将数字资源通过时间轴进行梳理和展示,下设"世界历史""中国书籍、手稿、地图和印刷品""欧洲泥金装饰手抄本""第一次世界大战""美国历史"五个子栏目;"互动式地图"服务利用可视化技术,在世界地图上显示各国各机构数量和分布。以"中国书籍、手稿、地图和印刷品"为例,包含书籍、手稿、地图、印刷品分类和简介,每条目与特定时间点和互动式地图紧密相连,为用户提供创新服务。

4. 统筹规划古籍数字化建设

我国古籍数字资源存在的诸多问题,很大原因是缺乏对古籍数字化工作的统筹规划,不利于数字化建设的有序开展。国内图书馆可借鉴日本国立国会图书馆的做法，如《资料数字化基本计划2016—2020》，明确数字化对象的收藏资料范围及优先顺序、数字化处理的方法、数字化资源保存利用的工作安排，为图书馆接下来五年的数字化工作提供参考依据。

5. 完善资源整合体系，拓展开放获取途径

在我国，图书馆馆藏古籍各有千秋，但存在"狭义共享"的限制和资源壁垒，任何单一图书馆都无法完成古籍数字资源的整合工作。针对资源开放获取途径较少、资源整合度低等问题，在现有的资源整合开放平台基础上，完善资源整合体系，可从以下几个方面入手。

首先，建立合理、统一的数字资源整合理念。图书馆应明确古籍价值及开放获取意义，认识到图书馆开展古籍数字资源整合的优势以及资源整合的重要性，确立共建共享理念。

其次，引入图书馆联盟机制。在图书馆联盟下，促成区域性、全国性的项目合作，明确分工，逐步构建完备的古籍资源整合体系，在保持各图书馆馆藏特色的基础上，实现古籍资源共建共享。

再次，建立统一的资源整合标准，确保数字资源整合有规可循。由于涉及的图书馆数量众多，古籍数量多、种类多、版本多，因此，可分别以典藏单位和专题进行分类，增强资源整合的有序性。按典藏单位分类便是以图书馆为单位，汇总各图书馆资源；按专题可分别建立民族古籍、中医药古籍、地方志、家谱、佛经等专题，便于展开相关主题检索和查阅，完善顶层设计。

从次，制订相关的工作方案和计划，为顺利开展工作提供保障。各图书馆可根据自身计划制订工作方案，明确古籍数字化的对象范围、优先顺序、数字化处理方法等，确定数字化古籍开放获取的征集范围和采集指标。

最后，根据国家标准和相关工作规范，对资源提出描述性元数据要求、数码影像标准、文件命名准则等，以规范资源整合工作有序进行。

完善的资源整合体系能够为资源整合平台可持续发展打下基础，便于进一步优化文化服务体系。在完善的资源整合体系下，可积极推动数字人文服务平台的建设，将各馆家谱开放获取资源通过类聚、融合、重组，实现资源的"一站式"浏览和检索，打破图书馆各自为政的困境，解决资源重复建设和资源分散难寻等问题，发挥家谱古籍数字资源整体效能，为开放获取增加新途径。后期，可尝试与档案馆、博物馆和其他古籍收藏机构进行联动，完善中文古籍联合目录，增添全文内容，丰富数字化古籍开放获取资源，建设内容丰富、主题多样的古籍数字资源整合平台。

综上所述，对我国古籍开放获取资源整合平台而言，可通过图书馆牵头，完善资源整合体系，建成具有联盟性质的"一站式"古籍开放获取资源集成平台，将分散、孤立的古籍开放获取资源有机地组织起来，为用户提供更为优质的服务，为开放获取提供更广阔的平台。

6. 合作共建，联合开发

在文化交流的国际大背景下，应该让古籍文化走出去。图书馆作为古籍藏书楼，更应该履行这一社会职责。各图书馆在国内应强强联合，开发出属于中国特色的古籍代表文化。

目前，我国现有的一些珍藏古籍文献可能存在于国外图书馆，因此国内图书馆应该开展国际合作，与国外图书馆共同开发古籍数字化资源，丰富我国现有的古籍数据库。通过国内外图书馆的合作，扩大古籍的开发范围，取长补短，互帮互助，这样，全球范围内的古籍文献才能更好地展现在读者面前，真正发挥古籍文献的历史价值。

目前，许多图书馆正在进行古籍数字化的建设工作，但是工作尚未完成，在此之前图书馆所采取的限制工作是允许的，但是不能停滞不前，应该加大古籍开发的力度，有所作为，早日解除这些限制条件。当然，图书馆在数字化建设的过程中也不能忽视了对古籍文献本身的保护，每一份古籍文献都有其独特的社会价值，应当予以重视。

九、创新古籍服务形式

（一）以人为本，提供个性化服务

一般来说，古籍的读者主要有两类人群，一类是仍然处于学生状态的文学、古汉语、历史学等专业的学生，另一类是古籍相关领域的专家、学者。图书馆可以针对不同的读者群体有所侧重地提供有关古籍的服务。

对于学生来说，他们善于利用网络文献，具备数据检索的能力，但是缺乏传统的古籍相关专业知识。图书馆应帮助学生打开研究视角，对每个学生进行入馆教育，可以通过趣味答题的形式，帮助学生了解馆藏古籍分类及利用的方式等；做好咨询工作，根据学生的问题为其推荐学术价值更高的书籍，避免盲目查询。然而，对于专家、学者而言，他们普遍更愿意查阅古籍的原始版本，这类读者掌握大量的专业理论知识，但是对于电子资源的利用有所欠缺，往往容易忽视数字化带来的高效与便捷。图书馆古籍服务人员应帮助和引导他们利用网络数字资源，为科学研究做好基础的信息保障服务，同时可以提供部分便民服务，如电子资源下载打印服务等。

图书馆古籍服务人员应主动了解读者的阅读兴趣和倾向，可通过问卷调查等方式了解不同读者的个性需求，以便于提供精准化服务；应多多参与学术活动，关注前沿的学术科研动态，了解服务学科的发展趋势，帮助读者研究有价值的学术课题，提供文献资料的保障，促进学术交流。

（二）多元化的古籍服务

随着自媒体的广泛应用，读者的阅读习惯趋向广泛化、碎片化，越来越少的人会跑去图书馆借书来阅读，大多会利用手机等移动端来阅读。古籍阅览室主要是提供纸质阅读服务，不允许外借，这给读者借阅带来了一定的阻碍。图书馆在加快古籍数字化建设的过程中，也要充分利用先进的信息技术，由被动服务转为主动服务，创新服务形式，实现多元化的古籍服务。

一方面，图书馆要与时俱进，运用互联网、大数据等先进技术，分析读者的需求，不断丰富古籍服务内容，如定时开办古籍文化知识趣味竞赛活动，普及古文化知识，让更多的学子了解古文化的魅力；可以通过运营微信公众号、微博等新媒体，将古籍相关知识结合社会时事和热点话题，个性化地推送给对古籍感兴趣的用户，还可以设置古籍文化专题，定期推荐优秀的古籍善本，让读者可以通过网络平台利用碎片化时间找到自己感兴趣的古籍文本，提升古籍的认知度和影响力；可以建立古籍爱好者的QQ群或者微信群，定期维护"古籍粉丝群"，采用线上、线下活动相结合的方式，及时解决读者关于古籍利用的相关问题，增强读者的黏性，营造良好的古籍学习氛围。

另一方面，图书馆要建设专业化的古籍管理团队，科学制订古籍人才培养方案，引进专业人员，实现古籍人才培养的系统化、科学化、专业化。

十、积极推进古籍短视频宣传推广

在数字化时代，为了更好地推动图书馆古籍的开发与利用，图书馆需要积极推进古籍短视频宣传推广。

（一）强化短视频新媒体意识

1. 积极入驻短视频平台

图书馆作为信息存储和知识服务的重要场所，不断进行古籍数字化、智能化和网络化建设。尽管如此，在新媒体数字化时代，传统图书馆的转型脚步仍有些滞后性，在微信、微博等各大火爆的社交平台上很难找到有影响力的账号。

以抖音短视频平台为例，其具有制作发布门槛低、人口基数大、后期维护智能化等诸多优势，非常适合图书馆入驻，进而推广、注解、营销传统古籍。因此，图书馆的管理人员和部门领导应抓住机遇，强化意识，提高对短视频平台的重视程度，并落实相关部门相关工作人员开通短视频账号。

开通账号后，最重要的一步便是完善账户信息。以抖音短视频平台为例，需要完善的基本信息包括头像、昵称、个人简介、性别与生日、所在地和学校等各个方面，一个账号的信息越完善，其享受的功能与特权越有保障，用户的体验感越好。信息不完善的账号则会被短视频系统后台自动划定为低质量账号，影响账号的流量推送。

2. 重视短视频账号运营

短视频行业门槛低，刚开始涉足并不困难，但要运营好短视频账号也并非易事。从短视频账号的创建、定位短视频特性，到投放的视频内容、投放方式、投放时间段等，都需要有条不紊，制订详尽的可持续发展的计划方案。通过调查已知，已入驻抖音短视频平台并推广古籍短视频的图书馆账号寥寥无几，这些账号发布的作品量少，且作品发布时间间隔没有规律，长期处于断更状态，没有专门的工作人员负责账号运营。图书馆在入驻短视频平台后，要充分学习自媒体文化管理运营账号的宝贵经验，要重视短视频平台的管理。

除此之外，图书馆应当重视培养短视频运营人才、管理人才以及相关古籍专业人才。一些政府、媒体、企业官方账号影响力大的根本原因在于其团队强大。人才是创新的根本前提，加强相关人才队伍建设是图书馆推广古籍出版的重要环节，要想在古籍短视频推广工作中取得良好的效果，图书馆必须主动创造条件，对古籍短视频推广运营人员进行对应层面的专业培训，提高他们的个人能力和业务素质，加强其职业道德，以提高古籍短视频的质量。只有利用专业团队运营短视频平台，才能保证古籍短视频的内容质量，才能吸引更多受众关注，增强受众

第八章　图书馆古籍开发的意义与途径

黏性，加大官方账号影响力。在短视频账号的运营过程中，在队伍建设的同时，也要规定奖惩机制，激发工作者积极性，让短视频平台古籍推广工作向稳定化、可持续化方向发展。

（二）创新思维，打造优质古籍短视频

1. 建立多感官沉浸式古籍体验

短视频所呈现的是多感官的体验，短视频制作要运用好多种表达形式，具体来说，要善于运用背景音乐、文字字幕和后期特效，建立起一种沉浸式的审美体验。

短视频的表达方式有很多技巧，在表达时加入一些趣味性因素，可以缓解古籍带来的严肃气氛。古籍本身有很多专业性知识，往往显得晦涩难懂，如果能够以短视频的形式推广，适当添加一些趣味性的言语，更易让受众接受。由于古籍的厚重感，许多年轻受众在阅读时会产生畏难情绪，故在短视频后期整理剪辑时，可以添加一些轻松化、娱乐化的素材。在字体字幕上可以配用一些活泼、积极、搞怪的字体，在背景音乐上可选用愉悦、轻松的音乐，也可在视频中适当插入网络表情包，给予受众一种多感官结合的感受，让人们在轻松、愉快的氛围中学习古籍知识。

在后期包装推广上，要注重提升短视频的表现力，尤其是短视频给人的第一感官、第一印象。这就要求有一个好的、独具吸引力的标题。在数字化发展的今天，人们接收信息呈现高速化、碎片化的特点，一篇文章、一段视频很可能埋没在茫茫信息的海洋中，而一个独具风格的标题往往能在第一时间抓住受众，从诸多数字信息中脱颖而出：要么利用情感引起观众的共鸣，要么利用专业术语勾起用户的好奇心和探索欲，要么利用悬疑、疑问句式来增强内容神秘感，进而引导观众点进视频自己寻找答案。

2. 挖掘古籍作品深层内涵

短视频在表现形式上有着其他许多媒体所无法媲美的优势，但完全没有优秀内容作为支撑的短视频也只是徒有其表，华而不实，无法走得长远，优质的作品内容仍旧是获得成功的关键。一条优秀的短视频除了要在诸多表现方式上注重多感官的感受之外，在视频内容上也需下足功夫。以古籍推广为主要内容的短视频，不能仅流于表面，要能够挖掘典籍中的文化内涵与创作背景，为受众提供内

容精华。例如，古籍动画短视频《相思》，视频风格充斥着浓厚的古典韵味，以古风动漫的形式，将王维经典诗歌《红豆》蕴含的思想情感与艺术内涵细腻、形象地呈现出来，在各大短视频平台广泛传播，成为一段时间内热门的古籍短视频。在"内容为王"的时代，深入挖掘古籍内容不仅可以起到保护、传承和推广优秀传统文化的作用，而且能有效发挥古籍的学术价值、文化价值和服务价值，进而打造优秀的古籍短视频。

古籍流传至今，诸多古籍中的智慧让人感到惊艳，不只是古籍中充满智慧的文字内容，更有流传至今的传奇经历以及流传过程中美丽的故事。通过古籍整理与数据统计可知，宋元书籍存世不多，秦汉至唐古籍更为稀有，上古留至现在的典籍更是屈指可数。这些古籍流传至今，见证了历史时代的沧海桑田，每一部每一页都是故事。古籍的保存以及古籍的流传是非常不易的，天气干燥易焚毁，天气潮湿易霉变，朝代的更替、兵变、匪盗之祸易失传。古籍流传的过程必然也是充满传奇性与戏剧性的，值得去深层挖掘。如提及陆游创作的诗歌《钗头凤》，我们会不由自主地想到他与唐婉的爱情故事；同时，谈到陆游与唐婉哀婉动人的爱情悲剧，我们也会情不自禁地咏诵陆游的《钗头凤》。在短视频平台制作与推广古籍短视频时，我们需要重视古籍背后的故事，重视作品的时代背景、文化内涵与思想价值。古籍背后新奇有趣、耐人寻味的写作背景与流传经历更能让受众产生阅读兴趣，从而更好地实现古籍的推广。

3. 采用网络热词诠释古籍内容

在古籍短视频制作与推广过程中，应尽量避免选用古籍中枯燥晦涩的词句与段落来作为视频的主要内容，艰深晦涩的视频形式与内容很难吸引用户的阅读兴趣，严重影响古籍的推广效果。

在短视频推送过程中，话题新颖、语言新潮的短视频更容易成为热门视频，增加用户的关注度。短视频用户中年轻受众所占的比例特别高，采用网络流行热词来制作短视频能够有效增强视频的曝光度，与现代年轻读者的艺术认知与审美理念相契合。因此，在古籍短视频创作过程中，可适当地融入时下流行语言与热门词汇，采取这种方式来创新古籍推广形式，能够提升古籍短视频的推广效果与传播效率。例如，自媒体用户"历史派"的一个爆款古籍推广短视频——"古人内卷现状"，视频用李白、苏轼等人物漫画，配合生动有趣的配音，借鉴了社交媒体平台时下热门的网络热门流行词汇"内卷"等，让观众耳目一新。又如，浙江图书馆发布的视频"以后还是别用帅死了来称赞人了吧"，视频中同济大学中

第八章　图书馆古籍开发的意义与途径

文系教授刘强通过引用讲解《世说新语·容止》中"卫玠从豫章至下都，人久闻其名，观者如堵墙。玠先有羸疾，体不堪劳，遂成病而死。时人谓'看杀卫玠'"的典故，用现代热词抛砖引玉，为大家普及古籍文学故事。总之，创新和融入新的语言形式来诠释古籍内容，能够有效提升读者的文化认知水平与古籍短视频的推广传播成效。

（三）关注古籍制作工艺并提供线下服务

古籍具有多重价值内涵，包括古籍的精神内涵以及古籍作为文物性的物质内涵，故古籍的推广不应只拘泥于书籍本身，也应关注古籍的传统制作工艺。习近平主席曾强调弘扬大国工匠精神，掀起了对传统工艺挖掘的热潮。

古籍的制作流程从制版印刷到书籍装帧，各个环节都是由传统手工艺匠师细致、认真地一步步手工完成的。这些传统的制作步骤和工艺流程鲜为人知，对于大多数现代群众而言是十分新奇而又富有吸引力的。随着移动互联网的发展，短视频的传播形态也发生了改变，线上推广不再是短视频内容传播的唯一方式。相比于影视长视频，短视频具有短小精悍的特点，具有很强的故事性和针对性，除了艺术观赏性还具备空间实用性。这一重要特征使短视频的线下体验引流成为可能。因此，在图书馆推广古籍的过程中，除了通过短视频平台全方位展示传统古籍修复、制作过程与工艺技巧之外，也可以为对古籍感兴趣的用户创造条件提供线下体验式服务。

（四）运用大数据法则深度增强用户黏性

用户是内容信息的接受者，也是流量的消费者，在短视频运营方面，用户发挥的作用也是巨大的。很多短视频运营者都会把关注重点放在内容上，但用户也是需要好好考虑的。用户黏性特指推广内容的吸引力以及由此产生的用户忠诚度。从用户层面上来看，古籍短视频的推广需要用户的互动和参与，如何让用户更多、更好地参与进来，这就需要多方面共同努力。在互联网时代下，越来越多的应用涉及大数据，以抖音短视频为代表的新媒体平台亦是如此。抖音短视频平台设有粉丝画像功能，每一个账号都可以通过官网后台清晰、直观地看到自己账号的粉丝属性，这就便于短视频创作者根据用户的属性调整内容定位，从而让自己的内容服务于既定的用户。做古籍推广短视频同样可以利用这种数据优势来了解用户需求，进一步改善互动技巧，适时调整视频内容，完善视频制作。

此外，抖音短视频作为社交媒体，具有评论与私信互动和转发分享功能，很多用户注册短视频账号后并没有发布过短视频作品，但会参与其他作品的评论、点赞和转发。古籍短视频创作者和用户之间要多进行良性、有益的互动，优质内容本身就值得更多的讨论，短视频创作者可以在互动过程中发现自身优点与不足之处，同时通过互动也可以更多地了解受众的价值需求与取向，从而衍生出更多素材与灵感，增强口碑传播，提高受众的兴趣和加强用户黏性。因此，古籍短视频推广可以通过良好的互动方式来加强读者对古籍内容的进一步了解。目前，短视频平台的互动方式主要包括以下三种。

第一种方式是评论区留言，这是最为常见普通的方式。抖音短视频平台每一个短视频界面右下角都有评论区，用户可以根据短视频的内容在评论区对作品做出评价或留下自己的想法、观点，表达自己的疑问，古籍短视频内容发布者可以看到大家的留言并做出回复。图书馆运营账号要加强观众互动的引导，从标题、文章中多多设置互动环节，例如，利用提问或者反问的句式，吸引粉丝进行评论，然后在评论区及时回复，加强互动。有效的互动能够让系统判定账号属于优质的内容账号，增加账号权重。最好能够在评论区设置一些有较强讨论性的话题，激发观众的讨论欲望，增加评论区的互动。如"掌阅读书"发布的一条古籍短视频，视频内容是对《西游记》女儿国情节的解说与讨论，并针对里面的唐僧与女儿国国王的情感纠葛在评论区提出"来世今生"的问题讨论，抛砖引玉，很多用户在观看该短视频后被这个问题所吸引，在评论区留下自己的看法，引发热议，热度居高不下。

第二种是话题的互动。随着信息的常态化，单向交流属于弱刺激，受众的诸多疑问得不到解决，双向互动则能增强短视频活力。为了满足用户需求，抖音短视频平台推出了"发起话题"的功能，用来刺激用户进行双向互动。

第三种是线上的即时互动，主要是通过直播的形式进行线上互动，为用户受众解决问题。直播的成熟取决于平台技术的快速高效性、直播的简单便捷性，其优点是能够保持在线的互动，加强发布者与受众的联系。2020年，由于新冠肺炎疫情的负面影响，国内图书馆的各种文化展览不得不搁置下来，疫情防控期间，一些图书馆开始意识到线上直播的重要性。以中国国家博物馆为例，其开展了线上直播展览，让观众通过手机在云端也能各角度欣赏观看"三维珍品"国博典藏。通过这种云端直播的方式使受众获取新知的途径更多样、门槛更低，为传统知识提供了更立体、形象、直观的呈现方式，满足了受众的文化需求。

第八章 图书馆古籍开发的意义与途径

总之，对于短视频输出来说，影响用户黏性的问题具体包括作品内容和服务、社交方面等因素。短视频古籍推广应该从用户的角度进行考虑，增强短视频内容质量管理和用户互动，只有通过不断优化内容和服务才能提高用户的体验感，满足短视频用户的需求。图书馆运营账号应及时优化古籍短视频内容，满足用户的价值诉求，同时通过内容的不断更新获得新的用户资源，并积极留住老用户，培养用户的使用习惯，提升用户与短视频账号之间的长期黏性。用户在平台停留的时间越久，账号获得实际效益的可能性就越大，增加用户黏性的强度才能够使短视频账号获得长远的发展。

参考文献

[1] 代宏. 现代图书馆与数字资源利用[M]. 哈尔滨：黑龙江科学技术出版社，2015.

[2] 刘家真. 古籍保护原理与方法[M]. 北京：国家图书馆出版社，2015.

[3] 包瑞. 高校图书馆服务与资源开发[M]. 长春：吉林大学出版社，2017.

[4] 武三林，韩雅鸣. 基于技术融合的图书馆数字资源利用服务机制研究[M]. 北京：科学技术文献出版社，2017.

[5] 周宁. 图书馆特色资源建设研究[M]. 北京：中国商务出版社，2018.

[6] 王会梅. 古籍概述[M]. 芜湖：安徽师范大学出版社，2018.

[7] 李国翠，郭旗. 图书馆资源建设与管理艺术[M]. 长春：吉林美术出版社，2019.

[8] 林团娇. 数字图书馆资源建设研究[M]. 延吉：延边大学出版社，2019.

[9] 容海萍，赵丽，刘斌. 图书馆信息资源建设[M]. 广州：世界图书出版公司，2019.

[10] 范广秀，高晓东. 现代图书馆资源管理研究与探索[M]. 北京：中国原子能出版社，2019.

[11] 牛世建. 高校数字图书馆建设研究[M]. 延吉：延边大学出版社，2019.

[12] 蒋楹. 图书馆特色资源共享与服务研究[M]. 延吉：延边大学出版社，2019.

[13] 张荷立，金叶. 互联网+背景下图书馆信息资源建设和创新服务研究[M]. 北京：中国书籍出版社，2021.

[14] 戴萍. 新时代图书馆学与古籍整理研究[M]. 哈尔滨：黑龙江教育出版社，2020.

[15] 韩雨彤，常飞. 图书馆信息资源建设发展研究[M]. 北京：应急管理出版社，2020.

［16］喻莉. 新媒体视角下蕴含地域文化的图书馆特色资源建设研究［J］. 文化创新比较研究, 2021, 5（36）: 174-177.

［17］刘晓燕. 聚焦地方文化传承的高校图书馆特色资源建设［J］. 内蒙古科技与经济, 2021（23）: 145-147.

［18］裴艳慧. 高校图书馆特色资源共建共享的探讨［J］. 内蒙古科技与经济, 2021（06）: 159-161.

［19］师美然. 高校图书馆数字化特色馆藏资源建设探讨［J］. 兰台内外, 2021（32）: 58-60.

［20］刘洋. 文旅融合背景下图书馆特色馆藏资源建设研究［J］. 图书馆, 2021（02）: 22-28.

［21］吴明影. 浅谈图书馆特色文献资源建设: 以俄罗斯文献资源建设为例［J］. 黑河学院学报, 2021, 12（02）: 182-183.

［22］何冰. 文化传承视角下图书馆古籍保护的问题与对策研究［J］. 中国文艺家, 2021（12）: 169-171.

［23］朱涌卫, 马谦. 有效加强图书馆古籍保护管理的策略分析［J］. 参花, 2021（21）: 100-101.

［24］马楠. 新技术条件下高校图书馆古籍保护的现状和对策［J］. 办公室业务, 2021（17）: 163-164.

［25］王芳. 数字化背景下图书馆古籍保护与利用［J］. 文化产业, 2021（24）: 94-95.

［26］宁勇. 论数字时代图书馆古籍整理与保护［J］. 办公室业务, 2021（15）: 178-179.

［27］谢良艳. 图书馆古籍修复与保护工作分析［J］. 发明与创新·职业教育, 2021（05）: 238.